警官高等职业教育"十三五"规划教材
编审委员会

主　任：胡来龙　　尹树东

副主任：周善来　　彭　晔

委　员：刘传兰　　印　荣　　阚明旗　　姚亚辉

警官高等职业教育"十三五"规划教材

基 础 会 计

JICHU KUAIJI

主　编◎袁　泉

撰稿人◎（以撰写章节先后为序）

袁　泉　冯　军　尹　瑜

唐颖珺　杨鸿艳

中国政法大学出版社

2020·北京

图书在版编目（ＣＩＰ）数据

基础会计/袁泉主编. —北京：中国政法大学出版社，2020.9

ISBN 978-7-5620-4103-0

Ⅰ.①基…　Ⅱ.①袁…　Ⅲ.①会计学　Ⅳ.①F230

中国版本图书馆CIP数据核字(2020)第093408号

出 版 者	中国政法大学出版社
地　　址	北京市海淀区西土城路 25 号
邮寄地址	北京 100088 信箱 8034 分箱　邮编 100088
网　　址	http://www.cuplpress.com (网络实名：中国政法大学出版社)
电　　话	010-58908435(第一编辑部) 58908334(邮购部)
承　　印	保定市中画美凯印刷有限公司
开　　本	720mm×960mm　1/16
印　　张	17.75
字　　数	328 千字
版　　次	2020 年 9 月第 1 版
印　　次	2020 年 9 月第 1 次印刷
印　　数	1～4000 册
定　　价	52.00 元

袁　泉　安徽警官职业学院经济学副教授、"双师",长期从事《基础会计》《司法会计》《管理学原理》等课程的教学及相关教研、科研工作。主编《司法会计原理与实务》等教材,发表"关于网络财务的思考""会计信息失真的原因分析与对策""当前高校财务管理中存在的问题与对策"等论文。

❖ 编写说明

作为高等职业教育的重要组成部分，警官高等职业教育正随着经济社会的快速发展和一线政法工作对专门人才的迫切需求而与时俱进。近年来，全国司法类高职院校都积极探索高职教育教学规律、完善专业人才培养模式，以适应经济社会发展对司法类专门人才的客观需求，创新内容涉及各个方面，包括专业建设、课程建设、师资队伍建设等，当然也少不了至关重要的教材建设。编写一套以促进就业为导向、能力培养为核心、服务学生职业生涯发展为目标，突出当前警官高等职业教育教学特点的系列规划教材显得尤为重要。

为适应司法类专业人才培养的需要，安徽警官职业学院决定遴选理论功底扎实、教学能力突出、实践经验丰富的优秀教师组成编写组，对警官高等职业教育原有的系列教材进行重新编写。本次编写按照"就业导向、能力本位、任务驱动"等职业教育新理念的要求，紧紧围绕培养高素质技术技能型人才这一目标开展工作。基础课程教材以应用为目的，以必需、够用为度，以讲清概念、强化应用为教学重点；专业课程教材重在加强针对性和实用性。同时，编写者遵循高职学生自身的认知规律，紧密联系司法工作实务、相关专业人才培养模式以及课程教学模式改革实践，对教材结构和内容进行了革故鼎新的整合，力求符合教育部提出的"注重基础、突出适用"的要求，在强调基本知识和专业技能的同时，强化社会能力（含职业道德）和应用能力的培养，把基础知识、基本技能和职业素养三者有机融合起来。

本系列教材的主要特点是：

1. 创新编写思路，培养职业能力。"以促进就业为导向，注重培养学生的职业能力"是高等职业教育课程改革的方向，也是职业教育的本质要求。本系列教材针对司法类高职院校学生的特点，在教材编写过程中突出实用性和职业性，以我国现行的法律、法规和司法解释为依据，使学生既掌握法学原理，又明晓现行法律制度，提高学生运用法律知识解决实际问题的能力。同时，在教材内容编排上，本系列教材遵循由浅入深和工作过程系统化的编写思路，为学生搭建合理的知识结构，以充分体现高职的办学要求。

2. 体例设计新颖，表现形式丰富。为了突出实践技能培养，践行以能力为本位的职业教育理念，本系列教材改变以往教材以理论讲述为主的教学模式，采用新颖的编写体例。除基本理论外，本系列教材在体例上设置了学习目标、工作任务、导入案例、案例评析、实务训练、延伸阅读等相关教学项目，并在每章结束时通过思考题的形式，启发学生巩固本章教学内容。该编写体例为学生课后复习和检验学习效果提供便利，对提高学生的学习兴趣、促进学以致用、丰富教学形式、拓宽学生视野、提升职业素养具有积极的推动作用。

3. 课程针对性强，职业特色明显。高等职业教育教材突出相关职业或岗位群所需实务能力的教育和培养，并针对专业职业能力构成来组织教材内容。法律实务类专业在社会活动中具有与各方面接触频繁、涉及面广的特点，要求学生具有较高的综合素质和良好的应变能力。因此，本系列教材采用案例教学法，通过案例导入，并辅以简洁的案例分析，提供规范的实务操作范例，使学生能够更为直观地体会法律的适用，体验工作的情境和流程，增强学生的综合能力。

4. 文字表述简洁，方便学生使用。本系列教材在概念等内容编写中，尽量采用简洁明了的语言表述，使学生明确概念的要点即可，从而避免教材"一个概念多个观点""理论争论较多"的现象。

本系列教材共16本，在其编写过程中借鉴吸收了相关教材、论著的成果和资料；中国政法大学出版社也给予作者们大力支持和指导，责任编辑在审读校阅过程中更是付出了辛勤的劳动，在此我们深表谢忱。同时，由于时间紧、任务重，教材中难免出现不足和疏漏，恳请广大师生和读者给予批评指教，以便我们再版时进一步改进和提高教材质量，更好地为警官高等职业教育事业的发展服务。

警官高等职业教育"十三五"规划教材编审委员会
2019年3月

❖ 前　言

　　"基础会计"课程是会计专业学生接触的第一门专业核心入门课程，也是经济类专业的基础课程，其主要阐述了会计的基本理论、基本知识和会计核算的基本方法，重点介绍了会计记账、算账和报账的程序与操作技能，是培养学生专业应用能力和会计职业岗位能力的基石。通过本课程的学习，引领初学者走进会计的大门，掌握基本的会计核算能力，具备一定的职业判断能力，使其对会计工作有系统性的整体认识。

　　根据高职高专"培养高等职业教育高素质高技能型专业人才"的人才培养目标、知识结构和能力要求，结合高职高专教学的特点，依据 2006 年中华人民共和国财政部新颁发的《企业会计准则——基本准则》《企业会计准则——应用指南》，我们对本课程的编写，总结了高职院校会计教学的实践经验，本着理论上"必需、够用"原则，体现"以能力为核心，以够用为尺度"，加强针对性和实用性，突出会计技能的训练和培养，注重会计原理的应用，注重培养学生的会计思维能力和动手操作能力。

　　在教材的编写上，我们注意吸收众家之长，引入我国会计界的最新会计理论、会计实务等方面的新变化；循序渐进，突出重点；精选典型实例，理论与实际相结合，通俗易懂，增强教材的实用性、可读性和可操作性。凡涉及的基本概念，都尽量阐述清楚；凡涉及的会计方法及操作技术，都有实例；条理清楚，图表结合，可读性强。为方便教师教学和学生学习，在每章开始安排有"学习目标"和"能力要求"，书中适当穿插了一些"小知识""小思考"，每章结束安排有"职业能力训练"，以使广大学生及读者更好地理解和掌握所学知识，提高分析和解决问题的能力，体现教学内容和教学模式的实用性、新颖性和广泛性。

　　本书编写人员均为"双师型"教师，从事会计教学工作多年，具有丰富的教学、实践经验。由袁泉老师主编，冯军、尹瑜、唐颖珺、杨鸿艳老师参编。分工如下：袁泉编写第一章、第九章，冯军编写第二章、第三章、第四章，尹瑜编写第五章、第十章，唐颖珺编写第六章、第七章、第八章，杨鸿艳编写第十一章、第十二章，全书由袁泉负责总纂统稿。

　　本书在编写过程中参阅了大量专著和教材，引用了有关资料，得到了中国政法大学出版社和有关专家、领导的支持，在此表示诚挚的感谢！限于作者水平，书中难免有疏漏和不足之处，还需要在使用过程中不断充实、完善，也敬请同仁和广大读者提出宝贵意见。

编　者

2020 年 2 月

❖目 录

项目一 认知会计和会计职业 ……………………………… 1

　　任务一 认知会计 ……………………………………………… 1

　　任务二 会计核算程序与原则 ………………………………… 11

　　任务三 会计核算的基本前提和会计信息质量要求 ………… 13

　　任务四 认知会计职业 ………………………………………… 17

　　职业能力训练 ………………………………………………… 20

项目二 识别会计要素和会计等式 ………………………… 24

　　任务一 识别会计要素 ………………………………………… 24

　　任务二 验证会计等式 ………………………………………… 30

　　职业能力训练 ………………………………………………… 34

项目三 设置会计科目和账户 ……………………………… 39

　　任务一 设置会计科目 ………………………………………… 39

　　任务二 设置账户 ……………………………………………… 42

　　职业能力训练 ………………………………………………… 44

项目四 掌握复式记账与借贷记账法 ……………………… 47

　　任务一 掌握复式记账法 ……………………………………… 47

　　任务二 掌握借贷记账法 ……………………………………… 49

　　任务三 总分类账户与明细分类账户的平行登记 …………… 57

　　职业能力训练 ………………………………………………… 59

项目五　制造企业经济业务核算 ················· 64

　　任务一　资金筹集经济业务核算 ················· 65

　　任务二　供应过程经济业务核算 ················· 68

　　任务三　生产过程经济业务核算 ················· 73

　　任务四　销售过程经济业务核算 ················· 79

　　任务五　利润形成与分配的核算 ················· 83

　　任务六　资金退出经济业务核算 ················· 90

　　职业能力训练 ································· 92

项目六　账户的分类 ······················· 102

　　任务一　账户按经济内容分类 ··················· 102

　　任务二　账户按用途和结构分类 ················· 105

　　职业能力训练 ································· 113

项目七　填制会计凭证 ····················· 117

　　任务一　认识会计凭证 ························· 117

　　任务二　填制原始凭证 ························· 119

　　任务三　填制记账凭证 ························· 126

　　任务四　会计凭证的传递与保管 ················· 134

　　职业能力训练 ································· 136

项目八　登记会计账簿 ····················· 141

　　任务一　认识会计账簿 ························· 141

　　任务二　会计账簿的建立与登记 ················· 144

　　任务三　会计账簿的规则 ······················· 150

　　任务四　对账、结账和错账更正 ················· 152

　　职业能力训练 ································· 157

项目九　开展财产清查 ····················· 162

　　任务一　认识财产清查 ························· 162

　　任务二　财产清查的内容和方法 ················· 167

　　任务三　财产清查结果的处理 ··················· 172

　　职业能力训练 ································· 176

项目十　编制财务会计报告 ……………………………… 181

　　任务一　认识财务会计报告 ……………………………… 181

　　任务二　编制资产负债表 ………………………………… 185

　　任务三　编制利润表 ……………………………………… 189

　　任务四　认识现金流量表 ………………………………… 191

　　职业能力训练 …………………………………………… 194

项目十一　选择账务处理程序 ……………………………… 202

　　任务一　认识账务处理程序 ……………………………… 202

　　任务二　记账凭证账务处理程序 ………………………… 204

　　任务三　科目汇总表账务处理程序 ……………………… 205

　　任务四　汇总记账凭证账务处理程序 …………………… 207

　　职业能力训练 …………………………………………… 211

项目十二　管理会计档案、明确会计法规 ………………… 215

　　任务一　管理会计档案 …………………………………… 215

　　任务二　明确会计法规 …………………………………… 218

　　职业能力训练 …………………………………………… 221

附　录 ………………………………………………………… 225

　　中华人民共和国会计法 …………………………………… 225

　　2018 年会计专业技术资格考试《初级会计实务》真题（一） …… 232

　　2018 年会计专业技术资格考试《初级会计实务》真题（二） …… 250

主要参考文献 ………………………………………………… 269

项目一

认知会计和会计职业

学习目标

1. 了解会计的产生和发展历程。
2. 掌握会计的概念、职能、特点。
3. 认识会计的对象、目标，会计核算的程序与方法。
4. 掌握会计核算的基本前提和对会计信息的质量要求。
5. 明确会计机构、会计岗位，了解会计职业生涯规划与会计证书。

能力要求

1. 理解并掌握会计的概念、职能、特点。
2. 清楚会计核算的四个程序与七个方法。
3. 熟悉会计核算的基本前提和会计信息的质量要求。
4. 能够识别并确定会计主体；能够运用权责发生制原则判断会计事项所属的会计期间。
5. 明确会计职业生涯规划与会计证书的取得、意义。

教学内容

任务一 认知会计

一、会计的产生和发展

（一）会计的产生

生产活动是人类赖以生存和发展的基础，也是人类最基本的实践活动。在生产活动中，人们通过人力、物力、财力的劳动耗费，创造出一定的劳动成果、物质财富。同时，在生产活动中，人们总是力求以较少的劳动和耗费取得尽可能多的劳动成果提高经济效益，这样必然要对生产过程中的劳动耗费和劳动成果进行记录、计量、计算、比较和分析，于是会计便产生了。会计是社会生产发展到一定阶段，由于管理经济的需要而逐步产生的；是伴随着人类社会生产实践和经营活动的产生、发展而形成和发展起来的一项特定的管理活动，凡是有经济管理活动的地方就离不开会计。

早在我国原始社会初期，人们就知道把生产活动的过程和结果记录下来，进行简单的食物交换。这种单凭人们头脑记忆的方法，使最简单的计算出现。到上古时期，随着经济活动的增多，出现了"绘图记事"、"结绳记事"、"刻木记数"等记账符号。在国外的古代社会，有埃及的刻石、巴比伦的泥板等，这些最原始的经济计算和记录活动，就是会计的萌芽。由于早期的人类社会，社会生产力水平极其低下，没有剩余产品，因此，那时会计的经济记录活动非常简单，仅作为生产职能的附带部分遗留下来。

原始社会后期，生产力进一步发展，剩余产品出现。随着生产过程中需要记录的内容逐渐增多，生产者忙于生产，已无暇兼顾会计工作。于是，会计逐渐从生产职能中分离出来，成为特殊的、专门委托当事人的独立活动。

据文字记载，我国早在三千多年前的西周奴隶社会，就出现了"会计"一词。在《孟子正义》中，把会计概括为"零星算之为计，总和算之为会"，当时对会计的涵义解释为"既有日常零星的核算，又有年终的总和核算"，通过日积月累，以达到正确反映经济活动及结果的目的。在当时还设立了专门管理钱粮赋税的官员——"司会"和单独的会计部门，掌管国家全部会计账簿，定期对收入和支出实行"月计""岁会"，进行会计监督，考核地方管理情况和财务收支。

早期的会计，只是对财产物资的收支活动进行实物数量的记录和计算，是与统计和其他核算混和在一起的简单会计。

（二）会计的发展

人类社会的进步和商品经济的发展，也带动着会计的不断发展。

秦始皇统一中国后，统一了度量衡和货币，大大促进了当时封建社会经济的发展，使货币量度成为会计核算的主要计量单位，会计记录和统计记录有了一定的区别，也是古代会计向近代会计转变的开始和会计区别于统计和其他业务核算的重要标志。会计上出现了"账簿"和记账符号"入""出"等。到了唐朝，农业、手工业和商业空前繁荣，随着对外贸易和造纸业的发展，会计在国内外得以广泛传播，出现了一系列会计方面的著作，如：李吉甫的《元和国计簿》、丰处厚的《大和国计簿》，标志着当时我国会计核算和经济管理水平有了较大的提高。在宋代，会计核算上出现了"四柱清册"的结账方法，通过

"旧管＋新收－开除＝实在"平衡公式的计算，全面地反映了钱物的增减变化和期初、期末结余情况及其来龙去脉。明末清初，山西的傅山根据"四柱清册"方法设计出"龙门账"，它是一套简单明了的适用于民间商业的会计核算方法，同时会计上统一了账簿格式。清朝，我国产生了资本主义的萌芽，社会生产进一步发展，会计方法也在不断成熟。在民间商业界产生了"四脚账"，以反映同一项经济业务的来龙去脉，它可以说是现代会计"复式记账"的雏形。

在欧洲，12世纪到15世纪，在地中海沿岸的热那亚、威尼斯等城市，活跃的商品经济及与其相互依存的借贷资本业产生了科学的复式借贷记账法，这是会计发展史上的里程碑。这一先进科学的记账方法很快在欧洲乃至全世界流传。18世纪末到19世纪初，西欧经济迅速发展，生产的社会化程度越来越高。随着股份有限公司的出现，使得资本的所有权与企业的经营权分离。公司的股东通常不直接参与企业的生产经营活动，而由董事会聘请经理人员来管理公司，这样股东就需要了解公司的财务状况和盈利能力；而信贷业务的开展，债权人也要了解企业的偿债能力。这样，公司的经营者就要向有关各方提供财务报告，反映公司的财务状况和经营业绩，并由与公司经营者没有利益关系的第三方来验证公司财务报告的真实性和准确性。于是，注册会计师应运而生了，由此，推动了会计内容的发展，对财务报告进行分析、财产估价等各种原则和方法相继出现。1973年6月，美国、澳大利亚、加拿大、法国等国的会计职业团体发起组成了制定会计准则的国际组织——国际会计准则委员会，形成了会计国际化的大趋势。20世纪20~30年代，随着预算管理、标准成本和差异分析等管理思路在生产经营活动中的广泛运用，会计自身必须不断发展和变革，以适应经济环境变化的要求，于是"管理会计"产生。财务会计、成本会计主要应用于企业外部各方面对企业管理的需要，管理会计则主要应用于企业自身内部管理的需要。三者有机结合和促进，构成当代会计的基本特点。20世纪50年代后，由于信息论、控制论、系统论、行为科学、电子计算机等被引入会计，会计控制成为会计工作的重要内容，现代会计在传统财务会计的基础上逐步形成。近年来，随着电子计算机在会计领域的普及，实现了会计信息的收集、分类、处理、反馈的电算化，提高了会计信息处理的及时性和准确性。

中华人民共和国成立后，我国全面引进苏联的会计模式，建立了适应社会主义计划经济体制的会计制度。1978年实行改革开放后，国家对会计工作更加重视，引进和利用现代会计新的理论和方法，制定了大量的会计制度来指导和规范会计工作。1981年建立了会计师制度；1985年1月，颁布了《中华人民共和国会计法》；1992年11月，根据改革开放和社会主义市场经济发展的需要，颁布了《企业会计准则》和各行业的会计制度；1999年10月31日又颁布了修订后的《中华人民共和国会计法》，于 2000 年 7 月 1 日起实行，进一步规范了会计行业行为；特别是 1997 年颁布的《企业具体会计准则》、2000 年底颁布的《企业会计制度》、2006 年 2 月新颁布的《企业会计准则》，突破了原有的会计核算模式，建立起了符合国际惯例的、具有我国特色的新的会计管理体系。

总之，会计是为适应社会生产实践和经济管理的客观需要而产生、发展并不断得到完善的；随着社会生产力的发展，会计制度经历了由简单到复杂、由低级到高级的发展历程。

小知识

1. "龙门账"，是将一个单位的全部经济业务划分为"进""缴""存""该"四大类，它们之间的关系为：进-缴＝存-该。左右相等，称为"合龙门"。

2. "四脚账"，是将一个单位全部经济业务的会计处理在账簿中都要记录两笔："来账""去账"，反映经济业务的来龙去脉。它是现代会计"复式记账"的雏形。

二、会计的概念

从企业角度看，会计的内容包括：预测、计划、核算、控制、决策、考核和分析等多项功能，能对企业的经济活动进行连续、系统、全面和综合的反映与监督；从全社会来看，会计的内容涉及财政、金融、税务、投资、企业决策、经营战略、市场定价、人力资源、环境保护、资产评估、资本运作、跨国经营和国民经济等各个方面。

（一）会计的本质

认识会计的概念，首先必须明确会计的本质。会计的本质，是指不同历史时期会计所具有的共性。随着社会生产力的发展和经济关系的复杂化，会计由简单的记账、算账、对外报送会计报表，发展为参与事前预测、决策，对经济活动进行事中控制、监督，事后分析、检查。但是，无论会计如何发展和变化，无论是在过去、现在或将来，会计都是人们运用会计方法对经济活动进行管理的一项实践活动，即是一种经济管理活动，是经济管理的重要组成部分，这正是会计的本质。另外，不同时代的会计有其不同的特征，而这正是各个时代会计的个性。

（二）会计的概念

会计是一种经济管理活动，会计人员除了为管理各环节提供信息以外，还直接参与管理和控制，其内容主要是资金与成本，其方法主要有会计核算、分析、检查以及参与预测和决策，其目的在于提高经济效益。因此，会计的概念是：

会计是以货币为主要计量单位，以凭证为依据，运用一系列专门的方法，对一定单位的经济活动进行核算和监督的一种经济管理活动。

三、会计的基本职能

会计的职能是指会计在经济管理工作中所具有的基本功能，是会计本质的体现。《中华人民共和国会计法》对会计的基本职能表述为：会计核算与会计监督职能。

（一）会计核算职能

会计核算职能也称为会计反映职能，主要是以货币为主要计量单位，通过确认、计量、记录和报告等形式，对经济活动从数量方面进行全面、综合、连续、系统地计算和记录，将经济活动的内容转换成会计信息的功能。它是会计最基本的职能。

会计核算的过程：确认、计量、记录、报告。

会计核算的形式：记账、算账、报账。

会计核算的内容：经济活动的过程和结果。

会计核算的要求：连续、系统、全面、综合。

会计对经济活动的核算是全面的，即事前、事中、事后全面核算经济活动情况，为经济管理提供数据资料。同时，会计核算要对经济活动情况进行科学的分类和整理，以保证所提供的会计资料成为一个有序的整体，揭示客观经济活动的规律性。

会计核算的基本特点：

1. 核算的是已经发生的交易或事项。

2. 从数量运用价值量度方面进行核算。

3. 核算具有连续性、系统性、综合性和完整性。

（二）会计监督职能

会计监督职能又称为会计控制职能，是指控制、规范单位经济活动的运行，使其达到预期目标的功能。

会计监督的内容：经济活动的合法性与合理性。

会计监督的过程：事前、事中和事后控制。

会计监督是全部会计管理工作的核心，与会计核算有着密切的联系。监督经济活动的合法性，就是通过干预经济活动，使之符合国家有关法律、法规和制度的规定，提供的会计信息真实、完整；监督经济活动的合理性，就是对每项经济活动的合理性、有效性进行审查、控制、分析和检查，及时反映经济活动的偏差，及时采取调整措施。

会计监督贯穿于经济活动的全过程，包括事前监督、事中监督和事后监督。

会计监督的基本特点：

1. 会计监督贯穿于经济活动的全过程。

2. 会计监督与会计核算相辅相成。

3. 会计监督是为了保证预期目标的实现。

会计核算是会计监督的基础，会计监督保证会计核算按照预期的目标进行。

四、会计的特点

会计的特点主要体现在会计核算上，包括以下四个方面：

（一）以货币为主要计量单位

各单位的经济活动千差万别，若不采用统一的计量单位，就无法汇总与比较。货币是特殊的商品，具有价值尺度的功能。在商品经济条件下，任何经济活动都可以表现为价值的运动。在会计核算中，实物量度缺乏综合反映的功能，劳动量度也无法对劳动耗费进行广泛的计量，只有采用货币量度，才能综合地反映经济活动的过程和结果，取得全面经济活动的会计信息资料。在会计核算中，以货币作为主要量度，实物量度和劳动量度仅作为货币量度的辅助量度。从这个意义上说，会计是一个以货币为主要计量单位、以提供会计信息为主的经济信息系统，会计管理活动是一种价值管理活动。

（二）针对某一特定会计主体的经济活动

会计必须有相应的服务对象。企业、行政机关、事业单位就是最典型的服务主体，而它们的经济活动就是会计的服务对象。

（三）以凭证为主要依据

凭证是经济活动发生的书面证明和依据，是用来记录经济活动发生的具体情况的书证，并明确了经济责任。一个单位发生的所有经济活动，都必须取得或填制合法的凭证，这样才能使其提供的会计信息具有真实性、客观性。

（四）对经济活动的核算与监督具有连续性、系统性、综合性和完整性

连续性，是指对发生的经济活动，按其发生的时间顺序进行记录；系统性，是指对发生的经济业务进行科学、分门别类的记录；综合性，是指通过货币量度对经济活动进行综合，得到反映经济活动过程与结果的各项总括的价值指标；完整性，是指对发生的所有经济业务进行记录，不能有遗漏。

五、会计的对象

（一）总的来看，会计的对象是会计核算和监督的内容，即社会再生产的资金运动

资金，是单位所有财产物资的货币表现；特定会计主体经济活动的货币表现，即为资金运动（价值运动），包括资金投入、资金运用和资金退出三部分，是单位所有财产物资货币表现的运动，即资金在企业内部周而复始的循环和周

转，不同行业由于其经济活动的特征不同，其资金运动也各不相同。

（二）工业企业、商业企业和行政、事业单位资金运动的特点

1. 工业企业的会计对象，是工业企业再生产活动的资金运动。从货币资金起，依次转化为储备资金、生产资金、成品资金，又转化为货币资金，形成资金周而复始的循环和周转。企业在这种资金不断的循环和周转中实现价值增值，扩大再生产。另外，企业在生产经营活动中，还会发生如申请银行借款，偿还到期贷款、扩股增资、减资等其他经济活动，这些也是会计核算和监督的内容。

2. 商业企业的会计对象，是商业企业再经营活动的资金运动。从货币资金起，转化为商品资金，再转化为货币资金，形成资金周而复始的循环和周转。

另外，商业企业与工业企业一样，除上述主要经济活动外，在经营过程中还与财政、税务、银行、其他单位和个人发生其他的经济活动，也是会计核算和监督的内容。

3. 行政单位的会计对象，是预算资金的收支活动。行政单位与企业性质不同，是非盈利单位。为了完成国家赋予的各项任务，它们必须拥有一定数量的资金，这些资金基本上由国家拨给。国家每年根据各单位的预算，拨给一定数量的资金，叫预算资金；各单位在完成任务时按预算以货币形式支付的各项费用，叫预算支出。这种支出是非补偿性的，不能从收入中得到补偿，因此，行政单位的资金不能像企业单位那样，形成资金周而复始的循环和周转，支出后即退出单位或形成新的物质基础。其会计的对象，是预算拨款和预算支出构成的资金运动，包括资金来源和运用，收入和支出等。

4. 事业单位的会计对象。事业单位的资金来源分为全额拨款、差额拨款和自收自支三种情况。实行全额拨款的事业单位，其会计对象与行政机关的会计对象相同，即预算资金的收支活动；实行差额预算的事业单位，除预算资金的收支活动外，还有经营活动，这部分资金运动与企业的会计对象相同；实行自收自支的事业单位，其资金来源与企业相同，完全由自己解决。

本教材以后涉及的资金运动均以工业企业为例。

（三）会计对象的具体体现

为了实现会计目标，向有关各方提供会计信息，对企业的经济活动进行核算和监督，必须对会计对象进行分类。这种分类在会计上称为会计要素。会计要素是对会计对象具体内容按其经济特征所作的划分，是会计对象的具体化；是会计用于反映会计主体财务状况，确定经营成果的基本单位。

我国《企业会计准则》将会计要素划分为资产、负债、所有者权益、收入、费用和利润六大类，前三项反映的是企业在某一时点的财务状况，称为静态的会计要素；后三项反映的是企业在某一时期的经营成果，称为动态的会计要素。

六大会计要素构成会计对象的具体内容，其内容及相互关系，本教材将在第二章第一节详细介绍。

六、会计的目标

会计的目标是指在一定的环境和条件下，会计运行所期望达到的结果。它决定着整个会计活动过程的发展方向和方式，是会计运行的出发点和归结点，是检查会计工作的标准和依据，决定着会计提供信息的内容及所提供信息的数量和质量。

我国《企业会计准则——基本准则》中对会计核算目标作出明确规定：会计的目标是向财务会计报告使用者提供与企业财务状况、经营成果和现金流量等有关的会计信息，反映企业管理层受托责任的履行情况，有助于财务会计报告使用者作出经济决策。

其体现了三方面内容：

（1）会计目标的对象：财务会计报告使用者。

（2）会计提供会计信息的内容：财务状况、经营成果、现金流量。

（3）会计提供会计信息的目的：反映企业管理层受托责任的履行情况。

因此：①会计的终极目标（总体目标）—— 提高经济效益，与经济管理的目标一致。②会计核算的目标（自身目标）—— 提高会计信息的质量，即保质保量提供会计信息，满足会计信息使用者的需要。

财务会计报告使用者一般分为两类：一类是企业内部使用者，主要是企业的经营管理者；另一类是企业外部使用者，包括与企业有直接利害关系的企业投资者和债权人，与企业有间接利害关系的主管部门、财政、税收、审计、证券监管等政府有关部门，以及企业潜在投资者、社会公众等。

在确定会计目标之前，应解决好"向谁提供信息""提供哪些会计信息"和"如何提供会计信息"三方面的问题。

七、会计的方法

会计的方法是指用来核算和监督会计对象，执行会计职能，实现会计目标所采用的手段。

会计的方法包括会计核算的方法、会计分析的方法、会计控制的方法等。其中会计核算的方法是最基本、最主要的方法。本教材中会计的方法仅是指会计核算的方法。

会计核算的方法是指对会计对象进行连续、系统、综合、完整的记录，计算、反映和监督所应用的方法，主要包括：

（一）设置账户

设置账户是对会计对象的具体内容进行归类、反映和监督、记录不同会计信息资料的一种专门方法。会计核算和监督的内容复杂多样，作用、要求各不相同。为了充分发挥会计的作用和满足管理的要求，会计核算时必须设置一系列的账户，对会计对象复杂的具体内容进行科学分析和记录，提供各自不同的经济信息。

（二）复式记账

复式记账是对发生的每一项经济业务都以相等的金额在相互关联的两个或两个以上的账户中进行记录的一种专门方法。采用复式记账法，可以相互联系地反映经济业务的来龙去脉，进行试算平衡。

（三）填制和审核会计凭证

填制和审核会计凭证是为了保证会计记录的完整、真实和可靠，审查经济活动是否合理合法而采用的一种专门方法。会计凭证包括原始凭证和记账凭证。任何单位发生任何会计事项，都必须填制或取得原始凭证，证明经济业务的发生及完成情况。只有内容完整、手续齐备、业务发生合理合法、经过审核无误的原始凭证，才能作为编制记账凭证的依据。记账凭证是登记账簿的依据。

（四）登记账簿

账簿是具有一定格式、相互联结的账页所组成的簿籍。登记账簿就是根据审核无误的会计凭证，用复式记账的方法，将经济业务的内容连续系统地记录在账页中的一种专门方法。通过登记账簿，将分散的会计资料进行汇总，连续系统地提供每一类经济活动的完成情况，了解经济活动发展变化的全过程，并为编制会计报表提供会计数据。

（五）成本计算

成本计算是指按一定对象归集各个经营过程中所发生的费用，从而计算出各个对象的总成本和单位成本的一种专门方法。在工业企业经营活动中，供应阶段发生的费用按照每种材料进行归集，生产阶段发生的费用按照每种产品进行归集，销售阶段发生的费用按照售出的产品进行归集，从而计算出材料采购成本、产品生产成本和产品销售成本。通过成本计算，可以全面、具体地了解企业在不同经营过程中的费用支出情况、实际成本的高低，从而考核企业成本计划的完成情况，促使企业加强管理，挖掘潜力，降低成本。

（六）财产清查

财产清查是指对各项财产物资、货币资金进行实物盘点，对各项往来款项进行核对，以查明其实有数，保证账账、账实相符的一种方法。当发现账存数与实存数不符时，应立即查明原因，追究责任，并调整账面记录，做到账实相符。

通过财产清查，可以查明财产物质的实有数，保证账实相符；还可以检查各种物资的储存保管情况和各种债权、债务的结算情况，加强物资管理，保护单位财产的安全完整，为编制会计报表提供正确资料。

（七）编制财务会计报告

编制财务会计报告是指根据账簿记录，按照规定的表格形式，集中反映各单位在一定会计期间经济活动的过程和结果的专门方法。通过编制财务会计报告，可以把分散在账簿中的核算资料集中起来，综合、归纳整理，使之系统化、条理化，集中和总括地反映单位经济活动的全貌，考核企业的财务状况、经营成果、偿债能力、盈利能力。

以上会计核算的七种方法相互联系、密切配合，形成一个完整的核算体系，如图1-1所示。其中，设置账户是基础，复式记账是记账的方法，成本计算是对初级会计信息资料的加工，填制和审核会计凭证、登记账簿、编制会计报表是整个体系的主要环节，财产清查则是体系的必要补充。七种方法相互配合运用的程序是：

（1）经济业务发生后，取得和填制会计凭证。

（2）设置会计科目和账户，对经济业务进行分类。

（3）运用复式记账法在账簿的有关账户中进行登记。

（4）对生产经营过程中各种费用进行成本计算。

（5）通过财产清查对账簿记录进行核实。

（6）期末，根据账簿记录和其他有关资料，编制会计报表。

本教材以七种核算方法为主线来编排各章内容。

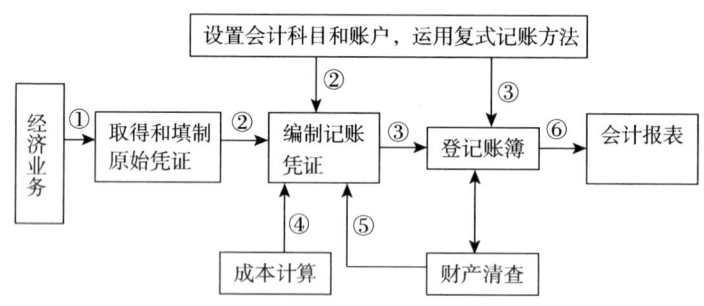

图1-1　会计核算方法体系

小思考

会计核算体系由哪些方面构成？它们之间有何联系？

任务二 会计核算程序与原则

一、会计核算程序

会计核算程序，是指会计对发生的经济业务进行会计数据处理、加工，形成会计信息的程序。包括会计确认、会计计量、会计记录和会计报告四个方面。

（一）会计确认

1. 会计确认：是按照规定的标准和方法，辨认和确定经济信息是否作为会计信息进行正式记录并列入财务报表的过程。

2. 会计确认分为初次确认和再次确认。初次确认是对输入会计核算系统的原始经济信息进行的确认；再次确认是对会计核算系统输出的、经过加工的会计信息进行确认，是依据管理者的需要，确认账簿资料中的哪些内容应列入财务报表。再次确认的标准是会计信息使用者的需要。

3. 会计要素的确认，即是对资产、负债、所有者权益、收入、费用、利润的确认。

（二）会计计量

1. 会计计量：是根据被计量对象的计量属性，选择运用一定的计量单位，确定应记录项目金额的会计处理过程。

2. 会计计量与会计确认的关系。会计确认与会计计量是不可分割地联系在一起的，未经确认，就不能进行计量；没有计量，确认就失去了意义。

3. 会计计量单位：以货币量度为主，以实物量度、劳动量度为辅。

会计计量的基础有：历史成本法、现行成本法、可变现净值、公允价值等。

（三）会计记录

会计记录是对发生的经济活动采用一定的记账方法，在会计账簿中进行登记的行为。

（四）会计报告

会计报告是在确认、计量和记录的基础上，对特定会计主体的财务状况、经营成果、现金流量和所有者权益变动情况，以财务报表的形式向有关方报告。会计的目标是向有关各方提供会计信息，那么如何提供会计信息呢，就要通过会计信息的载体——会计报告完成，主要包括：

（1）反映企业财务状况的会计信息——资产负债表提供。

（2）反映企业经营成果的会计信息——利润表提供。

（3）反映企业财务状况变动的会计信息——现金流量表提供。

（4）反映企业所有者权益变动的会计信息——所有者权益变动表提供。

二、会计核算的原则

（一）会计确认的原则——历史成本原则

历史成本原则，是指企业的各项资产和负债按照其取得时的实际成本计量。除法律、行政法规和会计准则允许采用重置成本、可变现净值、现值和公允价值等进行计量以外，企业一律不得自行调整其账面价值。

（二）会计计量的原则

1. 权责发生制原则，是指在会计核算中，以权益和责任，即以应收应付为标准来确定本期收入和费用的原则。内容是：凡应归属于本期的收益、费用，不论其是否在本期实际收到或付出，都作为本期的收益和费用处理；反之，凡不应归属于本期的收益、费用，即使在本期内实际收到或付出，也不作为本期的收益和费用处理。同"权责发生制"相对应的是"收付实现制"，它是以款项的实际收到或付出作为本期收益和费用的确认标志。

采用权责发生制原则能够正确计算经营成果，准确考核经营业绩。我国企业会计准则规定采用权责发生制原则作为会计核算的基础。

2. 配比原则，是指企业在进行会计处理时，收入与其相关的成本、费用应当相互配比，同一会计期间的各项收入和与其相关的成本、费用，应当在该会计期间内确认。

3. 划分资本性支出和收益性支出的原则，是指企业的会计处理应当合理划分资本性支出和收益性支出的界限。凡支出的效益仅及于本会计期间的，为收益性支出；凡支出的效益及于几个会计期间的，为资本性支出。进行以上划分是为了正确计算各个会计期间的损益。

（三）会计记录的原则——简明、规范，满足管理需要

简明、规范，满足管理需要，是指会计核算的记录要简单明了，用字用词规范，摘要言简意赅，登记有依据，编号按顺序，确保会计信息在记录环节的质量，满足管理需要。

（四）会计报告的原则——充分披露原则

充分披露原则，是指财务会计报告不仅要完整披露会计准则和有关制度规定的会计事项，还要尽可能地披露对会计信息使用者有用的其他事项和情况。

小思考

甲公司计划购买一台设备。3月份与乙公司签订了一份购销合同。约定6月份交货，设备价款150 000元，6月10日收到设备，安装调试后20日交付使用，货款于30日转账支付。请问：甲公司应何时确认该项固定资产？乙公司应何时确认其销售收入？

任务三　会计核算的基本前提和会计信息质量要求

我国企业会计准则分为基本会计准则和具体会计准则两个层次。基本会计准则规定了会计核算所必须遵循的基本原则和基本要求；具体会计准则是根据基本会计准则来规定各种重要业务的核算规范。基本会计准则主要包括以下内容：

一、会计核算的基本前提

会计核算的基本前提是各单位会计确认、计量、记录和报告的前提，是对会计核算所处空间、时间等所作的合理设定，以确保会计工作的正常进行和会计信息的质量。我国《企业会计准则》中把会计主体、持续经营、会计分期、货币计量作为会计核算的四个基本前提。

（一）会计主体

会计主体，又称会计个体、会计实体，是指会计工作服务的特定单位或组织，即独立组织会计工作，独立计算盈亏，独立编制会计报表的特定单位。它为会计工作规定了活动的空间范围。

会计核算不是漫无边际的，必须严格限制在一个经营或经济上独立或相对独立的单位之内，不能和其他的会计主体相混淆。各单位应站在自身的立场，从本单位的角度，处理各种经济业务和经济关系，独立组织会计工作，全面、完整地核算本单位的财务状况和经营成果。

会计主体不同于法律主体。一般而言，法律主体是一个会计主体，但会计主体不一定是法律主体。

构成会计主体应具备两个条件：第一要独立核算，即单位有合法的经营权、独立在银行开设账户、独立对外报送会计报表、有一定的资本金、有营业收入、有偿债能力等；第二要反映一个经济实体的经济活动。

小知识

法律主体，指具有法人资格，能够以自己的名义独立享有权利或承担义务、对自己的行为承担法律责任的组织。

（二）持续经营

持续经营，是指会计主体在可以预见的将来，按照既定的目标持续不断地经营下去，不会面临破产清算，所持有的资产将正常营运，所负有的债务将被正常偿还。

持续经营是针对市场经济条件下，作为会计主体的企业存在着竞争，其经营的持续性具有不确定性而提出的。会计主体假设为会计活动规定了空间范围，而持续经营假设则为会计活动作出了时间上的规定，解决了会计核算中财产计价、费用成本和收益确定等问题。

（三）会计分期

会计分期又称为会计期间，是指会计主体在持续经营的基础上，将其连续不断的经营活动人为地划分为各个固定的时间单位，以便分期结算账目、计算盈亏，按期编制财务会计报告。在我国，会计分期划分为年度、季度和月份。

会计分期的前提是建立权责发生制原则、配比原则、划分收益性支出与资本性支出原则。如果单位的经营活动不能分期核算，就不能定期结算、考核经营成果。

（四）货币计量

货币计量是指以货币为基本计量单位核算会计主体的一切经济活动，并假设币值稳定。

货币是一般等价物，具有价值尺度、流通手段、储藏手段、支付手段等职能。

币值稳定是会计核算的前提条件，只有在这一前提下，对不同会计期间的经济核算才有意义，才能对各项会计指标前后加以比较。出现恶性通货膨胀时，需用特殊的会计准则予以确定。

上述会计核算的四个前提相互依存、相互补充。会计主体确立了会计核算的空间范围，是其他会计前提的基础；持续经营、会计分期确立了会计核算的时间范围；货币计量为会计核算提供了必要手段。

二、会计信息的质量要求

会计信息的质量要求是对会计核算工作的规范，是会计核算中账务处理、编制会计报表所依据的一般规则和准绳。它能够保证会计信息的质量和可比性，保护投资人和债权人的利益，为国家宏观调控服务。我国《企业会计准则——基本准则》规定，会计信息质量应反映出客观性、相关性、明晰性、可比性、实质重于形式、重要性、谨慎性、及时性的特征。

（一）客观性原则

客观性原则又称真实性原则，是指会计核算必须以实际发生的经济业务为依据进行会计确认、计量和报告，如实反映财务状况和经营成果，保证会计信息真实可靠。

客观性原则要求会计核算必须以经济业务发生时取得的合法凭证为依据，做到会计资料内容真实、数字准确可靠、项目完整、手续齐备，以保证为各级管理者、决策者所提供的会计信息的质量，发挥会计的作用。客观性原则是会计核算工作和会计信息的最基本指导原则，离开这个原则，会计资料就成了一堆虚假数字，会计作用也就无从谈起。

（二）相关性原则

相关性原则又称有用性原则，是指会计信息应当符合国家宏观经济管理的要求，满足有关各方了解企业财务状况和经营成果的需要，满足企业内部加强经营管理的需要。

相关性原则要求会计核算要按照会计资料使用者的需要，有针对性地提供会计信息，而不是漫无目的地提供使用者不需要或者对其无足轻重的会计信息。要求会计主体的会计核算在收集、处理、传递会计信息时，要全面考虑并满足有关各方对会计信息的需要，既要满足国家宏观调控的需要，也要满足投资人、债权人、财税部门和企业内部自身管理的需要。

（三）明晰性原则

明晰性原则是指会计记录和会计报表应当清晰明了、简明易懂地反映企业的财务状况和经营成果，以便于理解和利用。

根据明晰性原则，会计核算的各种资料如凭证、账簿和会计报表的书写要工整清楚，不得潦草；会计科目、账簿和会计报表的设置要简单明了。只有这样，才能便于不同会计使用者准确地掌握和运用会计信息，充分发挥会计在经济管理中的作用。

（四）可比性原则

可比性原则，是指会计核算提供的会计信息在一定范围或期间内具有可比性。同一单位不同时期发生的经济业务，应采用同一的会计核算政策，提供前后可比的会计信息。如需变更会计核算政策，应事先说明。不同单位发生的经济业务，应依据国家统一规定的会计核算政策，确保各自提供的会计信息口径一致，相互可比。同时只有贯彻可比性原则，做到口径一致，才能统一汇总各单位的会计资料，为国民经济的宏观调控提供有用的会计信息。

（五）实质重于形式原则

实质重于形式原则，是指企业应当按照交易或者事项的经济实质进行确认、计量、记录和报告，不应仅以交易或者事项的法律形式为依据。比如：融资租赁方式租入的固定资产，在租期未满之前，从法律形式上看，租赁企业并不拥有资产的所有权，该资产还不是租赁企业的，但从经济实质上看，由于租期比较长，基本上接近该资产的有效使用寿命，与该固定资产相关的收益和风险都已转嫁给了承租人，承租人实际上也能对该固定资产进行控制。所以，这项固定资产实质上已和自有的固定资产无明显效用区别。因此，承租人应本着实质重于形式的原则，将该固定资产视同自有的固定资产一样进行管理和核算。

（六）重要性原则

重要性原则，是指企业的财务会计报告在全面反映企业财务状况和经营成果的基础上，对于重要的经济业务，应当单独、重点反映。

重要性原则要求会计核算在全面反映的基础上突出重点。要求对企业经济活动或对于会计信息使用者相对重要的会计事项，应分别核算，单独反映，并在会计报告中作重点说明；对于相对不重要的事项，在不影响会计信息真实性的前提下，可适当简化核算手续，合并反映。实行重要性原则，目的在于使企业的会计资料和会计报表突出重点，抓住对企业经营决策有重大影响的关键性问题，提高工作效率。

（七）谨慎性原则

谨慎性原则又称稳健性原则，是要求会计人员面对某些经济业务或会计事项存在不同的会计处理方法和程序可供选择时，在不影响合理选择的前提下，应尽可能选用一种不导致企业虚增利润和夸大所有者权益的会计处理方法和程序进行会计处理，合理核算可能发生的损失和费用。

谨慎性原则要求企业在进行会计核算时，不高估资产价值，不预测可能发生的收入，而应预测可能发生的费用和损失。其实质是为了多预计费用，少预计资产和收益，稳打收入，少打利润，使企业所提供的财务状况和盈亏情况留有余地，以提高企业抵御风险的能力和竞争能力。同时，在贯彻谨慎性原则时，应合法合理地核算可能发生的损失和费用，不能把它变成压低资产价值、乱挤成本、隐瞒利润、偷税漏税的保护伞。

（八）及时性原则

及时性原则，是指会计核算工作要讲求实效，会计处理要及时进行，以便会计信息得到及时利用。

在市场经济条件下，市场瞬息万变，企业间的竞争日趋激烈，企业有关各方面对会计信息及时性的要求也越来越高。如果会计核算不及时，提供的会计信息滞后，就会使企业的管理者、投资人、债权人等不能及时掌握、了解企业的财务状况，也就无法进行有效的管理、监督和决策。及时性原则要求企业及时收集、加工处理和传递会计信息，以有利于企业及有关各方加强经济管理和经营决策，满足国家宏观经济管理的需要。

小思考

上市公司对外披露的会计信息失真，会造成哪些危害？

任务四　认知会计职业

一、会计机构

会计机构是各个单位所有经营管理机构中必不可少的、重要的职能部门，对单位的所有经营活动担负着核算与监督的职责，办理所有会计事务，专业性强。会计机构人员是直接从事会计工作的人员。建立健全会计机构，配备素质和数量符合要求、具有会计从业资格和相应会计职称的会计人员，是各个单位做好会计工作、充分发挥会计职能的重要保证。

《会计法》第36条第1款规定："各单位应当根据会计业务的需要，设置会计机构，或者在有关机构中设置会计人员并指定会计主管人员；不具备设置条件的，应当委托经批准设立从事会计代理记账业务的中介机构代理记账。"这体现了三方面的含义：

1. 各单位根据本单位会计业务自行决定是否设置会计机构。

2. 不能单独设置会计机构的单位，应在单位的有关机构中设置会计人员，并指定会计主管人员。

3. 不具备设置会计机构和会计人员条件的单位，应委托经批准设立的会计咨询、服务中介机构代理记账。

二、会计岗位

会计岗位，是在会计机构内按照会计工作的内容所进行的分工，使每一项会计工作都有专人负责。

单位设置哪些会计工作岗位，应根据自身的规模大小、业务繁简程度等具体情况而定。目前，我国大中型企业会计工作岗位一般设置有：会计主管、出纳、财产物资核算、工资核算、成本费用核算、财务成果核算、资金核算、往来款项核算、总账报表、稽核、会计档案保管等会计岗位。

会计岗位可以一人一岗，一人多岗，也可以多人一岗。需要注意的是，为贯彻单位内部控制中的"账、财、物分管"原则，出纳人员不得兼管会计档案的保管和收入、费用、债权债务账目的登记与稽核工作。会计人员还应有计划地进行岗位轮换，以便了解和熟悉各项会计工作，提高业务水平。但不论从事哪个岗位的会计工作，每位会计人员都应明确和遵守所在岗位的职责。

三、会计职业道德

单位的会计工作能否提供客观、公正的会计信息，能否对本单位经济活动进行合法、合规、真实、有效的监督，除要遵循会计法规、会计准则和企业内部有关控制制度以外，在很大程度上还取决于会计人员在工作中是否遵循会计职业道德规范。会计职业道德规范贯穿于会计工作的所有领域和整个过程。

职业道德是指人们在职业生活中应遵循的基本道德，即一般社会道德在职业实践活动中的具体体现，是职业品德、职业纪律、职业胜任能力以及职业责任等的总称。会计职业道德是指在会计职业活动中应遵循的、体现会计职业特征的、调整会计职业关系的职业行为准则和规范。会计职业道德规范的主要内容为：

（一）爱岗敬业

要求会计人员热爱会计工作，安心服务于本职岗位，忠于职守，尽心尽力，尽职尽责。

（二）诚实守信

要求会计人员做老实人，说老实话，办老实事，执业谨慎，信誉至上，不为利益所诱惑，不弄虚作假，不泄露秘密。

（三）廉洁自律

要求会计人员公私分明、不贪不占、遵纪守法、清正廉洁。

（四）客观公正

要求会计人员端正态度，依法办事，实事求是，不偏不倚，保持应有的独立性。

（五）坚持准则

要求会计人员熟悉国家法律、法规和国家统一的会计制度，始终坚持按法律、法规和国家统一会计制度的要求进行会计核算，实施会计监督。

（六）提高技能

要求会计人员增强提高专业技能的自觉性和紧迫感，勤学苦练，刻苦钻研，不断进取，提高业务水平。

（七）参与管理

要求会计人员在做好本职工作的同时，努力钻研相关业务，全面熟悉本单位的经营活动和业务流程，主动提出合理化建议，协助领导决策，积极参与管理。

（八）强化服务

要求会计人员树立服务意识，提高服务质量，努力维护和提升会计职业的良好社会形象。

四、会计职业生涯规划与会计证书

（一）会计职业生涯规划

会计是一个较为特殊的职业，也是每个单位不可或缺的重要岗位。随着社会经济的发展，财务会计工作作为各单位重要的经济信息和控制系统，对会计人员的专业技能和个人素质要求越来越高。会计就业市场竞争日益激烈，但专业人才缺口巨大。具有一定会计专业技能和会计经验，并且取得会计专业技术资格证书的中高级会计人才成为市场经济中的"抢手货"。

会计职业生涯规划：出纳→会计→财务主管（经理）→财务总监（总会计师）。

（二）会计技术专业资格证书

会计人员的技术职称，是根据会计人员的思想表现、专业知识、工作能力、业务技能、学历及从事会计工作的年限，综合确定的业务技术职务。按照《会计专业职务试行条例》，将会计人员的技术职称划分为会计员、助理会计师、会计师、高级会计师四个等级。

会计专业技术资格分为初级、中级和高级三个级别，各级别的资格考试由国家统一组织、统一考试大纲、统一考试命题、统一考试时间、统一合格标准，每年举行一次。取得相关会计专业技术资格，就具备了担任相应级别会计专业技术职务的任职资格。用人单位根据工作需要和德才兼备原则，从中择优聘用。

会计专业技术初级资格考试设《初级会计实务》《经济法》两门课程。报名时间一般在上一年的 10 月至 11 月，考试时间一般在当年 5 月的第三个周末。取得初级资格，单位可根据有关规定聘任相应的专业技术职务——助理会计师。时间要求：大专毕业担任会计员职务满 2 年；中专毕业担任会计员职务满 4 年。

会计专业技术中级资格考试设《财务管理》《经济法》《中级会计实务（一）》《中级会计实务（二）》四门课程，具备大专以上学历的会计人员方可参加，取得中级资格并符合国家有关规定，可聘任会计师职务。

会计专业技术高级资格（高级会计师资格）实行考试与评审结合的评价制度，考试科目设《高级会计实务》课程。

（三）注册会计师执业资格证书

注册会计师，是指取得注册会计师证书并在会计师事务所从事审计、中介审计、独立审计的专业执业人员（简称 CPA）。

目前取得中国注册会计师执业资格的必备条件是参加并通过中国注册会计师考试。具有高等专科以上学校毕业学历，或具有会计或者相关专业中级以上技术职称的中国公民，均可参加统一考试。

考试分为专业阶段和综合阶段两部分。考生通过专业阶段考试的全部科目后，才能参加综合阶段考试。专业阶段考试科目有：会计、审计、财务成本管理、公司战略与风险管理、经济法、税法六门课程。综合阶段考试科目有：职业能力综合测试（试卷一、试卷二）。考试采用闭卷、计算机化考试（简称机考）方式。

考试时间：境内考生一般均为每年的 9~10 月份；境外考生一般均为每年的 11 月份。报名方式：注册会计师全国统一考试报名通过"注册会计师全国统一考试网上报名系统"进行。报名分为网上预报名、资格审核、交费确认三个步骤。报名人员可以在一次考试中同时报考专业阶段考试的 6 个科目，也可以选择报考部分科目。首次报名参加专业阶段考试的报名人员，须持预报名信息表、身份证原件及复印件、学历证书或中级以上职称证书原件及复印件，到报名地现场办理报名资格审核。非首次报名参加专业阶段考试的报名人员，以及报名参加综合阶段考试的报名人员无需进行报名资格审核。

参加注册会计师全国统一考试的应考人员，专业阶段考试的单科考试合格成绩 5 年内有效。

职业能力训练

一、重点概念
会计 会计主体　会计方法　会计对象　权责发生制原则　谨慎性原则

二、单项选择题

1. 会计的对象是（　　）。
A. 企业的资金运动
B. 企业的经营活动
C. 企业的生产活动
D. 企业的社会活动

2. 会计的主要方法是（　　）。
A. 会计预测方法
B. 会计分析方法
C. 会计核算方法
D. 会计决策方法

3. 会计的基本职能是（　　）。
A. 核算与监督
B. 分析与考核
C. 预测与决策
D. 以上都是

4. 企业资金的周转过程包括（　　）。
A. 资金筹措、资金投入和资金退出
B. 资金筹措、资金运用和资金退出
C. 资金投入、资金运用和资金退出
D. 资金筹措、资金投入和资金运用

5. 企业会计分期的基础是（　　）。
A. 会计主体
B. 配比原则
C. 持续经营
D. 货币计量

6. 会计的目标是（　　）。
A. 提供经济信息
B. 核算与监督
C. 指导经济活动
D. 进行价值管理

7. 会计核算上将企业以融资租赁方式租入的固定资产视为企业自有的固定资产进行管理和核算的会计信息质量要求是（　　　）。

A. 实质重于形式原则
B. 谨慎性原则

C. 权责发生制原则
D. 及时性原则

8. 强调不同企业的会计信息横向可比和同一企业的会计信息纵向可比的会计信息质量要求是（　　　）。

A. 相关性原则
B. 可比性原则

C. 及时性原则
D. 重要性原则

9. 凡是当期已经实现的收入和已经发生或应当负担的费用，不论款项是否收付，都应作为当期的收入和费用处理。这是（　　　）的要求。

A. 权责发生制原则
B. 收付实现制

C. 可比性原则
D. 重要性原则

10.（　　　）为会计核算确立了核算的空间范围，（　　　）为会计核算提供了必要手段。

A. 会计主体；持续经营
B. 会计主体；货币计量

C. 持续经营；会计分期
D. 持续经营；货币计量

三、多项选择题

1. 会计的特点具体表现在（　　　）。

A. 以货币为主要计量单位

B. 以真实、合法的会计凭证为依据

C. 针对某一会计主体的经济活动

D. 以真实、合法的会计账簿为依据

E. 对经济活动进行综合、连续、系统、完整地核算和监督

2. 会计核算具有（　　　）。

A. 系统性　　B. 连续性　　C. 综合性　　D. 计划性　　E. 完整性

3. 会计监督是一个过程，它分为（　　　）。

A. 社会监督
B. 外部监督

C. 事前监督
D. 事中监督

E. 事后监督

4. 单位确定会计目标要解决以下问题：（　　　）。

A. 谁是会计信息的使用者
B. 何时需要会计信息

C. 如何提供会计信息
D. 会计信息使用者的层次

E. 会计信息使用者需要什么样的会计信息

5. 下列属于会计核算方法的有（　　　）。

A. 复式记账
B. 填制和审核凭证
C. 登记账簿
D. 编制会计报表
E. 成本计算

6. 下列属于会计核算基本前提的有（　　　　）。
A. 会计主体
B. 持续经营
C. 会计分期
D. 货币计量
E. 会计确认

7. 下列项目中，可以作为一个会计主体进行会计核算的包括（　　　）。
A. 企业内部销售部门
B. 分公司
C. 企业内部的生产车间
D. 企业集团
E. 企业内部研发部门

8. 客观性原则要求做到（　　　　）。
A. 内容完整
B. 数字准确
C. 资料可靠
D. 对应关系清楚
E. 及时核算

9. 相关性原则要求所提供的会计信息（　　　　）。
A. 满足企业内部加强经营管理的需要
B. 满足国家宏观经济管理的需要
C. 满足银行了解企业的财务状况和经营成果的需要
D. 满足提高全民素质的需要
E. 满足投资者了解企业财务状况和经营成果的需要

10. 以下属于会计方法的有（　　　　）。
A. 会计核算方法
B. 会计分析方法
C. 会计检查方法
D. 会计预测方法
E. 会计监督方法

四、判断题（正确的在括号内打"√"，错误的在括号内打"×"）

1. 会计是一种经济管理活动。（　　　）
2. 会计主要以货币计价进行监督，不必进行实物监督。（　　　）
3. 会计核算不必区分自身的经济活动与其他单位的经济活动。（　　　）
4. 会计的任务是为了充分实现会计的职能。（　　　）
5. 会计核算的是企业的经济活动而非企业投资者的经济活动。（　　　）
6. 行政事业单位的预算资金运动表现为价值的循环与周转。（　　　）
7. 某一会计事项是否具有重要性，在很大程度上取决于会计人员的职业判断。对于某一会计事项，在某一企业具有重要性，在另一企业则不一定具有重

要性。（　　　）

8. 企业一旦确定了相应的会计核算方法就不能变更，这是可比性原则的要求。（　　　）

9. 对企业资产的计量必须采用历史成本原则。（　　　）

10. 凡效益涉及几个会计年度的支出，应作为收益性支出。（　　　）

五、简答题

1. 什么是会计？它有哪些特征？

2. 会计的基本职能和目标是什么？

3. 会计的核算方法有哪些，它们之间有什么样的相互关系？

4. 会计核算的基本前提和对会计信息质量的要求有哪些？

六、实务练习

汉字大写金额的书写：

壹、贰、叁、肆、伍、陆、柒、捌、玖、零、拾、佰、仟、万、亿、元、角、分、整。

项目二

识别会计要素和会计等式

1. 熟悉并掌握会计要素的含义、分类和内容。
2. 掌握会计等式的平衡原理。
3. 清楚九种类型的经济业务发生对会计等式的影响。

能力要求

1. 能够辨别六大会计要素，判断经济业务发生涉及的会计要素。
2. 能够分清九种类型的经济业务及其对会计等式的影响。

教学内容

任务一 识别会计要素

　　会计要素是对会计对象（资金运动）进行的基本分类，是反映会计主体财务状况和经营成果的基本单位，是会计核算对象（资金运动）的具体化；它是财务会计报告最基本的组件，也是设置账户、会计确认、会计计量和记录的基础。会计要素分为静态会计要素和动态会计要素两大类。我国《企业会计准则》和《企业会计制度》将企业会计要素划分为资产、负债、所有者权益、收入、费用、利润六大类。其中，资产、负债、所有者权益是静态的会计要素，构成资产负债表的基本框架，反映企业在某一特定时点的财务状况；收入、费用、利润是动态的会计要素，构成利润表的基本框架，反映企业在一定时期内的财务成果。

一、资产

（一）资产的概念

资产，是指企业过去的交易、事项形成的，由企业拥有或控制的，能用货币计量，能给企业带来未来经济利益的经济资源。

（二）资产的特征

1. 资产是由过去的交易或事项产生的，是现实而不是预期的。

2. 资产是企业拥有或者控制，并能用货币计量的。

3. 资产能给企业目前和未来带来经济利益。

4. 资产既可以是有形的，也可以是无形的。

（三）资产的分类

资产可以按照多种形式进行分类。比较常见的是按其在经营活动中的性质和存在形态分为流动资产和非流动资产。

1. 流动资产，是指企业在 1 年或长于 1 年的一个营业周期内变现或耗用的资产。包括货币资金、交易性金融资产、应收及预付款和存货等。它们具有一次性参加企业生产经营活动，价值一次、全部转移到所生产的产品价值中去，并从销售收入中得到补偿的特点。

货币资金，包括库存现金、银行存款和在其他金融机构的存款，由于它们均以货币形态表现，又称为货币资产。

交易性金融资产是指企业购入的各种能够随时变现，且持有时间不超过 1 年（含 1 年）的有价证券及不超过 1 年的其他投资。包括各种股票、债券、基金等。

应收及预付款是指企业在日常生产经营过程中发生的各种应收款项。主要包括应收账款、应收票据、其他应收款和预付账款等。

存货是指企业除固定资产、在建工程以外，为保证企业生产经营活动连续进行而拥有的、参与短期经营周转的各种实物财产。包括各类材料、燃料、包装物、低质易耗品、在产品、半成品、产成品等。

流动资产是资产负债表中的一个重要项目，利用它不仅可以反映企业流动资产的占用情况，还可以说明企业的短期偿债能力。

2. 非流动资产，是指企业在 1 年以上或者超过 1 年的一个营业周期以上变现或耗用的资产。包括长期股权投资、固定资产、无形资产、在建工程、工程物资、开发支出等。它们具有多次参加企业经营活动，价值逐渐转移到生产对象中去，并从以后各期实现的收入中逐步收回的特点。

长期股权投资是指企业通过投资取得被投资企业的股份并准备长期持有，成为被投资企业的股东，按所持股份比例享有权益并承担责任的投资。通过长期股权投资达到控制被投资企业，或对被投资企业施加重大影响，或与被投资企业建立密切关系。

固定资产是指企业使用年限在 1 年以上，单位价值在规定的标准以上，并在使用过程中保持其原有实物形态的资产。具有是为生产产品、提供劳务、出租或经营管理而持有的和使用寿命超过一个会计年度的特征。包括房屋及建筑物、机器、机械、运输工具以及其他与生产经营有关的设备、器具、工具等。

在建工程是指企业为构建固定资产或对固定资产进行更新改造发生的，尚未转作固定资产的各项支出。

无形资产是指企业长期使用、没有实物形态的资产。包括专利权、非专利技术、商标权、著作权、特许权和土地使用权。

二、负债

（一）负债的概念

负债，是指企业所承担的，能以货币计量，需以资产或劳务偿付的债务。如果把资产理解为企业的权利，那么负债则可以理解为企业所承担的义务。

（二）负债的特征

1. 负债是企业过去的交易或事项形成的现时义务。这是负债的基本特征。

2. 负债是能以货币确切计量或合理估计出的债务。

3. 债务的清偿会导致企业经济利益的流出。这是负债的本质特征。

（三）负债的分类

负债按照偿还期限的长短，分为流动负债和长期负债。

1. 流动负债，是指企业在 1 年或长于 1 年的一个营业周期内偿还的债务。包括短期借款、应付票据、应付账款、预收账款、应付职工薪酬、应交税费、应付利润、其他应付款等。

短期借款是指企业为维持正常生产经营周转而向银行或其他金融机构借入的偿还期限在 1 年以内的各种借款。

应付票据是指企业采用商业汇票支付方式购买货物时开出、承兑的商业汇票，包括银行承兑汇票和商业承兑汇票。

应付账款是指企业因为购买材料、商品和接受劳务供应等发生的债务。

预收账款是指企业按照合同规定向购货单位预先收取的部分购货款或定金。

应付职工薪酬是指企业应支付给职工个人的工资、津贴、福利、保险费、住房公积金、工会经费、教育经费和劳动补偿等。

应交税费是指企业按照税法规定应该向国家缴纳的各种税金。

应付利润是指企业应该向投资者分配的股利或应付而未付的利润。

其他应付款是指除上述各项以外的其他应付款项，如应交教育附加费，车辆购置附加费等。

2. 长期负债，是指偿还期在 1 年或超过 1 年的一个营业周期以上的各种债务。包括长期借款、应付债券和长期应付款等。

长期借款是指企业向银行或其他金融机构借入的，偿还期限在 1 年以上的各种借款。

应付债券是指企业为筹集长期资金而对外发行债券所发生的债务。

长期应付款是指企业除长期借款、应付债券以外的其他一切长期借款。

三、所有者权益

（一）所有者权益的概念

所有者权益，是指企业资产扣除负债后由所有者享有的剩余权益，是所有者对企业净资产的所有权，数额为资产减去负债后的余额。公司的所有者权益又称为股东权益。

（二）所有者权益的特征

1. 所有者权益表现为投资者对企业净资产的所有权，随投资者的投资行为而产生。

2. 除非发生清算、减资或分派现金股利的情况，所有者权益一般不需要归还给投资人。一般情况下，投资者投入企业的资本归企业长期使用，不需偿还，投资人也不能任意抽回。

3. 所有者按其投资额大小或合同章程规定，参加企业经营管理，享有参与利润分配的权益和分担风险或亏损的责任。

4. 所有者权益为剩余权益，置于债权人权益之后。

（三）所有者权益的分类

所有者权益按形成的方式不同分为实收资本（或者股本）、资本公积、盈余公积和未分配利润。

1. 实收资本是指投资者按照企业章程或合同的规定，实际投入到企业中的各种资产的价值。按照投资者的不同可以分为国家投资、其他法人单位投资、个人投资和外商投资等。

2. 资本公积是指企业由于接受投入资本所引起的各种增值。包括股本溢价、资本溢价、外币资本折算差额等。接受捐赠的资产价值归入"营业外收入"。

3. 盈余公积是指企业按照规定从税后利润中提取的公积金，包括法定盈余公积金、任意盈余公积金和法定公溢金等。

4. 未分配利润是指企业尚未分配、留待以后年度分配的利润。

小知识

所有者权益与债权人权益（负债）的区别：

1. 两者的性质不同。所有者权益是企业投资人对企业净资产的要求权，而负债是企业债权人对企业资产的要求权。

2. 二者的偿还期限不同。所有者权益没有明确的偿还期限，而负债有明确的偿还期限。

3. 二者享受的权利不同。所有者权益体现在参与企业管理和利润分配，债权人权益则为要求企业按期还本付息。

4. 二者承担的风险不同。所有者参与企业利润的分配，只有企业盈利，才能有收益，因此其风险较大；债权人不参与企业利润的分配，不论企业是否盈利，到时都要收回本金和利息，因此债权人权益的风险小于所有者权益。

四、收入

（一）收入的概念

收入，是指企业在日常活动中形成的，会导致所有者权益增加、与所有者投入资本无关的经济利益的总流入。包括销售商品收入、提供劳务收入、让渡资产使用权收入、利息收入、股利收入等，但不包括为第三方或客户代收的款项。

需要强调的是，这里所说的收入是狭义的收入，即营业收入，广义的收入还包括营业外收入。营业外收入是指企业发生的，与企业的生产经营活动没有直接关系的各项收入，包括固定资产盘盈、处置固定资产与无形资产的净收益、罚款收入等。

（二）收入的特征

1. 收入是在企业日常活动中形成的，而不是从偶发的交易或事项中产生的。

2. 收入会导致企业所有者权益增加。

3. 收入会导致企业经济利益的流入。

（三）收入的分类

收入分为主营业务收入、其他业务收入和投资收益。

1. 主营业务收入，也叫基本业务收入，是指企业主要经营活动带来的收入，如工业企业销售产成品、半成品和提供工业性劳务所取得的收入；商品流通企业销售商品所取得的收入。

2. 其他业务收入，是指企业主营业务以外的其他日常活动所取得的收入，如工业企业销售材料、出租包装物、出租固定资产等取得的收入。

3. 投资收益，是指企业对外投资取得的收益减去发生投资损失后的净额。

小知识

收益、收入和利得是一个概念吗？

不是。收益包括收入和利得，是指本期增加的除投资者投入的资本以外的经济利益。收入，是企业在日常活动中形成的经济利益的总流入，归入"营业收入"；利得是指企业发生的，与企业的生产经营活动没有直接关系的各项收入，包括固定资产盘盈、处置固定资产与无形资产的净收益、罚款收入、接受的捐赠等，归入"营业外收入"。

五、费用

（一）费用的概念

费用是指企业在日常活动中发生的、导致所有者权益减少、与向所有者分配利益无关的经济利益的总流出。

（二）费用的特征

1. 费用是在企业日常经营活动中发生的。企业发生的损失，如营业外支出，非日常活动损失如自然灾害等事故造成的损失、因违约支付罚款等不作为费用。

2. 费用的发生导致企业资产减少或负债增加，最终导致所有者权益减少。

3. 费用与向所有者分配的利润无关。

（三）费用的分类

费用分为生产成本和期间费用两部分。

1. 生产成本，是指直接记入产品成本的材料费、人工费和制造费用。

2. 期间费用，是指与生产产品无直接关系，由会计收入负担的费用。包括管理费用、财务费用和销售费用，它们不计入产品成本，直接计入当期损益。

六、利润

（一）利润的概念

利润，是指企业在一定会计期间的经营成果，是收入与费用配比后的结果，包括营业利润、利润总额和净利润三部分。

（二）利润的特征

1. 企业利润主要来自于企业的经济活动，包括经营活动、投资活动和筹资活动。

2. 企业利润与所有者权益具有密切关系：利润增加，所有者权益随之增加；利润减少，所有者权益随之减少。

（三）利润的种类

1. 营业利润，是企业经营成果的主要部分，是营业收入减去营业成本、营业税金及附加、销售费用、管理费用、财务费用、资产减值损失，加上公允变动净收益、投资收益后的金额。

2. 利润总额，是营业利润加上营业外收入减去营业外支出后的金额。

3. 净利润，是利润总额减去所得税费用后的金额。

会计六大要素间的关系如表 2-1 所示。

表 2-1　会计六大要素间的关系

资产＝负债+所有者权益	利润＝收入-费用
资金运动的静态表现	资金运动的动态表现
表现资产的来源与归属	表现经营成果与相应期间收入和费用的关系
编制资产负债表的依据	编制利润表的基础

任务二　验证会计等式

一、会计等式的构成

会计等式，是指运用数学方程原理来描述会计要素之间相互关系的一种表达式。

任何企业开展生产经营活动，都必须拥有一定的资产。企业资产的来源主要有两个渠道：①由企业所有者提供即投资人投入；②由企业债权人提供即借入。所有者和债权人将其资金提供给企业使用，必然对该企业的资产享有一定的权利，这种权利称为权益。所有者对企业资产享有的权益称为所有者权益，债权人对企业资产享有的权益称为负债。

资产和权益是同一资金的两个方面，一个是资产表现的形态，一个是对这些资产所拥有的权利，两者同时并存，对立统一。有一定的资产，必然有对这部分资产享有的权益；有一定的权益，也必然表现为一定的资产。这种资产和权益之间客观存在的必然相等关系，在会计上称为会计基本等式。用公式表示为：

$$资产 = 权益$$

权益包括所有者权益和负债，因此，会计基本等式又扩展为：

$$资产 = 负债+所有者权益$$

企业资产投入运营，在一定时期内取得的经营成果，表现为收入、费用、利润。企业的经营成果在动态情况下，收入、费用、利润三者之间也存在恒等关系：

$$收入-费用 = 利润$$

利润在未进行分配以前，表现为企业权益的增加，在营运过程中，资产、负债、所有者权益以及收入、费用之间的关系式为：

$$资产 = 负债+所有者权益 + （收入-费用）$$

$$资产 = 负债+所有者权益 +利润。$$

这是一个动态的会计等式，表示企业在营运过程中的增值情况。

企业结算时，按照规定，将一部分利润分配给投资者，退出企业；剩余部分形成留存收益，归入所有者权益。则上述等式又恢复到期初的基本形式：

$$资产 = 负债+所有者权益$$

二、经济业务发生对会计等式的影响

会计事项，是指企业在生产经营过程中发生的、能够用货币计量、并能引起会计要素具体内容发生增减变动的经济业务。

在企业生产经营活动中，必然会发生大量的经济业务，每项经济业务的发生又必然会引起资产、负债、所有者权益的增减变化。但是无论经济业务如何变化，都不会破坏上列的会计等式。现举例说明如下：

假定阳光机械公司 2018 年 11 月 30 日资产、负债及所有者权益的数额如表 2-2 所示。

表 2-2 阳光机械公司资产、负债及所有者权益数额

单位：元

资　产	金　额	负债及所有者权益	金　额
固定资产	100 000	短期借款	20 000
原材料	50 000	长期借款	30 000
产成品	40 000	应付账款	10 200
库存现金	800	实收资本	130 000
银行存款	41 400	盈余公积	22 000
应收账款	8000	利润分配	28 000
合　计	240 200	合　计	240 200

该公司 12 月份发生如下经济业务：

例 1 三星机械公司以现金方式投入资本 50 000 元，阳光机械公司将这笔钱存入银行。

这项经济业务发生，使资产项目银行存款增加 50 000 元，同时所有者权益项目实收资本增加 50 000 元，资产与所有者权益同时增加，两边总额同时增加到 290 200 元。会计等式两边仍然保持平衡。

例 2　该公司用银行存款 30 000 元，购入新设备一台。

这项经济业务发生，使资产项目银行存款减少 30 000 元，同时资产项目固定资产增加 30 000 元，资产内部有增有减，总额不变仍为 290 200 元。会计等式两边仍然保持平衡。

例 3　该公司从银行借入短期借款 5000 元，存入银行。

这项经济业务发生，使资产项目银行存款增加 5000 元，同时负债项目短期借款增加 5000 元，资产与负债同时增加，两边总额同时增加到 295 200 元。会计等式两边仍然保持平衡。

例 4　该公司用银行存款 3000 元偿还应付供货单位货款。

这项经济业务发生，使资产项目银行存款减少 3000 元，同时负债项目应付账款减少 3000 元，资产与负债同时减少，两边总额同时减少到 292 200 元。会计等式两边仍然保持平衡。

例 5　经批准该公司向三星机械公司退还投资款 50 000 元，通过银行转账。

这项经济业务的发生，使资产项目银行存款减少 50 000 元，同时所有者权益项目实收资本减少 50 000 元，资产与所有者权益同时减少，两边总额同时减少到 242 200 元。会计等式两边仍然保持平衡。

例 6　该公司将 5000 元短期借款转入长期借款。

这项经济业务发生，使负债项目短期借款减少 5000 元，同时负债项目长期借款增加 5000 元，负债内部有增有减总额不变，仍为 242 200 元。会计等式两边仍然保持平衡。

例 7　经批准，该公司将其盈余公积 20 000 元转增资本。

这项经济业务发生，使所有者权益项目实收资本增加 20 000 元，同时所有者权益项目盈余公积减少 20 000 元，所有者权益项目内部有增有减，总额不变仍为 242 200 元。

例 8　年终结算该公司应付给投资者利润 8000 元。

这项经济业务发生，使所有者权益项目利润分配减少 8000 元，同时负债项目应付利润增加 8000 元，负债增加，所有者权益减少，即权益内部有增有减，总额不变仍为 242 200 元。会计等式两边仍然保持平衡。

例 9　该公司将所欠光明公司的货款 7000 元转作投入资本。

这项经济业务发生，使负债项目应付账款减少 7000 元，同时所有者权益项目实收资本增加 7000 元，负债减少，所有者权益增加，即权益内部有增有减，总额不变仍为 242 200 元。会计等式两边仍然保持平衡。

上述九项经济业务引起的资产、负债及所有者权益的增减变化如表 2-3 所示。

表 2-3 资产、负债及所有者权益的增减变化

单位：元

资　产				负债及所有者权益				
项目	增减前金额	增加金额	减少金额	增减后金额	项目	增减前金额	增加金额	减少金额	增减后金额
固定资产	100 000	(2) 30 000		130 000	短期借款	20 000	(3) 5000	(6) 5000	20 000
原材料	50 000			50 000	长期借款	30 000	(6) 5000		35 000
产成品	40 000			40 000	应付账款	10 200		(4) 3000	
								(9) 7000	200
库存现金	800			800	盈余公积	22 000		(7) 20 000	2000
应收账款	8000			8000	实收资本	130 000	(1) 50 000	(5) 50 000	
							(7) 20 000		157 000
银行存款	41 400	(1) 50 000	(2) 30 000	13 400	利润分配	28 000		(8) 8000	20 000
		(3) 5000	(4) 3000		应付利润			(8) 8000	8000
			(5) 50 000						
合计	240 200	85 000	83 000	242 200	合计	240 200	95 000	93 000	242 200

一个企业尽管会发生大量的经济业务，但其所引起的资产、负债及所有者权益的变化无外乎以下四种类型、九种形式，而且无论发生何种经济业务，资产总量与负债及所有者权益总量都始终保持相等。

四种类型：

（1）资产与负债、所有者权益同时增加；

（2）资产与负债、所有者权益同时减少；

（3）资产内部有增有减；

（4）负债、所有者权益内部有增有减。

上述四种类型可用图 2-1 表示。

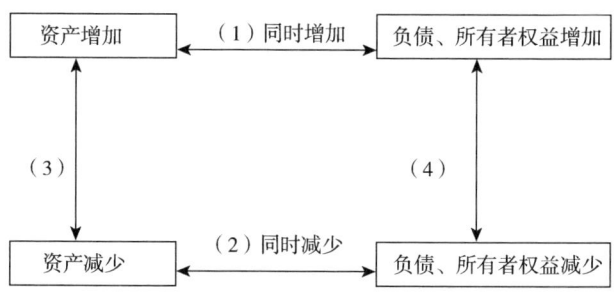

图 2-1 资产、负债及所有者权益变化关系图

　　九种形式：

（1）一项资产增加，另一项资产减少，金额相等；

（2）一项资产增加，另一项负债增加，金额相等；

（3）一项资产增加，另一项所有者权益增加，金额相等；

（4）一项负债减少，另一项资产减少，金额相等；

（5）一项负债减少，另一项负债增加，金额相等；

（6）一项负债减少，另一项所有者权益增加，金额相等；

（7）一项所有者权益减少，另一项资产减少，金额相等；

（8）一项所有者权益减少，另一项负债增加，金额相等；

（9）一项所有者权益减少，另一项所有者权益增加，金额相等。

　　综上所述，经济业务的发生，无论是对会计等式一边产生影响，还是对会计等式两边产生影响，都不会改变会计等式的平衡关系，会计等式两边的金额永远相等。会计等式是贯穿于财务会计始终的一条红线，是设置账户、复式记账、试算平衡和编制资产负债表等的理论基础和依据。

职业能力训练

一、重点概念

资产　　负债　　所有者权益　　　利润　　会计等式

二、单项选择题

1. 下列经济业务中，引起资产与负债同时减少的业务是（　　　　）。

A. 从银行取得借款　　　　　　　　B. 以银行存款归还借款

C. 将现金存入银行　　　　　　　　D. 用借款直接偿还欠款

2. 下列不属于反映企业财务状况的会计要素是（　　　　）。

A. 资产　　　　　　　　　　　　　B. 负债

C. 所有者权益　　　　　　　　　　D. 利润

3. 投资人投入的资金和债权人投入的资金，投入企业后，形成企业的（　　　　）。

A. 成本　　　　　　　　　　　　　B. 费用

C. 资产　　　　　　　　　　　　　D. 负债

4. 下列属于企业流动资产的是（　　　　）。

A. 预收账款　　　　　　　　　　　B. 累计折旧

C. 预付账款　　　　　　　　　　　D. 无形资产

5. 下列属于企业流动负债的是（　　　　）。

A. 预收账款　　　　　　　　　　　B. 应收账款

C. 应收票据   D. 应付债券

6. 下列（   ）是会计基本等式。

A. 资产=负债+所有者权益

B. 资产=负债+所有者权益+（收入-费用）

C. 资产=负债+所有者权益+利润

D. 收入-费用=利润

7. 下列不属于所有者权益的是（   ）。

A. 实收资本   B. 资本公积

C. 盈余公积   D. 主营业务收入

8. 下列不正确的等式是（   ）。

A. 资产=负债+所有者权益=权益

B. 期末资产=期末负债+期初所有者权益

C. 期末资产=期末负债+期初所有者权益+本期增加的所有者权益-本期减少的所有者权益

D. 债权人权益+所有者权益=负债+所有者权益

9. 下列说法正确的是（   ）。

A. 收入是指企业在销售商品、提供劳务及让渡资产使用权等活动中形成的经济利益的总流入

B. 所有者权益增加一定表明企业获得了收入

C. 狭义的收入包括营业外收入

D. 收入按照性质不同，分为销售商品收入、提供劳务收入和让渡资产使用权收入

10. 下列属于基本业务收入的是（   ）。

A. 原材料销售收入   B. 产品销售收入

C. 固定资产出租收入   D. 无形资产使用权转让收入

11. 下列说法正确的是（   ）。

A. 生产成本均可以直接计入产品成本

B. 制造费用属于期间费用

C. 狭义的收入指的是营业收入，狭义的费用指的是营业成本

D. 费用表现为企业资产的减少或负债的增加，最终导致企业所有者权益的减少

12. 下列不属于期间费用的是（   ）。

A. 管理费用   B. 制造费用

C. 销售费用   D. 财务费用

13. 与计算"营业利润"无关的因素是（　　　）。

A. 所得税费用

B. 销售费用

C. 管理费用

D. 财务费用

三、多项选择题

1. 下列属于流动资产的有（　　　）。

A. 预收账款

B. 预付账款

C. 应收账款

D. 应收票据

2. 下列属于资产特征的有（　　　）。

A. 资产是由于过去或现在的交易或事项形成的

B. 资产是由企业拥有或者控制的

C. 资产能够给企业带来未来经济利益

D. 资产一定具有具体的实物形态

3. 下列各项反映企业经营成果的会计要素有（　　　）。

A. 利润

B. 费用

C. 收入

D. 所有者权益

4. 下列反映资金运动静态的会计要素有（　　　）。

A. 资产

B. 负债

C. 收入

D. 利润

5. 利润是企业在一定时期内的经营成果，按其构成的不同层次分为（　　　）。

A. 营业利润

B. 利润总额

C. 净利润

D. 所得税

6. 下列项目中属于流动负债的有（　　　）。

A. 应付票据

B. 应付账款

C. 应付债券

D. 应付利息

7. 所有者权益包括（　　　）。

A. 投入资本

B. 资本公积

C. 留存收益

D. 投资收益

8. 企业在日常活动中取得的收入包括（　　　）。

A. 销售商品收入

B. 提供劳务收入

C. 让渡资产使用权收入

D. 出售固定资产收入

9. 下列属于负债特征的有（　　　）。

A. 企业承担的现时义务

B. 预期会导致经济利益流出企业

C. 由企业过去的交易或事项形成

D.　流出经济利益的金额能可靠计量

10.　下列属于利润来源的有（　　　）。

A.　直接计入当期利润的利得和损失

B.　收入减去费用后的净额

C.　直接计入所有者权益的利得和损失

D.　盈余公积

四、判断题（正确的在括号内打"√"，错误的在括号内打"×"）

1.　所有者权益是指企业投资人对企业资产的所有权。（　　　）

2.　已毁损报废的设备不能作为企业的资产。（　　　）

3.　从数量上看，所有者权益等于企业全部资产减去全部负债后的余额。（　　　）

4.　所有者权益与企业特定的、具体的资产并无直接关系，不与企业任何具体的资产项目发生对应关系。（　　　）

5.　企业的利得和损失包括直接计入所有者权益的利得和损失以及直接计入当期利润的利得和损失。（　　　）

6.　只要企业拥有某项财产物资的所有权就能将其确认为资产。（　　　）

7.　按照我国的会计准则，负债不仅指现时已经存在的债务责任，还包括某些将来可能发生的、偶然事项形成的债务责任。（　　　）

8.　会计要素中既有反映财务状况的要素，又有反映经营成果的要素。（　　　）

9.　资产是指企业现时的交易或者事项形成的、由企业拥有或者控制的、预期会给企业带来经济利益的资源。（　　　）

10.　"收入－费用＝利润"反映的是资金运动的动态方面，反映的是某一会计期间的经营成果，反映一个过程，是编制利润表的依据。（　　　）

11.　经济业务的发生，可能引起资产与权益总额发生变化，但是不会破坏会计基本等式的平衡关系。（　　　）

12.　资产、负债与所有者权益的平衡关系是在企业资金运动处于相对静止状态下出现的，如果考虑收入、费用等动态要素，则资产与权益总额的平衡关系必然被破坏。（　　　）

五、简答题

1.　会计要素有哪几大类？它们各自包含哪些内容？

2.　经济业务的变动类型有哪几种？对会计等式有何影响？

3.　为什么"资产＝负债＋所有者权益"是会计的基本等式？

六、业务题

（一）目的：

根据发生的经济业务，分析资产、负债及所有者权益的增减变动情况及其对会计等式平衡关系的影响。

（二）资料：

1. 长城公司 2018 年 3 月 31 日资产、负债及所有者权益状况如下：固定资产 400 000 元，材料 42 000 元，应交税金 3000 元，银行存款 48 000 元，本年利润 12 000 元，应付账款 5000 元，应收账款 3500 元，库存商品 24 000 元，现金 500 元，实收资本 420 000 元，盈余公积 45 000 元，短期借款 8000 元，其他应收款 2000 元，应付工资 27 000 元。

2. 该公司 4 月份发生下列经济业务：

（1）采购员王强暂借差旅费 400 元，财务科以现金付讫。

（2）购入材料 10 000 元，货款尚未支付。

（3）向银行借入期限为六个月的借款 20 000 元存入银行。

（4）用银行存款缴纳上月欠缴税金 3000 元。

（5）用银行存款偿还所欠货款 15 000 元。

（6）生产车间领用原材料 20 000 元，全部投入产品生产。

（7）用银行存款购买机器一台，价值 30 000 元。

（8）收到外单位归还的上月所欠货款 3500 元，存入银行

（9）用银行存款归还短期借款 8000 元。

（10）收到外单位投资 50 000 元，存入银行。

（三）要求：

1. 根据资料 1，分清资产、负债及所有者权益，编制 3 月末的资产、负债及所有者权益平衡表。

2. 根据资料 2，分析每一项经济业务引起的会计要素增减变化及其结果，编制 4 月末的资产、负债及所有者权益平衡表。

项目三

设置会计科目和账户

学习目标

1. 了解会计科目和账户的含义。
2. 熟悉会计科目的分类、名称与内容。
3. 掌握账户的基本结构与登记方法。
4. 明确会计科目与账户的联系与区别。

能力要求

1. 能够明确会计科目的分类与内容。
2. 能够掌握账户的概念、基本结构，正确登记账户。
3. 清楚会计对象、会计要素、会计科目和账户的内在联系。

教学内容

任务一 设置会计科目

一、会计科目的概念

会计科目是对会计对象的具体内容进行科学分类的项目名称，是设置账户和账务处理的依据。为了全面、系统、分类地核算和监督各项经济业务的发生情况，以及由此而引起的各项资产、负债、所有者权益和收入、费用、利润的增减变化，有必要按照会计对象的具体内容分别设置会计科目。例如，将企业存放于银行委托银行管理的货币归为一类，取名为"银行存款"；将企业因为销售产品而未收回的货款取名为"应收账款"等。这里的"银行存款""应收账款"等都是账户名称，也叫"会计科目"。

二、会计科目设置的意义和原则

设置会计科目，能将复杂的经济活动转化为系统、有序的会计信息，为会计凭证、账簿和会计报表的设置提供依据与基础，提供全面、统一的会计信息，满足会计信息使用者的需要。正确确定会计科目，是进行会计核算的起点。

统一性和灵活性相结合是设置会计科目应遵循的基本原则。为了系统提供会计信息，保证会计科目的科学性、会计信息的可比性，企业必须根据财政部颁布的《企业会计准则——应用指南》的规定设置和使用会计科目。在该准则中明确规定了156个会计科目的名称、编号及其用途。企业在不违反会计准则确认、计量、报告规定的前提下，也可以根据本企业的实际情况增设、分拆、合并、设置会计科目。

三、会计科目的分类

（一）按其反映的经济内容分类

会计科目按其反映的经济内容不同，分为资产类、负债类、所有者权益类、损益类、成本类和共同类会计科目。

1. 资产类会计科目，分为流动资产类和非流动资产类会计科目。

流动资产类会计科目主要包括：库存现金、银行存款、其他货币资金、交易性金融资产、应收票据、应收账款、预付款项、应收利息、应收股利、其他应收款、存货等。

非流动资产类会计科目主要包括：长期股权投资、固定资产、在建工程、工程物资、无形资产、开发支出等。

2. 负债类会计科目，分为流动负债和非流动负债会计科目。

流动负债会计科目主要包括：短期借款、应付票据、应付账款、预收款项、应付职工薪酬、应交税费、应付利息、应付股利、其他应付款等。

非流动负债会计科目主要包括：长期借款、应付债券、长期应付款等。

3. 共同类会计科目主要包括：衍生工具、套期工具、被套期项目。

4. 所有者权益类会计科目主要包括：实收资本、资本公积、盈余公积、本年利润和利润分配等。

5. 成本类会计科目主要包括：生产成本、制造费用、劳务成本、研发支出等。

6. 损益类会计科目主要包括：主营业务收入、主营业务成本、管理费用、财务费用、销售费用、其他业务收入、其他业务成本、营业税金及附加、营业外收入、营业外支出、投资收益、所得税费用等。见图3-1常用会计科目图。

图 3-1 常用会计科目图

（二）按其提供核算指标的详细程度分类

会计科目按其提供核算指标的详细程度不同，分为总分类科目和明细分类科目两大类。

表 3-1 常用会计科目表

编号	会计科目名称	编号	会计科目名称	编号	会计科目名称
	一、资产类	1605	工程物资	4101	盈余公积
1001	库存现金	1701	无形资产	4103	本年利润
1002	银行存款	1702	累计摊销	4104	利润分配
1012	其他货币资金	1801	长期待摊费用		**五、成本类**
1101	交易性金融资产	1901	待处理财产损益	5001	生产成本
1121	应收票据		**二、负债类**	5101	制造费用
1122	应收账款	2001	短期借款	5201	劳务成本
1123	预付账款	2201	应付票据	5301	研发支出
1131	应收股利	2202	应付账款		**六、损益类**
1132	应收利息	2203	预收账款	6001	主营业务收入
1221	其他应收款	2211	应付职工薪酬	6051	其他业务收入
1231	坏账准备	2221	应交税费	6111	投资收益
1321	代理业务资产	2231	应付利息	6301	营业外收入
1401	材料采购	2232	应付股利	6401	主营业务成本
1403	原材料	2241	其他应付款	6402	其他业务成本
1404	材料成本差异	2401	递延收益	6403	营业税金及附加
1405	库存商品	2501	长期借款	6601	销售费用
1406	发出商品	2502	应付债券	6602	管理费用
1408	委托加工物资	2701	长期应付款	6603	财务费用
1411	周转材料	2801	预计负债	6701	资产减值损失
1471	存货跌价准备		**三、共同类**	6711	营业外支出
1501	持有至到期投资	3101	衍生工具	6801	所得税费用
1511	长期股权投资	3201	套期工具	6901	以前年度损益调整
1601	固定资产		**四、所有者权益类**		
1602	累计折旧	4001	实收资本		
1604	在建工程	4002	资本公积		

1. 总分类科目，简称总账科目，也称一级科目，是对会计要素的具体内容进行总括分类的会计科目，用以反映某一类经济内容的总括资料。

2. 明细分类科目是对总分类科目的进一步分类，用以反映某一类经济内容的更加详细的资料。明细分类科目又分为二级明细科目和三级明细科目。二级明细科目是对总分类科目的进一步分类；三级明细科目是对二级明细科目的分类。

在我国，总分类科目由财政部统一制定，以会计制度的形式颁布实施，明细分类科目除国家会计制度规定设置的以外，各单位可根据实际情况和需要自行设置。有的总分类科目不设明细分类科目，例如"所得税"科目等。

任务二　设置账户

会计科目只是规定了会计对象具体内容的类别和名称，不能反映经济业务的增减变动及结果情况，即不能进行具体的会计核算。为了连续、系统、全面地记录经济业务的增减变动及结果情况，对经济业务进行分门别类的核算与监督，必须根据会计科目在账簿中开设账户，提供单位日常管理的核算资料。

一、账户的概念与设置账户的意义

账户是在账簿中，根据会计科目开设，具有一定的格式，用来记录经济业务的增减变动及其结果的一种手段和方法。

通过设置账户，可以对经济活动进行连续、系统、全面的记录和反映，加强对经济活动的监督和分析总结。不仅可以得到定期的资料，还能够得到日常的资料；不仅有变动结果的静态资料，还能有变动本身的动态资料；不仅能够提供某类核算指标的总括资料，还能够提供此类核算指标更加详细的资料。

二、账户的结构

为了正确记录和反映各项经济业务所引起的资产、负债、所有者权益、收入、费用和利润的增减变化及其结果情况，账户不但要有明确的核算内容，而且要有一定的结构，即账户由哪些部分组成，如何在账户中记录会计要素的增加、减少及余额情况。

根据资金平衡原理，各项经济业务发生引起的资金变动尽管错综复杂，但从数量上看，不外乎增加和减少两种情况，因此反映各个会计要素的增加数、减少数和结余数三部分就是账户的基本结构。

1. 教学中，为了方便，账户的结构通常用简化的"T"形或"丁"形格式表示。如图 3-2 所示。

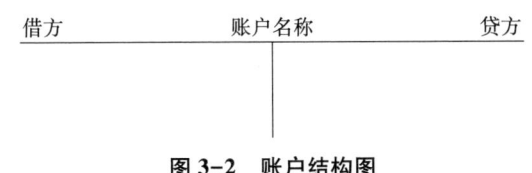

图 3-2 账户结构图

2. 在会计实务中,账户的格式并非如此简单,而是根据实际需要设计,一般包括如下内容:

(1)账户名称:会计科目。

(2)日期和凭证号数:说明账户记录的日期及来源。

(3)摘要:概括说明记录经济业务的内容。

(4)增加或减少金额。

(5)期末余额=期初余额 + 本期增加发生额−本期减少发生额。

借贷记账法下,我国会计实务中账户常用的三栏式基本结构如表 3-2 所示。

表 3-2 账户名称

年		凭证号数	摘　要	借　方	贷　方	借或贷	余额
月	日						

小知识

账户左右两方的名称,以及哪一方登记增加额哪一方登记减少额,取决于该账户采用的记账方法及该账户所记录的经济业务内容。

三、会计科目与账户的联系和区别

1. **联系**:会计科目是账户的名称,决定了账户核算和控制的经济内容;账户是根据会计科目开设的,是对会计科目的具体运用,二者都是对会计要素的科学分类。

2. **区别**:账户是对会计事项连续反映监督的一种方法,而会计科目是给每类会计事项规定的名称;账户具有一定的结构,是用来系统、连续地记载各项经济业务的一种手段,而会计科目只是对会计要素内容的分类项目。

没有会计科目,就无法将会计对象进行科学的分类,没有账户则无法记录和积累会计核算资料。设置会计科目和账户共同构成会计核算的重要方法,缺一不可。

职业能力训练

一、重点概念

会计科目　账户　总分类科目　明细分类科目

二、单项选择题

1. 下列会计科目中，属于损益类科目的是（　　）。

A. 主营业务成本　　　　　　　　B. 生产成本

C. 制造费用　　　　　　　　　　D. 其他应收款

2. 会计科目是对（　　）的具体内容进行科学分类核算的项目。

A. 经济业务　　　　　　　　　　B. 会计主体

C. 会计对象　　　　　　　　　　D. 会计要素

3. "预付账款"科目按其所归属的会计要素，属于（　　）类科目。

A. 资产　　　　　　　　　　　　B. 负债

C. 所有者权益　　　　　　　　　D. 成本

4. 下列会计科目中，不属于资产类的是（　　）。

A. 应收账款　　　　　　　　　　B. 累计折旧

C. 预收账款　　　　　　　　　　D. 预付账款

5. 总分类会计科目一般按（　　）进行设置。

A. 企业管理的需要　　　　　　　B. 统一会计制度的规定

C. 会计核算的需要　　　　　　　D. 经济业务的种类不同

6. 关于会计科目，下列说法中不正确的是（　　）。

A. 会计科目的设置应该符合国家统一会计准则的规定

B. 会计科目是设置账户的依据

C. 企业不可以自行设置会计科目

D. 账户是会计科目的具体运用

7. 在下列项目中，与"制造费用"属于同一类科目的是（　　）。

A. 固定资产　　　　　　　　　　B. 其他业务成本

C. 生产成本　　　　　　　　　　D. 主营业务成本

8. "其他业务成本"科目按其所归属的会计要素，属于（　　）类科目。

A. 成本　　　　　　　　　　　　B. 资产

C. 损益　　　　　　　　　　　　D. 所有者权益

9. 所设置的会计科目应符合单位自身特点，满足单位实际需要，这一点符
合（　　）原则。

A．实用性　　　　　　　　　　B．合法性

C．谨慎性　　　　　　　　　　D．相关性

10．下列不属于会计科目设置原则的是（　　　）。

A．相关性　　　　　　　　　　B．实用性

C．科学性　　　　　　　　　　D．合法性

三、多项选择题

1．下列项目中，属于会计科目设置原则的有（　　　）。

A．相关性原则　　　　　　　　B．实用性原则

C．合法性原则　　　　　　　　D．真实性原则

2．以下有关明细分类科目的表述中，正确的有（　　　）。

A．明细分类科目也称一级会计科目

B．明细分类科目是对总分类科目作进一步分类的科目

C．明细分类科目是对会计要素具体内容进行总括分类的科目

D．明细分类科目是能提供更加详细更加具体会计信息的科目

3．下列会计科目中，属于成本类科目的有（　　　）。

A．生产成本　　　　　　　　　B．主营业务成本

C．制造费用　　　　　　　　　D．销售费用

4．会计科目按其所归属的会计要素不同，分为资产类、负债类、共同类、

（　　　）六大类。

A．所有者权益类　　　　　　　B．损益类

C．成本类　　　　　　　　　　D．费用类

5．在下列项目中，与管理费用属于同一类科目的是（　　　）。

A．制造费用　　　　　　　　　B．销售费用

C．财务费用　　　　　　　　　D．其他应收款

6．关于总分类会计科目与明细分类会计科目表述正确的有（　　　）。

A．明细分类会计科目概括地反映会计对象的具体内容

B．总分类会计科目详细地反映会计对象的具体内容

C．总分类会计科目对明细分类科目具有控制作用

D．明细分类会计科目是对总分类会计科目的补充和说明

7．下列项目中，属于所有者权益类科目的有（　　　）。

A．实收资本　　　　　　　　　B．盈余公积

C．利润分配　　　　　　　　　D．本年利润

8．下列属于负债类科目的有（　　　）。

A．应付票据　　　　　　　　　B．应交税费

C．材料成本差异　　　　　　　D．其他应付款

9．下列属于资产类科目的有（　　　）。

A．原材料　　　　　　　　　　B．存货跌价准备

C．坏账准备　　　　　　　　　D．固定资产清理

10．下面项目中，属于会计科目的有（　　　）。

A．在产品　　　　　　　　　　B．机器设备

C．原材料　　　　　　　　　　D．库存商品

四、判断题（正确的在括号内打"√"，错误的在括号内打"×"）

1．会计科目按其提供核算指标详细程度的不同分为总账科目和明细科目。
（　　　）

2．账户是根据会计科目开设的，账户的名称就是会计科目。（　　　）

3．会计科目能全面、连续记录会计要素的增减变动。（　　　）

4．对于明细科目较多的总账科目，可在总分类科目下设置二级或多级科目。（　　　）

5．总分类科目与其所属的明细分类科目的核算内容相同，所不同的是前者提供的信息比后者更加详细。（　　　）

6．设置会计科目的相关性原则是指所设置的会计科目应当符合国家统一的会计制度的规定。（　　　）

7．会计科目不能记录经济业务的增减变化及结果。（　　　）

8．在不违反国家统一会计制度的前提下明细会计科目可以根据企业内部管理的需要自行制定。（　　　）

9．所有的总分类科目都应设置明细分类科目。（　　　）

10．会计科目与会计账户口径一致，但性质不同。（　　　）

五、简答题

1．简述会计科目按其经济内容和提供核算指标详细程度的不同所进行的分类。

2．简述账户的概念及设置意义。

3．会计科目与账户有何联系与区别？

项目四

掌握复式记账与借贷记账法

学习目标

1. 了解记账方法与复式记账法的基本原理和基本内容。
2. 掌握借贷记账法的概念、记账规则、账户结构及试算平衡。
3. 明确对应账户及会计分录的编制。

能力要求

1. 能够明确记账方法与复式记账法的含义、特点和分类。
2. 能够运用借贷记账法登记"T"形账户。
3. 能够运用借贷记账法编制会计分录并进行试算平衡。

教学内容

任务一　掌握复式记账法

一、记账方法的概念与种类

如前所述，为了核算和监督会计对象，首先应当设置会计科目，并根据规定的会计科目开设账户。但是，账户仅仅是记录经济业务的场所和工具，要把经济业务的发生和完成情况记录到账户中去，以取得经济管理所需要的资料，还必须运用科学的记账方法。

记账方法，是指根据一定的记账原理，按照一定的记账规则，运用特定的记账符号，采用一定的计量单位，利用文字和数字在规定的账户中连续、全面记录经济业务的一种专门方法。

按记录方式的不同，记账方法分为单式记账法和复式记账法两大类。

单式记账法是一种简单而又不完整的记账方法。它对每一项经济业务，只在一个账户中登记，反映经济业务的一个方面，一般只反映现金收付及人欠、欠人事项，而不反映现金收付及债权、债务的对象。例如，用现金购买材料，仅在现金账户上记录一笔现金的减少，对购入的材料不做记录。单式记账法下一般只设置"库存现金""银行存款"等货币资金账户，以及"应收账款""应付账款"等债权、债务结算账户，而不设置它们的对应账户。它的优点是记账过程和方式简便；缺点是没有完整的账户体系，不能全面、系统地反映经济业务的来龙去脉，不能进行试算平衡，也不便于检查账户记录的正确性。随着生产的发展、经济管理职能的深化和加强，复式记账法逐渐取代了单式记账法。

二、复式记账法

（一）复式记账法的概念

复式记账法，是指以"资产=负债+所有者权益"的平衡原理为理论依据，对发生的每一项经济业务，以相等的金额在2个或2个以上账户中进行登记的记账方法。

复式记账法是在单式记账法的基础上产生的。不仅能够全面、清楚地反映经济业务的来龙去脉，而且能够使账户之间的记录形成有机的联系，便于核对和检查账户记录的正确性，是一种较为完善和科学的记账方法。当前，我国企业、行政机关、事业单位和其他组织均采用复式记账法。

（二）复式记账法的特点

复式记账法比较单式记账法有两个明显特点：

1. 对发生的每项经济业务，在相互联系的2个或2个以上账户中进行记录。

这不仅可以了解每项经济业务的来龙去脉，还可以在把全部经济业务登记入账之后，完整、系统地反映经济活动的过程和结果。

2. 对每项经济业务都以相等金额进行分类记录，能够进行试算平衡。

记账时，如果是记入两个账户，那么记入这两个账户的金额必须相等；如果记入2个以上的账户，那么记入一方账户的金额要与记入另一方几个账户的金额相等。这样对账户记录的结果可以进行试算平衡，以检查账户记录的正确性。

（三）复式记账法的作用

1. 可以完整、系统地反映资金运动的来龙去脉。

2. 可以根据账户之间的平衡关系检查账户记录是否正确，便于及时查找原因，更正错账，确保账户记录的准确可靠。

3. 可以通过账户对应关系了解经济内容，以检查经济业务是否合理合法。

（四）复式记账法的分类

复式记账法，根据记账符号、记账规则及其试算平衡方法的不同，分为借贷记账法、增减记账法和收付记账法三种。借贷记账法，是一种国际上通用的记账方法；增减记账法是在 20 世纪 60 年代我国商业系统在改革记账方法时设计提出的一种记账方法；收付记账法是在我国传统收付记账法的基础上发展起来的复式记账法。1992 年底我国财政部颁布的《企业会计准则》规定，所有企业一律采用借贷记账法；2000 年 7 月 1 日开始，国内的所有行政事业单位也统一采用借贷记账法。由此可见，借贷记账法被作为复式记账法的同义语使用。

小思考

单式记账法与复式记账法有何区别？为什么目前所有的会计核算都必须采用复式记账法？

任务二　掌握借贷记账法

一、借贷记账法的概念

借贷记账法，是按照复式记账法的原理，以资产与权益的平衡关系为基础，以"借""贷"二字作为记账符号，以"有借必有贷，借贷必相等"为记账规则，对发生的每一项经济业务，以相等的金额在相互关联的 2 个或 2 个以上账户中进行登记的一种复式记账方法。

借贷记账法从其产生到基本定型，经历了将近两百年的时间。据史料记载，借贷记账法大约起源于 12 世纪到 15 世纪封建社会开始瓦解、资本主义开始萌芽的意大利。据记载，1494 年，意大利数学家卢卡·巴其阿勒在他所著的《算术、几何与比例概要》一书中，系统、全面地介绍了当时流行于威尼斯一带的复式记账法，并从理论上给予了必要的总结和说明。从此，复式记账逐渐流传于西欧，并风行世界。因而，1494 年被认为是近代会计的开始时间，借贷记账法理论上的总结被誉为会计发展史上的第一个里程碑。

借贷记账法在长期实践中逐步成为比较科学、严密、完善的一种复式记账法，具有广泛的国际性，目前，已是我国法定的记账方法。

小知识

我国借贷记账法的起源与运用：

日本在明治维新时期自英国引进了借贷记账法，并意译为日语汉字"借""贷"。我国借贷记账法于 1905 年由谢霖从日本抄译过来，并设计了大清银行会计制度，以后逐步被推广到工商企业及其他经济单位。

二、借贷记账法的记账符号

借贷记账法以"借""贷"二字作为记账符号，分别作为账户的左方和右方。至于"借"表示增加还是"贷"表示增加，则取决于账户所记录的经济业务内容。

三、借贷记账法下的账户结构

学习借贷记账法，首先应该明确账户的结构，以及账户所反映的经济内容，才能正确地运用记账规则，把账记好。借贷记账法是以"借""贷"作为记账符号，习惯上把账户的左方称为"借方"右方称为"贷方"，分别用来登记增加额和减少额。至于哪一方登记增加额，哪一方登记减少额，要根据各个账户反映的经济内容来决定，也就是要根据账户的基本性质来决定。

在借贷记账法下，由于反映资产类的账户和反映负债、所有者权益类的账户是两种不同性质的账户，因此用来反映增加和减少的部分采用了相反的方向。在资产类账户中，用"借方"反映增加数，用"贷方"反映减少数；负债和所有者权益类账户中，则用"贷方"反映增加数，"借方"反映减少数。资产类账户一般为借方余额；负债及所有者权益类账户一般为贷方余额。账户余额与发生额之间的关系可以用下列公式表示：

资产类账户：

借方期末余额 = 借方期初余额 + 本期借方发生额-本期贷方发生额。

负债及所有者权益类账户：

贷方期末余额 = 贷方期初余额 + 本期贷方发生额-本期借方发生额。

下面用"T"形账户分别反映资产类账户和负债及所有者权益类账户的结构，如表 4-1、4-2 所示。

表 4-1　资产类账户的结构

借方	资产类账户	贷方
期初余额		
本期增加数	本期减少数	
本期增加发生额小计	本期减少发生额小计	
期末余额		

表 4-2　负债及所有者权益类账户的结构

借方	负债及所有者权益类账户	贷方
	期初余额	
本期减少数	本期增加数	
本期减少发生额小计	本期增加发生额小计	
	期末余额	

前已说明，账户是分类连续记录各项经济业务，反映各个会计要素增减变化情况及其结果的一种手段。因此，账户除了要设置资产、负债及所有者权益类账户以外，还要设置收入、费用账户。企业取得的收入和发生的费用，最终导致所有者权益发生变化。根据"资产＝负债＋所有者权益＋收入－费用"的会计等式，收入的增加可视为所有者权益的增加，费用的增加可视为所有者权益的减少。所以收入类账户结构与所有者权益类账户结构相同，成本费用类账户结构与权益类账户结构相反，与资产类账户结构相同。

根据上述情况，借贷记账法下账户的基本结构用表4-3列示如下。

表4-3　借贷记账法下账户的基本结构

账户性质	账户借方	账户贷方	账户余额
资产类账户	资产增加	资产减少	借方
负债类账户	负债减少	负债增加	贷方
所有者权益类账户	所有者权益减少	所有者权益增加	贷方
费用成本类账户	费用成本增加	费用成本减少或转销	一般无余额，若有在借方
收入收益类账户	收入收益减少或转销	收入收益增加	一般无余额，若有在贷方

借贷记账法下，账户结构有以下特点：

凡账户是借方余额，必定是资产性质账户；

凡账户是贷方余额，必定是负债、所有者权益性质账户。

规律：余额跟着增加走！

借贷仅仅是记账符号，不同性质账户的借贷方，表示不同的内容。

四、借贷记账法的记账规则

所谓记账规则，是指运用借贷记账法把经济业务记入有关账户时，所应遵循的规则。借贷记账法是以"有借必有贷，借贷必相等"作为记账规则。这不是人为规定的，而是从资金运动及其数量增减变化规律中总结出来的。

现以第二章列举的阳光机械公司2018年12月份发生的九项经济业务为例，分析说明借贷记账法的记账规则。

例1　三星机械公司以现金方式投入资本50 000元，阳光机械公司将这笔钱存入银行。

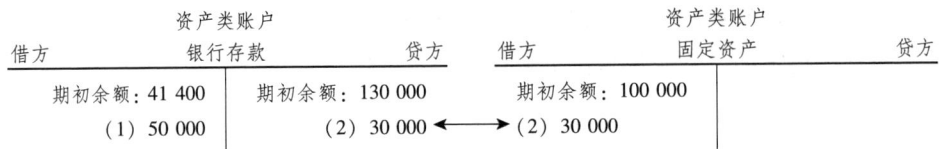

	所有者权益类账户			资产类账户	
借方	实收资本	贷方	借方	银行存款	贷方
	期初余额：130 000			期初余额：41 400	
	（1）50 000 ◄———►		（1）50 000		

例2　该公司用银行存款 30 000 元购入新设备一台。

	资产类账户			资产类账户	
借方	银行存款	贷方	借方	固定资产	贷方
	期初余额：41 400	期初余额：130 000	期初余额：100 000		
	（1）50 000	（2）30 000 ◄———►	（2）30 000		

例3　该公司从银行借入短期借款 5000 元，存入银行。

	负债类账户			资产类账户	
借方	短期借款	贷方	借方	银行存款	贷方
		期初余额：20 000		期初余额：41 400	
				（1）50 000	（2）30 000
		（3）5000 ◄———►	（3）5000		

例4　该公司用银行存款 3000 元偿还应付供货单位货款。

	资产类账户			负债类账户	
借方	银行存款	贷方	借方	应付账款	贷方
	期初余额：41 400				期初余额：10 200
	（1）50 000	（2）30 000			
	（3）5000	（4）3000 ◄———►	（4）3000		

例5　经批准，该公司向江淮机械公司退还投资款 50 000 元，通过银行转账。

	资产类账户			所有者权益类账户	
借方	银行存款	贷方	借方	实收资本	贷方
	期初余额：41 400				期初余额：130 000
	（1）50 000	（2）30 000			（1）50 000
	（3）5000	（4）3000			
		（5）50 000 ◄———►	（5）50 000		

例 6 该公司将 5000 元短期借款转入长期借款。

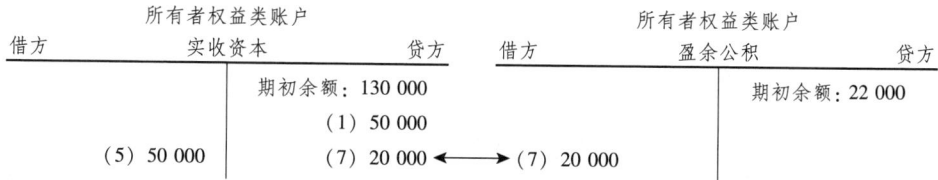

例 7 经批准，该公司将其盈余公积 20 000 元转增资本。

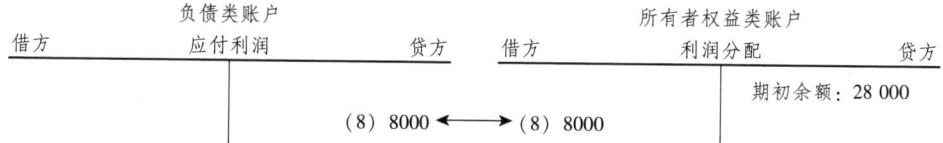

例 8 年终结算该公司应付给投资者利润 8000 元。

负债类账户		
借方	应付利润	贷方
		(8) 8000 ◄─── ─► (8) 8000

所有者权益类账户		
借方	利润分配	贷方
		期初余额：28 000

例 9 该公司将所欠光明公司的货款 7000 元转作投入资本。

所有者权益类账户		
借方	实收资本	贷方
		余额：130 000
(5) 5000		(1) 50 000
		(7) 20 000
		(9) 7000 ◄─── ─► (9) 7000

负债类账户		
借方	应付账款	贷方
		期初余额：10 200
(4) 3000		

　　从上述九种类型的经济业务中可以看出，任何经济业务的发生，至少要在两个相关的账户中进行登记，即以相等的金额记入一个账户的借方和另一个账户的贷方，这就是借贷记账法"有借必有贷，借贷必相等"的记账规则。

　　在实际工作中，有些经济业务比较复杂，有时往往会涉及一个账户的借方与另几个账户的贷方，或是一个账户的贷方与另几个账户的借方，即"一借多贷"或"一贷多借"。如：

例10   购入原材料5000元，以银行存款支付3000元，其余暂欠。

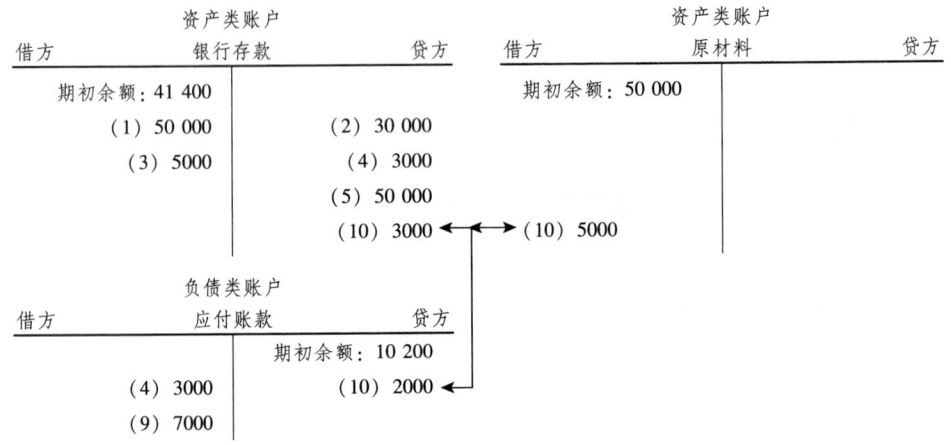

例11   收到债务人开出的汇票3000元，银行支票3500元，清偿前欠货款，收到支票后当即存入银行。

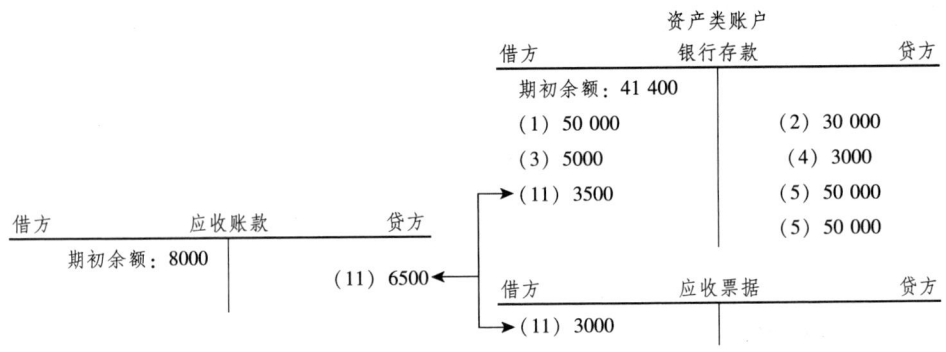

借贷记账法对每项经济业务的记录，都按照相等的金额，同时记入一个账户的借方和另一个账户的贷方；或者一个账户的借方和另几个账户的贷方；或者一个账户的贷方和另几个账户的借方。由于"借""贷"是同时出现的记账符号，而且双方的金额又是相等的，就形成了借贷记账法"有借必有贷，借贷必相等"的记账规则。

五、借贷记账法的试算平衡

所谓试算平衡，就是根据资产和权益之间的平衡关系来检查各账户的记录是否正确。

采用借贷记账法记录经济业务，要求对每一项经济业务都按照"有借必有贷，借贷必相等"的记账规则进行记录，因而借方与贷方记录的数额相等，这样记录的结果，所有账户借方之和必然与所有账户贷方之和相等。因此，无论对账户的余额还是对账户的发生额，都可以根据每项会计事项借贷金额必相等的记账规则进行试算平衡，这种平衡关系可用公式表示如下：

全部账户借方期初余额合计数 = 全部账户贷方期初余额合计数，

全部账户借方本期发生额合计数 = 全部账户贷方本期发生额合计数，

全部账户借方期末余额合计数 = 全部账户贷方期末余额合计数。

上述三方面的平衡关系，可以检查账户记录的正确性。如果三方面保持平衡，说明记账工作基本上是正确的。通常把这种检查账户记录的工作称为试算平衡。

试算平衡，一般是在月末结出各账户本期发生额和期末余额之后，通过编制试算平衡表来进行。根据前例，编制试算平衡表如表 4-4 所示。

表 4-4 阳光机械公司试算平衡表

2012 年 12 月 31 日   单位：元

账 户	期初余额		本期发生额		期末余额	
	借 方	贷 方	借 方	贷 方	借 方	贷 方
资产：						
现金	800				800	
银行存款	41 400		58 500	86 000	13 900	
应收账款	8000			6500	1500	
应收票据			3000		3000	
原材料	50 000		5000		55 000	
库存商品	40 000				40 000	
固定资产	100 000		30 000		130 000	
负债：						
应付账款		10 200	10 000	2000		2200
短期借款		10 200	5000	5000		20 000
长期借款		30 000		5000		35 000
所有者权益：						
实收资本		130 000	50 000	77 000		157 000
盈余公积		22 000	20 000			2000
利润分配		28 000	8000			20 000
应付利润				8000		8000
合 计	240 200	240 200	189 500	189 500	244 200	244 200

必须指出，试算平衡表是通过借贷金额是否平衡来检查账户记录是否正确。如果借贷不平衡，可以肯定账户记录和计算有错误；如果借贷平衡，并不能完全肯定记账没有错误，因为有些错误并不影响借贷双方的平衡。如某项经济业

务全部漏记或者重记，或应借应贷的账户互相颠倒，借贷的金额出现等额的多记或少记，错记账户等，凡此种种并不能通过试算平衡发现。因此，我们对所有会计记录必须经常或定期地进行对账和复核，以保证经济信息准确无误。

六、账户的对应关系和会计分录

从前面的例子中可以看出，每项经济业务发生后所登记的账户之间，存在着一种互相对立而又互相依存的关系。账户之间的这种互相对立而又互相依存的关系，称为账户的对应关系。构成对应关系的账户，称为对应账户。账户间的对应关系，不仅可以使我们正确了解经济业务的内容和来龙去脉，还反映了账户与账户间的联系，即各会计要素之间的内在联系。账户之间的对应关系是由经济业务的性质所决定的。

为了连续、系统地记录资产、负债、所有者权益、收入、费用和利润的变化，清晰地反映各个账户之间的对应关系，并防止记账的差错，在每项经济业务登入账户之前要先编制会计分录。这种预先分析确定每项经济业务应借和应贷账户的名称及金额的记录，称为会计分录。每项经济业务发生后，都必须按照经济业务发生的时间顺序编制会计分录，确定经济业务的对应账户及其金额。会计核算过程中，编制会计分录是最初阶段。

每一会计分录必须具备记账符号、会计科目、记账金额三项要素，缺一不可。

现将前面所列举的十一项经济业务，编制会计分录如下：

(1) 借：银行存款　　　　　　　　　　　　　50 000
　　　　贷：实收资本　　　　　　　　　　　　　　　　50 000
(2) 借：固定资产　　　　　　　　　　　　　30 000
　　　　贷：银行存款　　　　　　　　　　　　　　　　30 000
(3) 借：银行存款　　　　　　　　　　　　　5000
　　　　贷：短期借款　　　　　　　　　　　　　　　　5000
(4) 借：应付账款　　　　　　　　　　　　　3000
　　　　贷：银行存款　　　　　　　　　　　　　　　　3000
(5) 借：实收资本　　　　　　　　　　　　　50 000
　　　　贷：银行存款　　　　　　　　　　　　　　　　50 000
(6) 借：短期借款　　　　　　　　　　　　　5000
　　　　贷：长期借款　　　　　　　　　　　　　　　　5000
(7) 借：盈余公积　　　　　　　　　　　　　20 000
　　　　贷：实收资本　　　　　　　　　　　　　　　　20 000
(8) 借：利润分配　　　　　　　　　　　　　8000

	贷：应付利润	8000
（9）借：应付账款		7000
	贷：实收资本	7000
（10）借：原材料		5000
	贷：银行存款	3000
	应付账款	2000
（11）借：银行存款		3000
	应收票据	3500
	贷：应收账款	6500

从上述例题中可以看出，会计分录有两种类型：一种是经济业务的发生只涉及一个账户的借方和另一个账户的贷方并由其所组成的分录，即"一借一贷"的会计分录，称为简单会计分录，如例（1）～（9）；另一种是经济业务的发生同时涉及一个账户的借方和另几个账户的贷方或一个账户的贷方和另几个账户的借方并由其所组成的分录，即"一借多贷"或"一贷多借"的会计分录，称为复合会计分录，如例（10）、（11）。每个复合分录都可以分解为2个以上的简单分录。为了保持经济业务的清晰性，一般不宜把不同类型的经济业务合并在一起，编制多借多贷的会计分录。

会计分录的表现形式有：

一借一贷——简单会计分录；

一借多贷—— 复合会计分录；

一贷多借—— 复合会计分录；

多借多贷—— 复杂会计分录。

编制会计分录应注意以下几点：①分录的书写格式应借贷分行写，借在上、靠前，贷在下、后退一二格；②账户名称使用要规范，不能随意命名或增减文字；③金额用阿拉伯数字表示、不带计量单位；④在有多借多贷的情况下，要求借方或者贷方账户的文字和数字必须对齐。会计分录的列示方式为：先借后贷，借贷错开；上借下贷，借贷平衡。

任务三　总分类账户与明细分类账户的平行登记

一、总分类账户与明细分类账户的关系

总分类账户，是指按总账科目开设的账户，对总账科目的经济内容进行总括核算，提供总括性的经济指标。

明细分类账户，是按照明细科目开设的账户，对总分类账户的经济内容进

行明细分类核算，提供具体而详细的核算资料。

（一）总分类账户与明细分类账户的关系

总分类账户是所属的明细分类账户的综合，对所属明细分类账户起着统驭的作用。明细分类账户是有关总分类账户的补充，对有关总分类账户起着详细说明的作用。总分类账户的数额与其所属明细分类账户数额的合计数应当相等。

（二）总分类账户与明细分类账户的区别

1. 反映经济内容的详细程度不一样。

2. 作用不同。总分类账户提供的经济指标，是所属明细分类账户资料的综合，对所属明细分类账户起着统驭和控制的作用，称之为统驭账户；而明细分类账户是对有关总分类账户的辅助和补充，起着详细说明的作用，称之为从属账户。

二、总分类账户与明细分类账户的平行登记

总分类账户和明细分类账户，登记的原始凭证依据相同，核算内容相同，两者结合起来既总括又详细地反映同一事物。因此，总分类账户和明细分类账户必须平行登记。

所谓平行登记是指对所发生的每项经济业务，都要以会计凭证为依据：一方面要在有关的总分类账户中进行总括登记；另一方面还要在其所属的明细账户中进行明细登记。二者平行登记的原则有以下四点：

1. 依据相同。即无论是登记总分类账户，还是登记总分类账户所属的明细分类账户，都应根据审核无误后的记账凭证进行登记。

2. 期间相同。即对发生的每一笔经济业务，根据会计凭证一方面在有关的总分类账户中进行总括登记，另一方面要在同一会计期间记入该总分类账户所属的明细分类账户（没有明细分类账户的除外）。

3. 方向相同。即将经济业务记入某一总分类账户及其所属的明细分类账户时，必须记在相同方向，即总分类账户记在借方，其所属明细账户也记在借方；相反，总分类账户记在贷方，其所属的明细账户也记在贷方。

4. 金额相同。即记入总分类账户的金额与记入其所属明细分类账户的金额之和必须相等。若一笔经济业务涉及一个总分类下的几个明细账户时，则记入总分类账户的金额与记入几个明细分类账户的金额之和应该相等。

对总分类账户与明细分类账户采取平行登记的方法，总分类账户的有关指标与其所属明细分类账户相关指标的合计数存在下列等式关系。

总分类账户期初余额＝所属明细分类账户期初余额合计。

总分类账户本期借方发生额＝所属明细分类账户本期借方发生额合计。

总分类账户本期贷方发生额＝所属明细分类账户本期贷方发生额合计。

总分类账户期末余额＝所属明细分类账户期末余额合计。

在实务工作中，可以通过编制"明细分类账户本期发生额及余额表"来检查总分类账户和明细分类账户的记录是否正确。

职业能力训练

一、重点概念

记账方法　复式记账法　借贷记账法　会计分录　试算平衡

二、单项选择题

1. 采用复式记账法在账户中登记经济业务，其特点是有关账户之间存在着（　　）。

A. 平行登记关系　　　　　　　　B. 从属关系
C. 对应关系　　　　　　　　　　D. 广泛关系

2. 借贷记账法下，借方表示（　　）。

A. 资产增加权益减少　　　　　　B. 资产增加权益增加
C. 资产减少权益增加　　　　　　D. 资产减少权益减少

3. 假如某企业本期增加发生额为 1200 元，减少发生额为 1500 元，期末余额为 1300 元，则该企业本期期初余额为（　　）元。

A. 1000　　　　　　　　　　　　B. 1600
C. 4000　　　　　　　　　　　　D. 1200

4. 关于试算平衡法，下列说法不正确的是（　　）。

A. 包括发生额试算平衡法和余额试算平衡法
B. 试算不平衡，表明账户记录肯定有错误
C. 试算平衡了，说明账户记录一定正确
D. 理论依据是会计等式和记账规则

5. 对于所有者权益类账户而言（　　）。

A. 增加记借方　　　　　　　　　B. 增加记贷方
C. 减少记贷方　　　　　　　　　D. 期末无余额

6. 下列关于单式记账法说法不正确的是（　　）。

A. 单式记账法是一种比较简单，不完整的记账方法
B. 在单式记账法下，账户之间没有直接联系和相互平衡关系
C. 单式记账法可以全面、系统地反映各项会计要素的增减变动和经济业务的来龙去脉
D. 这种方法适用于业务简单或很单一的经济个体和家庭

7. 下列期末结转后无余额的账户是（　　）。

A. 实收资本   B. 应付账款

C. 固定资产   D. 管理费用

8. 企业计算应交所得税，正确的会计分录是（   ）。

A. 借：本年利润

   　贷：所得税费用

B. 借：管理费用

   　贷：所得税费用

C. 借：所得税费用

   　贷：银行存款

D. 借：所得税费用

   　贷：应交税费——应交所得税

9. 符合资产类账户记账规则的是（   ）。

A. 增加额记借方   B. 增加额记贷方

C. 减少额记借方   D. 期末无余额

10. 年初资产总额 100 万元，本期负债减少 5 万元，所有者权益增加 20 万元，则期末资产总额为（   ）万元。

A. 100   B. 120   C. 115   D. 125

11. 借贷记账法下的"借"表示（   ）。

A. 费用增加   B. 负债增加

C. 所有者权益增加   D. 收入增加

12. 应收账款账户期初借方余额为 35 400 元，本期借方发生额为 26 300 元，本期贷方发生额为 17 900 元，该账户期末余额为（   ）。

A. 借方 43 800 元   B. 借方 27 000 元

C. 贷方 43 800 元   D. 贷方 27 000 元

三、多项选择题

1. 下列说法正确的有（   ）。

A. 资产类账户增加记贷方，减少记借方

B. 负债类账户增加记贷方，减少记借方

C. 收入类账户增加记贷方，减少记借方

D. 费用类账户增加记贷方，减少记借方

2. 会计分录的内容包括（   ）。

A. 经济业务内容摘要   B. 账户名称

C. 经济业务发生额   D. 应借应贷方向

3. 下列错误不会影响借贷双方平衡关系的有（   ）。

A. 漏记某项经济业务　　　　　　B. 重记某项经济业务

C. 记错方向，把借方计入贷方　　D. 借贷错误巧合，正好抵消

4. 会计分录格式正确的有（　　　）。

A. 先借后贷

B. 借方在上，贷方在下

C. 在一借多贷和多借多贷的情况下，借方或贷方的文字要对齐

D. 在一借多贷和多借多贷的情况下，借方或贷方的数字要对齐

5. 下列账户期末余额在贷方的有（　　　）。

A. 预收账款　　　　　　　　　　B. 应收账款

C. 应付账款　　　　　　　　　　D. 累计摊销

6. 会计分录所包含的内容有（　　　）。

A. 科目名称　　　　　　　　　　B. 账户结构

C. 记账方向　　　　　　　　　　D. 应记金额

7. 下列计入贷方的有（　　　）。

A. 资产的增加额　　　　　　　　B. 负债的增加额

C. 所有者权益的增加额　　　　　D. 费用的增加额

8. 用公式表示试算平衡关系，正确的有（　　　）。

A. 全部账户借方本期发生额合计＝全部账户贷方本期发生额合计

B. 全部账户借方期初余额合计＝全部账户贷方期初余额合计

C. 负债类账户借方发生额合计＝负债类账户贷方发生额合计

D. 资产类账户借方发生额合计＝资产类账户贷方发生额合计

9. 借贷记账法下，在账户借方登记的有（　　　）。

A. 资产的增加　　　　　　　　　B. 负债的增加

C. 收入的增加　　　　　　　　　D. 所有者权益的减少

10. 与单式记账法相比，复式记账法的优点是（　　　）。

A. 有一套完整的账户体系

B. 可以清楚地反映经济业务的来龙去脉

C. 可以对记录的结果进行试算平衡，以检查账户记录是否正确

D. 记账手续简单

四、判断题（正确的在括号内打"√"，错误的在括号内打"✕"）

1. 发生额试算平衡是根据资产与权益的恒等关系，检验本期发生额记录是否正确的方法。（　　　）

2. 运用单式记账法记录经济业务，可以反映每项经济业务的来龙去脉，检查每笔业务是否合理、合法。（　　　）

3. 某企业银行存款期初借方余额 10 万元，本期借方发生额 5 万元，本期贷方发生额 3 万元，则期末借方余额为 12 万元。（　　　）

4. 在实际工作中，余额试算平衡通过编制试算平衡表进行。（　　　）

5. 编制试算平衡表时，也应该包括只有期初余额而没有本期发生额的账户。（　　　）

6. 记账时，将借贷方向记反，不会影响借贷双方的平衡关系。（　　　）

7. 试算平衡时，试算平衡了，说明账户记录是绝对正确的。（　　　）

8. 复式记账法是指对发生的每一项经济业务都以相等的金额同时在相互联系的两个或两个以上账户中进行登记的一种记账方法。（　　　）

9. 核算期间费用的各账户期末转入"本年利润"账户后应无余额。（　　　）

10. 企业可以将两项或两项以上不同类型的经济业务合在一起编制多借多贷的会计分录。（　　　）

五、简答题

1. 什么是复式记账法？其基本原理是什么？有何特点？

2. 试述借贷记账法下各类账户的结构。

3. 什么是借贷记账法？借贷记账法的基本内容有哪些？

4. 什么是平行登记？平行登记的原则有哪些？

六、实务练习

习题一

（一）目的

练习运用借贷记账法。

（二）资料

1. 大洋公司 2018 年 3 月 31 日资产、负债及所有者权益状况如下：固定资产 400 000 元，材料 42 000 元，应交税费 3000 元，银行存款 48 000 元，本年利润 12 000 元，应付账款 5000 元，应收账款 3500 元，库存商品 24 000 元，库存现金 500 元，实收资本 420 000 元，盈余公积 45 000 元，短期借款 8000 元，其他应收款 2000 元，应付职工薪酬 27 000 元。

2. 该公司 4 月份发生下列经济业务：

（1）采购员王强暂借差旅费 400 元，财务科以现金付讫。

（2）购入材料 10 000 元，货款尚未支付。

（3）向银行借入期限为六个月的借款 20 000 元存入银行。

（4）用银行存款缴纳上月欠缴税金 3000 元。

（5）用银行存款偿还所欠货款 15 000 元。

（6）生产车间领用原材料 20 000 元，全部投入产品生产。

（7）用银行存款购买机器一台，价值 30 000 元。

（8）收到外单位归还的上月所欠货款 3500 元，存入银行。

（9）用银行存款归还短期借款 8000 元。

（10）收到外单位投资 50 000 元，存入银行。

（三）要求

1. 根据资料 1，开设有关账户并登记 4 月份的期初余额。

2. 根据资料 2 提供的经济业务编制会计分录。

3. 根据上述经济业务编制该单位 4 月末的试算平衡表。

习题二

（一）目的

练习账户期初余额、本期发生额、期末余额和试算平衡的计算。

（二）资料

银光工厂 5 月份"总分类账户本期发生额及余额表"如下表：

会计科目	期初余额（5 月 1 日）		本期发生额		期末余额（5 月 31 日）	
	借方	贷方	借方	贷方	借方	贷方
库存现金	300		—	—	（　）	
银行存款	38 000		13 000	（　）	29 700	
应收账款	3000		—	3000	（　）	
原材料	80 000		60 000	（　）	90 000	
生产成本	（　）		70 000	80 000	20 000	
库存商品	（　）		80 000	20 000	100 000	
固定资产	200 000		（　）	20 000	220 000	
短期借款		（　）	—	10 000		49 000
应付账款		（　）	9300	60 000		60 000
实收资本		343 000	（　）	40 000		351 000
合计	（　）	（　）	（　）	（　）	（　）	（　）

（三）要求

根据上表中的资料（表中"—"表示没有发生额），计算填列括号中的数字并试算平衡。

项目五

制造企业经济业务核算

学习目标

1. 了解制造企业的经营过程及资金运动状况。
2. 掌握制造企业各阶段主要账户的设置和运用。
3. 掌握制造企业各阶段经济业务的账务处理。

能力要求

1. 能够设置和使用制造企业主要业务的会计账户。
2. 能够正确编制制造企业各阶段经济业务的会计分录。
3. 能够正确计算制造企业采购、生产、销售三阶段的成本。
4. 能够正确计算利润和进行利润分配。

教学内容

　　制造企业的经营活动过程主要是以生产过程为中心，实现供应过程、生产过程及销售过程三者的统一。在供应阶段，企业以货币资金建造厂房并购买材料物资等劳动对象，为生产做好准备。这时，货币资金转化为固定资金和储备资金。在生产阶段，劳动者运用劳动工具生产出社会需要的产品，发生固定资产、材料物质等物化劳动和活劳动的耗费。这时，部分储备资金、固定资金和货币资金转化为生产资金。产品生产完工后，生产资金又转化为成品资金。在销售阶段，企业将产品售出收取货款，这时，资金又从成品资金转化为货币资金。到此时，企业实现了产品价值，资金实现了一次循环。之后，企业还要计算财务成果。对于形成的财务成果，一部分留存在企业，用于扩大再生产；另一部分，以税金、偿还债务以及向投资者分配利润的形式退出企业。我们看到进入企业的资金，随着企业生产经营活动的进行，以货币资金-储备资金-生产资金-商品资金-结算资金的形态不断地变化。因此，制造企业供应、生产、销售三个阶段的经营业务，以及资金进入和退出企业、利润的计算与分配等，构成了制造企业经营过程的主要经营活动，也是会计核算和监督的主要内容。

在制造企业供应、生产、销售三个阶段的经营活动过程中，还必然会发生各种人力、物力和财力的费用支出，要明确这些费用的归属对象，就必须采用一定的成本计算方法来归集和分配，也就是要进行成本计算。制造企业的成本计算包括：供应阶段的材料采购成本计算、生产阶段的产品生产成本计算和销售阶段的产品销售成本计算三种。

任务一　资金筹集经济业务核算

一、资金筹集概述

制造企业从事生产经营活动，必须拥有一定数量的资金。这些资金的来源主要有两个方面：①投资者投入的资金，构成所有者权益，即自有资金；②向债权人借入的资金，构成债权人权益，即借入资金。

（一）自有资金的特点

1. 长期性。投资者投入的资金具有永久性，不需要归还，供企业长期使用。

2. 不可逆性。投资者投入的资金不需偿还本金，投资人要收回本金，需借助流通市场。

3. 不固定性。企业对投资人股利的支付不固定，股利支付的多少根据企业的经营业绩而定。

（二）借入资金的特点

1. 不改变控制权。借入资金不改变企业的控制权，企业只需按期偿还本金和利息，不必参加企业利益的分配。

2. 资本成本负担较轻。借入资金的资本成本主要是手续费、利息，一般来说其资本成本要低于股权筹资的成本。

二、自有资金的核算

企业自有资金，又称为投入资金，是指企业投资人投入企业经营活动的各种财产物资，它是企业从事生产经营活动的基本条件，是所有者权益的主要组成部分。投资者可以是国家、企业或个人，也可以是外商。投资形式可以是银行存款等货币资产形式，原材料、商品和房屋、机器设备等实物形式，还可以是专利权、土地使用权、商标权等无形资产形式。投资者投入企业的资本金，按实际投资额入账，所有权属于投资者所有。在企业存续期间，投资者除可以依法转让外，不得任意变动、随意抽回资金。因此我们将投资人投入资本视为企业的自有资金。

（一）自有资金核算的账户设置

1. "实收资本"账户。属于所有者权益类账户，是用来核算和监督企业投资人投入资本的增减变动及其结存情况的账户。账户贷方登记收到资本的增加额，即按合同或协议规定实际取得的资本金以及用公积金转增的资本金等，借方登记实收资本的减少额，期末贷方余额，表示期末企业实收资本的结存数额。

2. "固定资产"账户。属于资产类账户，是用来核算和监督企业固定资产的增减变动及结存情况的账户。账户借方登记增加固定资产的原始价值，贷方登记减少固定资产的原始价值，期末借方余额，表示企业现有固定资产的原始价值。

3. "无形资产"账户。属于资产类账户，是用来核算和监督企业无形资产的增减变动及结存情况的账户。账户借方登记无形资产的增加额，贷方登记无形资产的摊销额以及因出售无形资产而减少的摊余价值，期末借方余额，表示期末无形资产的摊余价值。

4. "银行存款"账户。属于资产类账户，是用来核算和监督企业银行存款的增减变动及结存情况的账户。账户借方登记银行存款的增加额，贷方登记银行存款的减少额，余额在借方，表示期末银行存款的结存数额。

（二）自有资金核算举例

例 1　阳光公司收到国家投入货币资金 150 000 元，存入企业银行存款户。

这项经济业务发生，使企业的"银行存款"增加，记入账户借方；同时使企业的"实收资本"增加，记入账户贷方。编制会计分录如下：

借：银行存款　　　　　　　　　　　　　　　150 000
　　贷：实收资本　　　　　　　　　　　　　150 000

例 2　阳光公司收到某企业作为资本投入的车间用房一栋，价值 1 850 000 元。

这项经济业务发生，使企业的"固定资产"增加，记入账户借方；同时使企业的"实收资本"增加，记入账户贷方。编制会计分录如下：

借：固定资产　　　　　　　　　　　　　　1 850 000
　　贷：实收资本　　　　　　　　　　　　1 850 000

例 3　阳光公司收到某企业作为投资的一项专利技术，双方认可的评估价值为 36 000 元。

这项经济业务发生，使企业的"无形资产"增加，记入账户借方；同时使企业的"实收资本"增加，记入账户贷方。编制会计分录如下：

借：无形资产　　　　　　　　　　　　　　　36 000

　　贷：实收资本　　　　　　　　　　　　　　　　　36 000

例4　阳光公司为扩大企业规模，经批准，将盈余公积金300 000元转增资本金。

　　这项经济业务发生，使企业的"盈余公积"减少，记入账户借方；同时使企业的"实收资本"增加，记入账户贷方。编制会计分录如下：

　　借：盈余公积　　　　　　　　　　　　　　　　　300 000
　　　　贷：实收资本　　　　　　　　　　　　　　　　　300 000

三、借入资金的核算

　　企业在生产经营过程中，会发生周转资金不足的现象，这时就需要向银行或其他非银行金融机构借款，对周转资金予以弥补。企业从银行等金融机构取得的各种款项，必须按照规定用途使用，而且要按期归还本金并支付利息。按照企业借款期限的长短，借款可分为短期借款和长期借款。

　　（一）借入资金核算的账户设置

　　1. "短期借款"账户。属于负债类账户，是用来核算和监督企业借入期限在一年以内（包括一年）的各种借款。账户贷方登记企业借入的短期借款数额，借方登记归还的短期借款数额，期末余额在贷方，表示企业尚未归还的短期借款数额。

　　2. "长期借款"账户。属于负债类账户，是用来核算和监督企业借入期限在一年以上的各种借款。账户贷方登记企业借入的各种长期借款及应付而未付的利息，借方登记归还的各种长期借款本金及利息，期末余额在贷方，表示企业尚未归还的长期借款数额。

　　3. "财务费用"账户。属于损益费用类账户，是用来核算和监督企业为筹集生产经营所需资金而发生的费用，包括利息净支出（利息收入减利息支出）、汇兑净损失（汇兑损失减汇兑收益）、金融机构的手续费，以及筹集生产经营所需资金而发生的其他费用等。账户借方登记发生的各项财务费用，贷方登记期末将财务费用全部转入本年利润的数额，期末结转后本账户无余额。

　　4. "应付利息"账户。属于负债类账户，是用来核算企业按照合同约定应支付的利息，包括吸收存款、分期付息到期还本的长期借款、企业债券等应支付的利息。借方登记实际支付利息，贷方登记按合同利率计算确定的应付未付利息。

　　（二）借入资金核算举例

　　例5　阳光公司从银行借入期限为3个月，年利率为6%的借款200 000元，存入银行。

　　这项经济业务发生，使企业的"银行存款"增加，记入账户借方；同时使企业的"短期借款"增加，记入账户贷方。编制会计分录如下：

借：银行存款　　　　　　　　　　　　　　　200 000

　　贷：短期借款　　　　　　　　　　　　　　200 000

例6　计提应由本月负担的短期借款利息1000元。

这项经济业务发生，使企业的"财务费用"增加，记入账户借方；同时由于借款利息尚未支付，企业的负债增加，记入"应付利息"账户贷方。编制会计分录如下：

借：财务费用　　　　　　　　　　　　　　　1000

　　贷：应付利息　　　　　　　　　　　　　　1000

例7　阳光公司从银行借入到期一次还本付息，期限为三年，年利率为6%的借款300 000元，存入银行。

（1）这项经济业务发生，使企业的"银行存款"增加，记入账户借方；同时使企业的"长期借款"增加，记入账户贷方。编制会计分录如下：

借：银行存款　　　　　　　　　　　　　　　300 000

　　贷：长期借款　　　　　　　　　　　　　　300 000

（2）计提长期借款利息：属于筹建期间的，计入管理费用；属于生产经营期间的，计入财务费用；属于构建固定资产的，在固定资产工程完工之前，计入在建工程等相关资产成本，在固定资产工程完工之后，计入财务费用。

假设上述长期借款计提当年利息时，固定资产工程已完工。编制会计分录如下：

借：财务费用　　　　　　　　　　　　　　　18 000

　　贷：应付利息　　　　　　　　　　　　　　18 000

任务二　供应过程经济业务核算

供应过程是企业资金运动的第一阶段，也是制造企业生产经营过程的准备阶段。在这一阶段，企业需要按购销合同和结算制度的规定，与材料供货单位进行价款的结算，还要核算因为购买原材料、辅助材料等而产生的运输费、装卸费、材料入库前的挑选整理费等各种采购费用，并在此基础上确定材料的采购成本。因此，材料的采购业务、结算业务以及采购成本的计算，构成了工业企业供应过程核算的主要内容。

一、供应过程核算账户的设置

（一）"在途物资"账户

属于资产类账户，是用来核算那些货款已付，但尚未验收入库的材料、物资的采购成本的账户。账户借方登记购入材料物资的买价和采购费用，贷方登记已经验收入库并按实际成本转入"原材料"账户借方的数额，期末一般没有余额。如果有余额则在借方，表示期末尚未到达或尚未验收入库的在途材料的实际成本。

（二）"原材料"账户

属于资产类账户，是用来核算和监督企业库存材料的收入、发出和结存情况的账户。账户借方登记已验收入库的各种材料的实际成本，贷方登记发出、减少各种材料的实际成本，期末余额在借方，表示期末结存材料的实际成本。

（三）"应付账款"账户

属于负债类账户，是用来核算和监督企业因购买材料物资和接受劳务供应而应付给供货方款项的账户。账户贷方登记应付而未付款项的数额，借方登记实际偿还款项的数额，期末余额在贷方，表示尚未偿还的应付账款。

（四）"应交税费"账户

属于负债类账户，是用来核算和监督企业应缴纳的各种税金的账户，包括增值税、消费税、营业税、所得税、资源税、土地增值税、城市维护建设税、房产税、土地使用税、车船使用税、教育费附加、矿产资源补偿费等。账户贷方登记应交纳的各种税金，借方登记实际上交的各种税金，期末贷方余额表示企业未交的税金，借方余额表示多交的税金。该账户按税种设置明细分类账户，进行明细分类核算。其中，"应交税费——应交增值税"账户是用来核算和监督企业应交和实交增值税结算情况的账户，借方登记企业因购进货物或接受劳务支付的进项税额和实际缴纳的增值税，贷方登记企业销售货物或提供劳务时收取的销项税额和转出应分担的增值税，期末借方余额表示企业多上缴或尚未抵扣的增值税额，贷方余额表示企业应交而未交的增值税额。纳税人以销项税额抵扣进项税额后向税务部门缴纳增值税。2019 年 3 月开始，我国为深化增值税改革，将制造业等行业原有 16% 的税率降至 13%。

为了具体反映增值税的增减变动情况，一般纳税人在"应交税费——应交增值税"明细分类账户下开设"进项税额""已交税金""销项税额""进项税额转出""出口退税"等专栏，进行详细核算。

（五）"预付账款"账户

属于资产类账户，是用来核算和监督企业按照购货合同预付给供应单位的货款及其结存情况的账户。账户借方登记预付和补付货款的金额，贷方登记收到所购货物金额及退回的多付货款金额，期末余额在借方，表示已预付给供应单位的货款但尚未收到货物的金额。

（六）"应付票据"账户

属于负债类账户，是专门用来核算和监督企业对外发生债务所开出并承兑的商业汇票的增减变动及结存情况的账户。借方登记支付的已到期的商业汇票面值，贷方登记企业开出、承兑汇票并以承兑汇票抵付货款的金额，期末余额在贷方，表示企业尚未到期的应付票据面值。

小知识

商业汇票是由收款人或付款人（承兑人）签发，由承兑人承兑，并于到期日向收款人或持票人无条件支付款项的票据。商业汇票结算方式适用于企业先发货后收款，或者双方约定延期付款的交易结算。其付款期限由双方共同商定，最长不超过 6 个月。

二、供应过程经济业务核算举例

例 8　向外地某工厂购入甲材料 200 千克，每千克 400 元，计 80 000 元；乙材料 400 千克，每千克 600 元，共计 240 000 元；应交增值税税率为 13%，共计税款 41 600 元。货款、税款以银行存款支付。

这项经济业务发生，使"在途物资""应交税费——应交增值税"进项税额增加，记入账户借方；同时"银行存款"减少，记入账户贷方。编制会计分录如下：

借：在途物资——甲材料　　　　　　　　　　　　　　　80 000
　　　　　　　——乙材料　　　　　　　　　　　　　 240 000
　　应交税费——应交增值税（进项税额）　　　　　　　 41 600
　　贷：银行存款　　　　　　　　　　　　　　　　　 361 600

例 9　以银行存款支付以上两种材料的运费 6600 元，包括增值税进项税额 600 元。其中，甲材料应分配的运费为 2000 元，乙材料应分配的运费为 4000 元。

这项经济业务发生，使"在途物资"增加，其中甲材料增加了 2000 元，乙材料增加了 4000 元，记入账户借方；还使"应交税费——应交增值税"进项税额增加，记入账户借方；同时"银行存款"减少，记入账户贷方。编制会计分录如下：

借：在途物资——甲材料　　　　　　　　　　　　　　　2000
　　　　　　　——乙材料　　　　　　　　　　　　　　4000
　　应交税费——应交增值税（进项税额）　　　　　　　　600

　　　　贷：银行存款　　　　　　　　　　　　　　　　　　6600

　　例 10　向本地某工厂购入甲材料 200 千克，每千克 400 元，计 80 000 元，按 13% 交增值税，计 10 400 元，货款、税款尚未支付。

　　这项经济业务发生，使"在途物资""应交税费——应交增值税"进项税额增加，记入账户借方；同时由于货款尚未支付，使"应付账款"增加，记入账户贷方。编制会计分录如下：

　　　　借：在途物资——甲材料　　　　　　　　　　　　80 000
　　　　　　应交税费——应交增值税（进项税额）　　　　10 400
　　　　　　贷：应付账款　　　　　　　　　　　　　　　90 400

　　例 11　以银行存款支付上述甲材料的运杂费 3480 元，包括增值税进项税额 480 元。

　　这项经济业务发生，使"在途物资"、"应交税费——应交增值税"进项税额增加，记入账户借方；使"银行存款"减少，记入账户贷方。编制会计分录如下：

　　　　借：在途物资——甲材料　　　　　　　　　　　　3000
　　　　　　应交税费——应交增值税（进项税额）　　　　480
　　　　　　贷：银行存款　　　　　　　　　　　　　　　3480

　　例 12　以银行存款预付某公司购料款 30 000 元。

　　这项经济业务发生，使"预付账款"增加，记入账户借方；同时使"银行存款"减少，记入账户贷方。编制会计分录如下：

　　　　借：预付账款　　　　　　　　　　　　　　　　　30 000
　　　　　　贷：银行存款　　　　　　　　　　　　　　　30 000

　　例 13　以银行存款偿还前欠本地某工厂购料款 93 600 元。

　　这项经济业务发生，使"银行存款"减少，记入账户贷方；同时使"应付账款"也减少，记入账户借方。编制会计分录如下：

　　　　借：应付账款　　　　　　　　　　　　　　　　　93 600
　　　　　　贷：银行存款　　　　　　　　　　　　　　　93 600

　　例 14　上述某公司按合同发来已预付货款 30 000 元的丙材料 300 千克，每千克 100 元，计 30 000 元，应交增值税 3900 元。以银行存款补付货款。

　　这项经济业务发生，使"在途物资""应交税费——应交增值税"增加，记入账户借方；同时使"预付账款""银行存款"减少，记入账户贷方。编制会计分录如下：

　　　　借：在途物资——丙材料　　　　　　　　　　　　30 000
　　　　　　应交税费——应交增值税（进项税额）　　　　3900

贷：预付账款   30 000

    银行存款   3900

例 15 月末结转已验收入库的三种材料的实际采购成本。

这项经济业务表明，甲、乙、丙三种在途物资采购过程已经完成，各种材料的实际采购成本已经通过计算确定，应从"在途物资"账户转入"原材料"账户。编制会计分录如下：

借：原材料——甲材料   165 000

        ——乙材料   244 000

        ——丙材料   30 000

    贷：在途物资——甲材料   165 000

           ——乙材料   244 000

           ——丙材料   30 000

三、材料采购成本的计算

材料采购成本的计算是采用一定的方法确定各种材料的实际成本（总成本和单位成本）。

（一）外购材料的成本项目构成

1. 材料的买价，由供货单位的发票提供。

2. 采购费用，包括以下内容：

（1）运杂费：包括运输费、装卸费、包装费、仓储费等；

（2）运输途中的合理损耗；

（3）入库前的挑选整理费用；

（4）应由购入材料物资负担的税金、外汇差价和其他费用。

（二）为采购几种材料共同发生的采购费用，应合理分配

在材料采购过程中，材料的买价应直接记入材料的采购成本。对所发生的采购费用，凡是能分清采购对象的，应直接记入该对象的采购成本；不能分清具体计入对象的，应按一定的分配标准（如材料的重量、体积、买价等比例）进行分配，合理确定各种材料的采购成本。

计算公式如下：

采购费用分配率 = 应分配的采购费用总额 ／ 材料的分配标准（重量、体积、买价等）总量。

某种材料应分配的采购费用 = 该种材料的分配标准数量 × 该项采购费用分配率。

例 16 阳光公司从外地采购甲、乙两种材料，甲材料 100 千克，每千克 500 元，增值税 6500 元；乙材料 50 千克，每千克 400 元，增值税 2600 元。二者共

同发生的采购费用 600 元，货款和采购费用均通过银行存款支付。

要求：（1）计算甲、乙材料的采购成本（以材料的重量为标准分配采购费用）；

（2）编制会计分录；

（3）编制材料采购成本计算表。

解：（1）计算甲、乙材料的采购成本：

采购费用分配率 = 采购费用总额／甲乙材料的重量之和

　　　　　　　 = 600 ／ 100 + 50 = 4（元／千克），

甲材料应分配的采购费用 = 100 × 4 = 400（元），

乙材料应分配的采购费用 = 50 × 4 = 200（元），

甲材料的采购成本 = 买价 + 采购费用

= 100 × 500 + 400 = 50 400（元），

乙材料的采购成本 = 买价 + 采购费用

= 50× 400 + 200 = 20 200（元）。

（2）编制会计分录：

借：在途物资——甲材料　　　　　　　　　　　　　　 50 400

　　　　　　——乙材料　　　　　　　　　　　　　　 20 200

　　应交税费——应交增值税（进项税额）　　　　　　 9100

　　贷：银行存款　　　　　　　　　　　　　　　　　 79 700

（3）编制材料采购成本计算表，见表 5-1。

表 5-1　材料采购成本计算表

材料名称	单位	数量（千克）	买价	采购费用	总成本	单位成本
甲材料	元	100	50 000	400	50 400	504
乙材料	元	50	20 000	200	20 200	404
合计			70 000	600	70 600	

小思考

在材料采购过程中，哪些费用构成外购材料的采购成本？

任务三　生产过程经济业务核算

生产过程是制造企业资金运动的第二个阶段，在这一阶段企业的基本活动是生产产品，是从投入材料到产品完工并验收入库的过程。

　　企业在生产过程中所发生的各种耗费，称为生产费用，包括为生产产品所发生的原材料、辅助材料、燃料和动力等劳动对象的消耗；支付生产工人工资及福利费等活劳动的消耗；发生厂房和机器设备等固定资产的折旧费；以及支付为组织生产和生产服务而发生的各项其他消耗。这些费用，按其与产品生产的关系和计入产品成本的方法不同，分为直接费用和间接费用两类，这些直接、间接的生产费用，都需要按照一定的产品种类进行归集和分配，计算出各产品的生产成本。因此，生产过程核算的主要任务是：核算和监督生产费用的发生和分配，计算确定产品的生产成本，考核生产资金定额和成本计划的执行情况，使企业不断降低生产成本，提高经济效益。

小知识

　　直接费用是指直接用于产品生产的原材料（构成直接材料成本项目）、直接从事产品生产的工人工资及福利费（构成直接人工成本项目）和其他直接费用；间接费用是指间接用于产品生产的费用，如生产车间管理人员工资及福利费、生产车间办公费、水电费等（主要构成制造费用成本项目）。

一、生产过程核算账户的设置

（一）"生产成本"账户

　　属于成本类账户，用来核算和监督企业为进行产品生产而发生的各种费用。账户借方登记本期发生的全部生产费用，包括直接材料、生产工人工资等直接费用，以及由"制造费用"账户归集分配转入的间接费用，贷方登记应转入"库存商品"账户借方的完工产品的实际生产成本，期末借方余额，表示尚未完工在产品的实际生产成本。该账户下设置"基本生产成本"和"辅助生产成本"两个明细分类账户。

（二）"制造费用"账户

　　属于成本类账户，用以归集和分配企业生产车间为生产产品和提供劳务而发生的各种间接费用，包括车间的人员工资及福利费、折旧费、修理费、办公费、水电费、劳动保护费、季节性修理期间的停工损失费等。账户借方登记发生的各种制造费用，贷方登记转入"生产成本"账户的制造费用，一般没有余额。该账户按不同车间、不同费用项目设置明细分类账户，进行明细分类核算。

（三）"库存商品"账户

　　属于资产类账户，用来核算和监督企业库存的各种产品实际成本的账户。库存商品是指企业已完成全部生产过程并已验收入库的可供销售的产品。账户借方登记已经完工验收入库的各种产品的实际成本，贷方登记因销售等从仓库发出的各种产品的实际成本，期末余额在借方，表示库存商品的实际成本。该账户按产品的品种、规格或种类设置明细分类账户，进行明细分类核算。

（四）"累计折旧"账户

属于资产类账户，用来核算和监督企业固定资产因磨损而减少的价值。是"固定资产"账户的抵减账户。账户贷方登记企业按月计提的固定资产折旧（即固定资产因磨损而减少的价值），借方登记企业因固定资产出售、报废等原因冲销、结转已经提取的折旧数，期末余额在贷方表示现有固定资产已提折旧的累计数。用"累计折旧"账户的贷方余额抵减"固定资产"账户的借方余额，即为现有固定资产折余价值，即固定资产净值。该账户只进行总分类核算，不进行明细分类核算。

（五）"应付职工薪酬"账户

属于负债类账户，是用来核算企业根据有关规定应付给职工各种薪酬的账户。账户贷方登记应付给职工的各种薪酬，借方登记实际支付给职工的各种薪酬，期末贷方余额，反映企业应付未付的职工薪酬。本账户可按"工资""职工福利""社会保险费""住房公积金""工会经费""职工教育经费""非货币性福利""辞退福利""股份支付"等进行明细核算。

二、生产过程经济业务核算举例

例 17　仓库发出乙、丙材料各一批，价值 533 000 元，用于 A、B 两种产品的生产和车间一般耗用及管理部门耗用，发料凭证汇总表见表 5-2。

表 5-2　发料凭证汇总表　　　　单位：公斤

项目	乙材料		丙材料		合计（元）
	数量	金额（元）	数量	金额（元）	
产品耗用——A 产品	300	193 000	200	20 000	213 000
——B 产品	400	244 000	100	10 000	254 000
车间耗用	100	61 000			61 000
管理部门耗用			50	5000	5000
合　计		498 000		35 000	533 000

这项经济业务发生，使"原材料"减少，记入账户贷方；同时使"生产成本""制造费用""管理费用"增加，记入账户借方。编制会计分录如下：

借：生产成本——A 产品　　　　　　　　　213 000
　　　　　　——B 产品　　　　　　　　　254 000
　　制造费用　　　　　　　　　　　　　　61 000
　　管理费用　　　　　　　　　　　　　　5000
　　贷：原材料　　　　　　　　　　　　　533 000

例 18 结算本月应付职工工资 66 000 元，其中：生产 A 产品的工人工资 30 000 元，生产 B 产品的工人工资 20 000 元，车间管理人员工资 10 000 元，行政管理部门人员工资 6000 元。

该项经济业务发生，使企业"应付职工薪酬"增加，记入账户贷方；同时使"生产成本""制造费用""管理费用"增加，记入账户借方。编制会计分录如下：

借：生产成本——A 产品　　　　　　　　　　　　　　　30 000
　　　　　　——B 产品　　　　　　　　　　　　　　　20 000
　　制造费用　　　　　　　　　　　　　　　　　　　　10 000
　　管理费用　　　　　　　　　　　　　　　　　　　　　6000
　贷：应付职工薪酬　　　　　　　　　　　　　　　　　66 000

例 19 从银行提取现金 66 000 元，准备发放工资。

这项经济业务发生，使"库存现金"增加，记入账户借方；同时使"银行存款"减少，记入账户贷方。编制会计分录如下：

借：库存现金　　　　　　　　　　　　　　　　　　　　66 000
　贷：银行存款　　　　　　　　　　　　　　　　　　　66 000

例 20 以现金 66 000 元，发放职工工资。

这项经济业务发生，使"库存现金"减少，记入账户贷方；同时使"应付职工薪酬"也减少，记入账户借方。编制会计分录如下：

借：应付职工薪酬　　　　　　　　　　　　　　　　　　66 000
　贷：库存现金　　　　　　　　　　　　　　　　　　　66 000

例 21 按工资总额 14% 的比例提取职工福利费。

本月应计提的职工福利费计算如下：

按 A 产品生产工人工资计提的福利费：30 000 × 14% = 4200（元）。

按 B 产品生产工人工资计提的福利费：20 000 × 14% = 2800（元）。

按车间管理人员工资计提的福利费：10 000 × 14% = 1400（元）。

按厂部管理人员工资计提的福利费：6 000 × 14% = 840（元）。

职工福利费作为一项费用，要根据工资费用归属，分别记入"生产成本""制造费用"和"管理费用"账户借方；同时作为一项应付款项的负债记入"应付职工薪酬"账户贷方。编制会计分录如下：

借：生产成本——A 产品　　　　　　　　　　　　　　　　4200
　　　　　　——B 产品　　　　　　　　　　　　　　　　2800
　　制造费用　　　　　　　　　　　　　　　　　　　　　1400
　　管理费用　　　　　　　　　　　　　　　　　　　　　　840

  贷：应付职工薪酬   9240

  例 22 以银行存款支付车间办公费和水电费 2100 元，支付行政管理部门办公费和水电费 500 元。

  这项经济业务发生，使"银行存款"减少，记入账户贷方；同时使"制造费用""管理费用"增加，记入账户借方。编制会计分录如下：

  借：制造费用   2100
    管理费用   500
   贷：银行存款   2600

  例 23 以银行存款预付下半年的报刊杂志费 1200 元。

  报刊杂志费属于办公费用。这项经济业务发生，使"预付账款"增加，记入账户借方；同时使"银行存款"减少，记入账户贷方。编制会计分录如下：

  借：预付账款   1200
   贷：银行存款   1200

  例 24 预提应由本月负担的短期借款利息 500 元。

  根据权责发生制原则，借款利息需要按月提存，而利息支出属于财务费用。因此，这项经济业务发生，使"财务费用"增加，记入账户借方；同时使"应付利息"增加，记入账户贷方。编制会计分录如下：

  借：财务费用   500
   贷：应付利息   500

  例 25 按照规定，计提本月固定资产折旧 15 000 元，其中：车间固定资产折旧 10 000 元，行政管理部门固定资产折旧 5000 元。

  固定资产在使用过程中，因磨损而逐渐损耗的部分价值称为固定资产折旧。这部分价值应按固定资产原始价值和核定的折旧率计算折旧费，计入产品的生产成本和有关期间费用。

  这项经济业务发生，一方面使"制造费用"、"管理费用"增加，记入账户借方；同时使"累计折旧"增加，记入账户贷方。编制会计分录如下：

  借：制造费用   10 000
    管理费用   5000
   贷：累计折旧   15 000

  例 26 将本月发生的制造费用 80 500 元，分配转入生产成本。其中 A 产品分配记入的制造费用为 48 300 元，B 产品分配记入的制造费用为 32 200 元。

  制造费用是产品生产成本的组成部分，月末应将本月内的"制造费用"转入"生产成本"账户，以准确计算产品的生产成本。

  这项经济业务发生，使"生产成本"增加，记入账户借方；同时使"制造费用"减少，记入账户贷方。编制会计分录如下：

　　借：生产成本——A 产品　　　　　　　　　　　　　48 300

　　　　　　　——B 产品　　　　　　　　　　　　　　32 200

　　　贷：制造费用　　　　　　　　　　　　　　　　　　　　80 500

例 27　A 产品完工入库 1000 件，结转其实际生产成本 295 500 元。

　　这项经济业务发生，使"库存商品"增加，记入账户借方；同时使"生产成本"减少，记入账户贷方。编制会计分录如下：

　　借：库存商品——A 产品　　　　　　　　　　　　　295 500

　　　贷：生产成本——A 产品　　　　　　　　　　　　　　295 500

　　计算完工产品的总成本和单位成本，编制完工产品成本计算单，见表 5-3。

表 5-3　完工产品成本计算单

编制单位：　　　　　　　　　　　　___年___月　　　　　　　　　　　　单位：元

成本项目	A 产品	
	总成本（1000 件）	单位成本
直接材料	213 000	213
直接人工	34 200	34.2
制造费用	48 300	48.3
合　计	295 500	295.5

三、产品生产成本计算

　　产品生产成本计算，是将生产过程中发生的各种生产费用，按照产品的类别、品种、规格进行归集和分配，计算出各种产品的总成本和单位成本。

　　（一）产品生产成本的项目构成

　　1. 直接材料，是指直接用于产品生产的原材料和辅助材料、燃料和动力；

　　2. 直接人工，是指直接从事产品生产的工人的工资及福利费；

　　3. 制造费用，是车间发生的有关费用。

　　（二）制造费用

　　制造费用属于间接生产费用，在费用发生时先记入"制造费用"账户进行归集，月末，再按照一定的分配标准进行分配，记入有关产品的生产成本。

　　制造费用的分配标准是：生产工人工资或生产工人工时。计算公式如下：

　　制造费用分配率 = 应分配的制造费用总量 ／ 分配标准（生产工人工资或生产工人工时等）总量。

　　某种产品应分配的制造费用 = 该产品的分配标准数量 × 制造费用分配率。

　　例 28　阳光公司本月生产 A、B 产品共发生制造费用 3500 元。其中生产 A

产品的工人工资 20 000 元，生产 B 产品的工人工资 15 000 元。月末，将制造费用转入生产成本。

　　要求：（1）以生产工人工资为标准，计算 A、B 产品应分配的制造费用；

（2）编制会计分录；

（3）编制制造费用分配表。

　　解：（1）计算 A、B 产品应分配的制造费用：

制造费用分配率 = 应分配的制造费用总量 ／ 分配标准总量

$$= 3500 ／ （20 000 + 15 000）= 0.1,$$

A 产品应分配的制造费用 = A 产品的分配标准数量 × 制造费用分配率

$$= 20 000 × 0.1 = 2000 （元），$$

B 产品应分配的制造费用 = B 产品的分配标准数量 × 制造费用分配率

$$= 15 000 × 0.1 = 1500 （元）。$$

（2）编制会计分录为：

借：生产成本——A 产品　　　　　　　　　　　　　　　　2000

　　　　　　——B 产品　　　　　　　　　　　　　　　　1500

　　贷：制造费用　　　　　　　　　　　　　　　　　　　　　　3500

（3）编制制造费用分配表，见表 5-4。

表 5-4　制造费用分配表

编制单位：　　　　　　　　　　　　　　____年____月　　　　　　　　　　单位：元

产品名称	分配标准 （生产工人工资）	制造费用	
		分配率	分配金额
A 产品	20 000	0.1	2000
B 产品	15 000	0.1	1500
合　计	35 000		3500

任务四　销售过程经济业务核算

　　销售过程是制造企业将制造完工的产品销售出去，实现收入，获得货款，从而使企业的生产耗费取得补偿并实现积累的过程。在企业销售过程中，还会发生与产品销售有关的费用，如包装费、运输费、装卸费、保险费、广告费、展览费及专设销售机构的人员工资等经费开支；企业还要按照税法规定，计算缴纳销售税金及附加费用。

一、销售过程账户的设置

(一)"主营业务收入"账户

属于损益类账户,是用来核算和监督企业销售商品、提供劳务取得收入的账户。贷方登记企业实现的销售收入,借方登记企业发生销售退回而减少的销售收入,以及期末对账户贷方发生额进行结转的数额,期末结转后没有余额。该账户按产品类别或劳务种类设置明细分类账户,进行明细分类核算。

(二)"主营业务成本"账户

属于损益类账户,是用来核算和监督企业已销售商品实际成本的账户。借方登记已实现销售产品或劳务的实际成本,贷方登记企业发生销售退回而冲销的实际成本,以及期末对账户借方发生额进行结转的数额,期末结转后没有余额。该账户按产品类别或劳务种类设置明细分类账户,进行明细分类核算。

(三)"营业税金及附加"账户

属于损益类账户,是用来核算和监督企业销售商品、提供劳务等应负担的税金及附加费的账户。税金及附加费包括消费税、营业税、资源税、土地增值税、城市维护建设税和教育费附加等,不包括增值税。借方登记按税法规定计算出的应由企业负担的销售税金及附加,贷方登记期末对账户借方发生额进行结转的数额,期末结转后没有余额。

(四)"销售费用"账户

属于损益类账户,是用来核算和监督企业销售过程中发生的各项费用。企业销售过程中发生的各项费用,包括包装费、运输费、装卸费、保险费、广告费、展览费及为销售本企业产品而专设销售机构的费用(如人员工资、福利费、办公费、折旧费、修理费和其他经费)。借方登记企业发生的各项销售费用,贷方登记期末对账户借方发生额进行结转的数额,期末结转后没有余额。

(五)"应收账款"账户

属于资产类账户,是用来核算和监督企业销售商品、提供劳务,应向购货单位或接受劳务单位收取款项的增减变动及结存情况的账户。借方登记企业在销售商品、提供劳务过程中发生的应收款项,贷方登记已收回的应收账款和已确认为坏账并经批准转销的应收账款,期末余额在借方,表示企业尚未收回的应收账款。该账户按购货单位或接受劳务单位设置明细分类账户,进行明细分类核算。

(六)"预收账款"账户

属于负债类账户,是用来核算和监督企业按规定向购货单位预收款项的增减变动及结存情况的账户。贷方登记向购货单位预收的货款,借方登记实现销售收入冲销预收账款的数额,期末余额在贷方,表示已预收但尚未发出商品的数额。该账户按购货单位设置明细分类账户，进行明细分类核算。

（七）"应收票据"账户

属于资产类账户，是专门用来核算和监督企业销售产品以及提供劳务而收到的商业汇票的增减变动及结存情况的账户。借方登记收到的商业汇票面值，贷方登记到期收回或未到期并向银行办理了贴现的商业汇票面值，期末余额在借方，表示企业尚未收回的应收票据面值。该账户按不同的票据种类设置明细分类账户，进行明细分类核算。

二、销售过程经济业务核算举例

例29 销售 B 产品 500 件，每件售价 600 元，计 300 000 元，增值税销项税额 39 000 元，产品已发出，款项已收到并存入银行。

这项经济业务发生，使"银行存款"增加，记入账户借方；同时使"主营业务收入"增加，记入账户贷方；在实现产品销售收入时，应向购货单位代收增值税销项税额，记入"应交税费——应交增值税（销项税额）"账户贷方。编制会计分录如下：

借：银行存款 339 000
　贷：主营业务收入 300 000
　　　应交税费——应交增值税（销项税额） 39 000

例30 销售 C 产品 600 件，每件售价 400 元，计 240 000 元，增值税销项税额 31 200 元，产品已发出，款项尚未收到。

这项经济业务发生，使"应收账款"增加，记入账户借方；使"主营业务收入"实现，记入账户贷方；发生增值税销项税额，记入"应交税费——应交增值税（销项税额）"账户贷方。编制会计分录如下：

借：应收账款 271 200
　贷：主营业务收入 31 200
　　　应交税费——应交增值税（销项税额） 38 400

例31 收到新兴公司预付的购买 C 产品的货款 40 000 元存入银行。

这项经济业务发生，使"银行存款"增加，记入账户借方；同时使"预收账款"增加，记入账户贷方。编制会计分录如下：

借：银行存款 40 000
　贷：预收账款 40 000

例32 以银行存款支付本月产品广告费 5000 元。

这项经济业务发生，使"销售费用"增加，记入账户借方；同时使"银行存款"减少，记入账户贷方。编制会计分录如下：

借：销售费用 5000

　　　　贷：银行存款　　　　　　　　　　　　　　　　　　　　　　　　5000

　　例 33　向新兴公司发出其已预付款项购买的 C 产品 100 件，每件售价 400 元，计 40 000 元，增值税销项税额 5200 元。

　　这项经济业务发生，使"预收账款"减少，记入账户借方；使"主营业务收入"实现，记入账户贷方；发生增值税销项税额，记入"应交税费——应交增值税（销项税额）"账户贷方。编制会计分录如下：

　　　　借：预收账款　　　　　　　　　　　　　　　　　　　　　　　　45 200
　　　　　　贷：主营业务收入　　　　　　　　　　　　　　　　　　　　40 000
　　　　　　　　应交税费——应交增值税（销项税额）　　　　　　　　　　5200

　　例 34　收到新兴公司补付预付账款 5200 元，存入银行。

　　这项经济业务发生，使"银行存款"增加，记入账户借方；同时使"预收账款"增加，记入账户贷方。编制会计分录如下：

　　　　借：银行存款　　　　　　　　　　　　　　　　　　　　　　　　5200
　　　　　　贷：预收账款　　　　　　　　　　　　　　　　　　　　　　5200

　　例 35　销售 B 产品 300 件，每件售价 600 元，计 180 000 元，增值税销项税额 23 400 元。产品已发出，收到购货单位开出的面值为 203 400 元，期限 3 个月的商业汇票。

　　这项经济业务发生，使"应收票据"增加，记入账户借方；使"主营业务收入"实现，记入账户贷方；发生增值税销项税额，记入"应交税费——应交增值税（销项税额）"账户贷方。编制会计分录如下：

　　　　借：应收票据　　　　　　　　　　　　　　　　　　　　　　　203 400
　　　　　　贷：主营业务收入　　　　　　　　　　　　　　　　　　　180 000
　　　　　　　　应交税费——应交增值税（销项税额）　　　　　　　　　23 400

　　例 36　计算销售 B 产品应缴纳的消费税，按销售收入的 5% 计算，应缴纳的消费税为 24 000 元。

　　这项经济业务发生，使"营业税金及附加"增加，记入账户借方；同时形成了企业未交税金的负债，记入"应交税费——应交消费税"账户贷方。编制会计分录如下：

　　　　借：营业税金及附加　　　　　　　　　　　　　　　　　　　　24 000
　　　　　　贷：应交税费——应交消费税　　　　　　　　　　　　　　24 000

　　例 37　期末计算结转本月已销产品的实际成本，其中，B 产品 800 件，单位成本 520 元，共计 416 000 元；C 产品 700 件，单位成本 350 元，共计 245 000 元。

　　这项经济业务发生，使"主营业务成本"增加，记入账户借方；同时使企业的库存商品减少，记入"库存商品"账户贷方。编制会计分录如下：

借：主营业务成本 661 000
　　贷：库存商品——B 产品 416 000
　　　　　　　　——C 产品 245 000

三、已销产品成本的计算

已销产品成本是指企业已销售的库存商品、自制半成品的生产成本。已销产品成本的计算，分为两种情况：

1. 期初无产品的，本月销售产品即为本月生产产品，则本月已销产品成本为该产品的生产成本；

2. 期初有产品的，本月销售产品中有本月生产的，还有以前月份生产的，已销产品成本通过加权平均法计算确定。

计算公式：

$$单位产品销售成本 = \frac{期初结存产品总成本 + 本期完工入库产品总成本}{期初结存产品数量 + 本期完工入库产品数量}。$$

本期已销产品成本 = 本期已销产品数量 × 单位产品销售成本。

例 38　某单位本月期初结存 A 产品 100 件，每件 1 000 元；本月生产 A 产品 150 件，每件 900 元。现销售 A 产品 200 件，请求出销售 A 产品 200 件的销售成本。

解：

$$A 产品单位产品销售成本 = \frac{100 \times 1000 + 150 \times 900}{100 + 150} = 940（元／件）。$$

A 产品本期销售成本 = 200 × 940 = 188 000（元）。

小思考

已销产品成本与材料采购成本、产品生产成本的计算有何不同？

任务五　利润形成与分配的核算

一、利润形成的核算

利润或亏损是企业在一定时期内全部经营活动的最终财务成果，是企业生产经营活动经济效益和资金利用效果的综合反映。利润形成的计算有两种方法。

（一）通过公式计算利润

营业利润 = 营业收入 - 营业成本 - 营业税金及附加 - 期间费用 - 资产减值损失 + 公允价值变动收益（-公允价值变动损失）+ 投资收益（-投资损失），

利润总额 = 营业利润 + 营业外收入 - 营业外支出，

净利润 = 利润总额-所得税费用，

其中，营业收入 = 主营业务收入 + 其他业务收入，

营业成本 = 主营业务成本 + 其他业务成本，

期间费用 = 销售费用 + 管理费用 + 财务费用，

所得税费用 = 应纳税所得额 × 所得税税率。

小知识

　　资产减值损失是指因资产的账面价值高于其可收回金额而造成的损失。新会计准则规定资产减值范围主要是固定资产、无形资产以及除特别规定外的其他资产减值的处理。《资产减值》准则改变了固定资产、无形资产等的减值准备计提后可以转回的做法，资产减值损失一经确认，在以后的会计期间不得转回，消除了一些企业通过计提秘密准备来调节利润的可能，限制了利润的人为波动。资产减值损失在会计核算中属于损益类科目。

　　公允价值变动收益是指以公允价值计量且其变动计入当期损益的交易性金融资产的一个科目。在资产负债表日，"交易性金融资产"的公允价值高于其账面价值的差额，应借记"交易性金融资产 - 公允价值变动"，贷记"公允价值变动损益"，公允价值低于其账面价值的差额，则做相反的分录。你也可以像理解"投资收益"这个科目一样去理解"公允价值变动损益"。

（二）通过"本年利润"账户计算利润

第一步，将参与利润核算的收入类账户余额转入"本年利润"账户，则：

借：主营业务收入

　　其他业务收入

　　营业外收入

　　公允价值变动收益

　　投资收益

　贷：本年利润

第二步，将参与利润核算的费用类账户余额转入"本年利润"账户，则：

借：本年利润

　贷：主营业务成本

　　　营业税金及附加

　　　其他业务成本

　　　管理费用

　　　财务费用

销售费用

营业外支出

资产减值损失

第三步，将"本年利润"账户的贷方总额减去其借方总额，即为实现的利润总额。

（三）利润形成核算的账户设置

1. "本年利润"账户。属于所有者权益类账户，是用来核算和监督企业本年度内实现的净利润或亏损情况的账户。贷方登记从"主营业务收入""其他业务收入""营业外收入"等账户转入的数额，及从"投资收益"账户转入的投资净收益，借方登记从"主营业务成本""销售费用""管理费用""财务费用""其他业务成本""营业外支出""营业税金及附加""所得税"等账户转入的数额，及从"投资收益"账户转入的投资净损失。期末将本期实现的净利润转入"利润分配"账户贷方；如发生亏损，则将所发生的亏损从本账户贷方转入"利润分配"账户借方。账户结转后无余额。

2. "管理费用"账户。属于损益类账户，是用来核算和监督企业行政管理部门发生的各项费用账户。主要包括企业行政管理部门的人员工资和福利费、业务招待费、办公费、工会经费、修理费、差旅费、董事会经费、职工教育费、劳动保险费、咨询费、审计费、诉讼费、土地使用费、技术开发费、固定资产折旧费、开办费摊销、无形资产摊销、坏账损失以及其他的管理费用。账户借方登记企业发生的各项管理费用，贷方登记期末转入"本年利润"账户借方的管理费用，结转之后无余额。该账户按费用项目设置明细分类账户，进行明细分类核算。

3. "其他业务收入"账户。属于损益类账户，是用来核算和监督企业除主营业务以外的其他业务取得的收入账户。如材料销售、技术转让、固定资产出租、包装物出租、提供运输等非工业性劳务取得的收入等。账户贷方登记取得的各项其他业务收入，借方登记期末结转的数额，转入"本年利润"账户贷方，期末结转后无余额。该账户按其他业务的种类设置明细分类账户，进行明细分类核算。

4. "其他业务成本"账户。属于损益类账户，是用来核算和监督企业除主营业务以外的其他业务所发生的成本与费用支出的账户。包括其他销售成本、提供劳务的相关成本费用以及税金及附加等。账户借方登记企业发生的各项其他业务成本，贷方登记期末结转的数额，转入"本年利润"账户借方，期末结转后无余额。该账户按其他业务的种类设置明细分类账户，进行明细分类核算。

5. "营业外收入"账户。属于损益类账户，是用来核算和监督企业发生的，与企业生产经营活动没有直接关系的各项收入的账户。包括固定资产盘盈、确属无法支付的应付款项、教育费附加返还款项等。账户贷方登记发生的各项营业外收入，借方登记期末结转的数额，转入"本年利润"账户贷方，期末结转后无余额。该账户按营业外收入的具体项目设置明细分类账户，进行明细分类核算。

6. "营业外支出"账户。属于损益类账户，是用来核算和监督企业发生的与企业生产经营活动没有直接关系的各项支出的账户。主要包括固定资产盘亏损失、非常损失、罚款支出、捐赠支出等。账户借方登记企业发生的各项营业外支出，贷方登记期末结转的数额，转入"本年利润"账户借方，期末结转后无余额。该账户按营业外支出的具体项目设置明细分类账户，进行明细分类核算。

7. "投资收益"账户。属于损益类账户，是用来核算和监督企业对外投资取得的收益和发生的损失账户。账户贷方登记对外投资取得的收入，借方登记对外投资发生的损失，期末将本账户数额转入"本年利润"账户，期末结转后无余额。

8. "所得税费用"账户。属于损益类账户，是用来核算和监督企业按规定计算应负担的所得税费用账户。账户借方登记企业按规定计算的应负担的所得税费用，贷方登记期末结转的所得税费用，转入"本年利润"账户借方，期末结转后无余额。

（四）利润形成核算举例

在利润形成核算过程中，主要是将期末损益类账户借方或贷方发生额合计数转入"本年利润"账户，通过"本年利润"账户借贷方的对比，反映出本期的利润形成（或亏损的发生）情况。

例39　出售材料一批，增值税专用发票上注明，材料的销售货款为8000元，增值税额为1280元，款项全部收存银行。

这项经济业务发生，使"银行存款"增加，记入账户借方；同时使"其他业务收入"实现，记入账户贷方；在实现其他业务收入时，向购货单位代收增值税销项税额，记入"应交税费—应交增值税（销项税额）"账户贷方。编制会计分录如下：

借：银行存款　　　　　　　　　　　　　　　　　　9280
　　贷：其他业务收入　　　　　　　　　　　　　　　8000
　　　　应交税费—应交增值税（销项税额）　　　　　1280

例40　结转前例中已销售材料的实际成本6200元。

这项经济业务发生，使"其他业务成本"增加，记入账户借方；同时使

"原材料"减少，记入账户贷方。编制会计分录如下：

借：其他业务成本 6200
  贷：原材料 6200

例41 企业按有关规定转销确已无法支付的应付账款2 000元。

这项经济业务发生，使"应付账款"减少，记入账户借方；同时使"营业外收入"增加，记入账户贷方。编制会计分录如下：

借：应付账款 2000
  贷：营业外收入 2000

例42 企业支付税款滞纳金3000元。

这项经济业务发生，使"营业外支出"增加，记入账户借方；同时使"银行存款"减少，记入账户贷方。编制会计分录如下：

借：营业外支出 3000
  贷：银行存款 3000

例43 企业收到现金股利5000元，存入银行。

这项经济业务发生，使"银行存款"增加，记入账户借方；同时取得"投资收益"，记入账户贷方。编制会计分录如下：

借：银行存款 5000
  贷：投资收益 5000

例44 期末将收入类账户贷方余额转入"本年利润"账户贷方。

这项经济业务发生，使"主营业务收入""其他业务收入""营业外收入""投资收益"减少，分别记入账户借方；同时使"本年利润"增加，记入账户贷方。编制会计分录如下：

借：主营业务收入 760 000
  其他业务收入 8000
  营业外收入 2000
  投资收益 5000
  贷：本年利润 775 000

例45 期末将费用类账户借方余额转入"本年利润"账户借方。

这项经济业务发生，使"主营业务成本""其他业务成本""营业外支出""营业税金及附加"和期间费用减少，应分别记入账户贷方，同时使"本年利润"减少，记入账户借方。编制会计分录如下：

借：本年利润 718 240
  贷：主营业务成本 661 000
    营业税金及附加 24 000

财务费用	500
管理费用	18 540
销售费用	5000
其他业务成本	6200
营业外支出	3000

例 46　按利润总额 25%税率计算应交所得税费用。

利润总额 = 775 000-718 240 = 56 760（元）

应交所得税费用 = 利润总额 × 25% = 56 760 × 25% = 14 190（元）

这项经济业务发生，使"所得税费用"增加，记入账户借方；同时使"应交税费—应交所得税"增加，记入账户贷方。编制会计分录如下：

借：所得税费用　　　　　　　　　　　　　　　　　　　14 190

　　贷：应交税费—应交所得税　　　　　　　　　　　　　14 190

例 47　期末结转"所得税费用"账户余额。

这项经济业务发生，使"所得税费用"减少，记入账户贷方；同时使"本年利润"减少，记入账户借方。编制会计分录如下：

借：本年利润　　　　　　　　　　　　　　　　　　　　14 190

　　贷：所得税费用　　　　　　　　　　　　　　　　　　14 190

二、利润分配的核算

利润分配是指企业根据国家有关的法律法规及公司企业决议，对企业净利润进行的分配。利润分配，除国家另有规定之外，应按下列步骤进行：

第一步，弥补以前年度亏损（5 年内亏损可用税前利润予以弥补，超过 5 年亏损则以税后利润弥补）。

第二步，提取法定盈余公积金。法定盈余公积金可用于弥补亏损和转增资本。其按税后利润 10%提取，已达到注册资本金 50%的可以不再提取。

第三步，提取法定公益金。法定公益金主要用于职工集体福利设施开支，如兴建职工宿舍、娱乐健身设施等，其按税后利润 5%~10%提取。

第四步，向投资者分配利润。企业以前年度未分配利润可以并入本年度向投资者分配。

如企业本年度发生的亏损，按规定可用以后年度形成的利润予以弥补。

企业在利润分配核算过程中应该做到：严格遵守有关利润分配规定，正确反映企业有关盈余公积的提取、补亏以及向投资者分配利润。

（一）利润分配核算的账户设置

1."盈余公积"账户。属于所有者权益类账户，是用来核算和监督企业从净利润中提取的各种积累资金的账户。账户贷方登记提取的盈余公积金及公益金，借方登记用盈余公积弥补的亏损和转增的资本金，期末余额在贷方，表示盈余公积的结存数。

2. "应付股利"账户。属于负债类账户，是用来核算和监督企业根据有关决议应当分配给投资者利润数的账户。账户贷方登记企业计算出应支付给投资者的利润，借方登记实际支付给投资者的利润，期末余额在贷方表示尚未支付给投资者的利润数。

3. "利润分配"账户。属于所有者权益类账户，是用来核算和监督企业利润分配过程（或亏损弥补情况）以及利润（或亏损）结余数的账户。账户贷方登记由"本年利润"账户转入的本年累计净利润以及盈余公积补亏数，借方登记由"本年利润"账户转入的本年累计亏损以及本年度提取的盈余公积、应付股利，期末余额在借方表示年末尚未弥补的亏损，期末余额在贷方表示年末尚未分配的利润。

（二）利润分配核算举例

例 48　结转本年度实现的净利润 42 570 元。

这项经济业务发生，是对"本年利润"净利润的结转，应记入"本年利润"账户借方；同时使"利润分配"净利润增加，记入账户贷方。编制会计分录如下：

借：本年利润　　　　　　　　　　　　　　　　42 570
　　贷：利润分配　　　　　　　　　　　　　　　　42 570

例 49　按税后利润 10% 提取法定的盈余公积金。

应提取的法定盈余公积金 = 净利润 × 10% = 42 570 × 10% = 4257（元）

这项经济业务发生，使"利润分配"减少，记入账户借方；同时使"盈余公积"增加，记入账户贷方。编制会计分录如下：

借：利润分配　　　　　　　　　　　　　　　　4257
　　贷：盈余公积　　　　　　　　　　　　　　　　4257

例 50　根据企业有关决议，按税后利润 5% 提取法定的公益金。

提取的法定公益金 = 净利润 × 5% = 42570 × 5% = 2128.50（元）

这项经济业务发生，使"利润分配"减少，记入账户借方；同时使"盈余公积"增加，记入账户贷方。编制会计分录如下：

借：利润分配　　　　　　　　　　　　　　　　2128.50
　　贷：盈余公积　　　　　　　　　　　　　　　　2128.50

例 51　根据企业有关决议，向投资者分配利润 10 000 元。

这项经济业务发生，使"利润分配"减少，记入账户借方；同时使"应付股利"增加，记入账户贷方。编制会计分录如下：

借：利润分配　　　　　　　　　　　　　　　　　　　　10 000
　　贷：应付股利　　　　　　　　　　　　　　　　　　　　10 000

任务六　资金退出经济业务核算

企业除主要经济业务核算外，在资金使用过程中，还有一些资金调整和退出的核算，它包括支付应付股利、资金转换、资金投资、归还借款，以及其他各项支出。现就前面未述及的内容作以补充。

一、支付投资者利润

例52　用银行存款支付投资者利润 10 000 元。

这项经济业务发生，使"应付股利"减少，记入账户借方；同时使"银行存款"减少，记入账户贷方。编制会计分录如下：

借：应付股利　　　　　　　　　　　　　　　　　　　　10 000
　　贷：银行存款　　　　　　　　　　　　　　　　　　　　10 000

二、归还借款

例53　用银行存款归还银行临时借款本金 5000 元，利息 600 元，其中已预提利息 400 元。

在取得借款时，短期借款增加，银行存款增加；在预提短期借款利息时，应付利息增加，财务费用增加。这笔经济业务发生后，使短期借款减少 5000 元，应付利息减少 400 元，还使财务费用增加 200 元，均应记入"短期借款""应付利息"及"财务费用"账户借方；同时使银行存款减少 5600 元，记入账户贷方。编制会计分录如下：

借：短期借款　　　　　　　　　　　　　　　　　　　　5000
　　应付利息　　　　　　　　　　　　　　　　　　　　　400
　　财务费用　　　　　　　　　　　　　　　　　　　　　200
　　贷：银行存款　　　　　　　　　　　　　　　　　　　　5600

三、固定资产出售

例54　经上级批准，出售机器设备一台，售价 30 000 元，原值 40 000 元，已提折旧 10 000 元，价款已收到存入银行。

对这笔经济业务，应设置"固定资产清理"账户核算。该账户是用来核算企业因出售、报废和毁损等原因清理的固定资产价值及其在清理过程中所发生的清理费用和清理收入等。账户借方登记固定资产净值、清理费用及结转到"营业外收入"账户的清理净收益，贷方登记收回出售固定资产的价款、残料价值和变价收入以及结转到"营业外支出"账户的清理净损失，结转之后无余额。该账户按固定资产设置明细分类账户。

这项经济业务发生，清理固定资产净值增加，累计折旧减少，记入"固定资产清理""累计折旧"账户借方；固定资产减少，记入"固定资产"账户贷方；同时，银行存款增加，记入账户借方；取得固定资产清理价款收入，记入"固定资产清理"账户贷方。这样"固定资产清理"账户借、贷双方相互抵消。编制会计分录如下：

```
借：银行存款                          30 000
    累计折旧                          10 000
  贷：固定资产                                  40 000
```

四、对外投资

企业除生产经营外，还可通过对外投资方式获取经济效益。

例 55　企业购入面值 1000 元的一年期债券 10 张，年利率为 5%，以银行存款支付 10 000 元。

对这笔经济业务，应设置"短期投资"账户核算。该账户是用来核算企业购入能随时变现，并且持有时间不准备超过 1 年（含 1 年）的投资。包括各种股票、债券、基金等。账户借方登记各种短期投资的实际支出数，贷方登记收回投资的实际数，余额在借方，表示期末企业对外投资数额。

这项经济业务发生，使企业短期投资增加，记入"短期投资"账户借方；同时使银行存款减少，记入"银行存款"账户贷方。编制会计分录如下：

```
借：短期投资                          10 000
  贷：银行存款                                  10 000
```

例 56　以固定资产，向其他单位进行长期股权投资。原值 60 000 元，已提折旧 20 000 元。

对这笔经济业务，应设置"长期股权投资"账户核算。该账户是资产类账户，是用来核算企业投出的期限在 1 年以上（不含 1 年）各种股权性质的投资。包括购入的股票和其他股权投资等。账户借方登记各种股权投资的实际支出数，贷方登记收回投资的实际数，余额在借方，表示期末企业对外股权投资数额。

这项经济业务发生，使长期股权投资增加，记入"长期股权投资"账户借方；累计折旧减少，记入"累计折旧"账户借方；同时，固定资产减少，记入"固定资产"账户贷方。编制会计分录如下：

```
借：长期股权投资                      40 000
    累计折旧                          20 000
  贷：固定资产                                  60 000
```

例 57 企业购入面值 5000 元的 3 年期债券 10 张，年利率为 8%，以银行存款支付。

对这笔经济业务，应设置"长期债权投资"账户核算。该账户属于资产类账户，是用来核算企业购入的期限在 1 年以上（不含 1 年）不能变现或不准备随时变现的债券和其他债权的投资账户。账户借方登记各种长期投资的实际支出数，贷方登记收回投资的实际数，余额在借方，表示期末企业对外投资数额。

这项经济业务发生，使企业长期债权投资增加，记入"长期债权投资"账户借方；同时使"银行存款"减少，记入账户贷方。编制会计分录如下：

借：长期债权投资 50 000

贷：银行存款 50 000

五、福利费支出

例 58 以现金购入医药用品 600 元，支付职工困难补助费 400 元。

这项经济业务发生，使"库存现金"减少，记入账户贷方；同时使"应付职工薪酬"减少，记入账户借方。编制会计分录如下：

借：应付职工薪酬 1000

贷：库存现金 1000

六、上交税金

例 59 应交税费账户应交消费税 24 000 元，以银行存款付讫。

这项经济业务发生，使"银行存款"减少，记入账户贷方；同时使"应交税费——应交消费税"减少，记入账户借方。编制会计分录如下：

借：应交税费——应交消费税 24 000

贷：银行存款 24 000

职业能力训练

一、重点概念

累计折旧 净利润 盈余公积 所得税费用 固定资产清理

二、判断题（正确的在括号内打"√"，错误的在括号内打"×"）

1. 流动负债是指企业将在长于一年的一个营业周期以上偿还的债务。

（ ）

2. 计提固定资产折旧意味着固定资产价值的减少，累计折旧的增加。

（ ）

3. 企业应收未收的各种应收款项均应通过"应收账款"账户核算。

（ ）

4. 根据现行制度规定，企业职工和离退休人员的医药费均应从应付职工薪酬中开支。（　　）

5. 某企业年初有未弥补亏损 25 万元，当年实现净利润 20 万元。按国家有关规定，该企业当年不得提取法定盈余公积和法定公益金。（　　）

6. 企业购买材料支付的"应交税费——应交增值税"是企业的一项负债。（　　）

7. 企业向债权人筹集到的资金是指银行借款。（　　）

8. "生产成本"账户期末余额的经济含义是资产，也就是在产品成本。（　　）

9. "预收账款"账户的期末余额表示负债。（　　）

10. "预付账款"账户的期末贷方余额实质是应付未付的负债。（　　）

三、单项选择题

1. 企业收到的投资者投入的资本，应按照（　　）入账。

A. 实际收到的投资原值

B. 实际收到的投资净值

C. 资产的市场价值

D. 资产的账面原值

2. "制造费用"账户是成本类账户，月末一般（　　）。

A. 有借方余额　　　　　　　　B. 有贷方余额

C. 没有余额　　　　　　　　　D. 可以在借方，也可以在贷方

3. 生产过程中发生的各种耗费称为（　　）。

A. 生产费用　　　　　　　　　B. 直接费用

C. 制造费用　　　　　　　　　D. 间接费用

4. "在途物资"账户是用来核算企业购入材料、商品等的采购成本账户。下列表述正确的是（　　）。

A. 该账户期末没有余额

B. 该账户期末余额表示在途物资的采购成本

C. 该账户余额可能出现在贷方

D. 该账户可以进行数量、金额双重登记

5. 不应计入营业利润的是（　　）。

A. 管理费用　　　　　　　　　B. 财务费用

C. 所得税费用　　　　　　　　D. 投资收益

6. 以银行存款支付下一年度的仓库租金，应借记（　　）账户。

A. 制造费用　　　　　　　　　B. 管理费用

C. 待摊费用   D. 预提费用

7. 制造产品直接耗用材料会增加企业的（   ）。

A. 生产成本   B. 制造费用

C. 管理费用   D. 库存商品

8. 某企业购进一批原材料，以银行存款支付买价 10 000 元，增值税进项税额 1300 元，运杂费 500 元，采购员差旅费 600 元。该批原材料的实际采购成本为（   ）元。

A. 12 800   B. 10 500

C. 12 300   D. 11 100

9. 下列会计事项，会引起企业所有者权益总额发生变化的是（   ）。

A. 从净利润中提取盈余公积   B. 用盈余公积弥补亏损

C. 用盈余公积转增资本   D. 向投资者分配利润

10. 某企业年初未分配利润为 10 000 元，当年净利润为 40 000 元，按 15% 的比例提取盈余公积。该企业可供投资者分配的利润为（   ）元。

A. 50 000   B. 44 000

C. 42 500   D. 34 000

四、多项选择题

1. 下列应在"销售费用"账户中核算的内容有（   ）。

A. 广告宣传费   B. 产品包装费

C. 运出商品由供货商支付的运输费

D. 专门销售门市部经费   E. 采购员差旅费

2. 期末应将其余额结转至"本年利润"的账户有（   ）。

A. 主营业务收入   B. 制造费用

C. 主营业务成本   D. 销售费用

E. 管理费用

3. 下列属于资金退出企业的经济业务有（   ）。

A. 企业利润分配   B. 企业偿还债务

C. 上交国家税金   D. 偿还银行借款

E. 固定资产出售

4. "固定资产清理"账户核算固定资产出售或报废时所发生的（   ）。

A. 原始价值   B. 累计折旧

C. 清理收入   D. 清理费用

E. 被清理的固定资产净值

5. 下列企业应交纳的税金中，应记入"营业税金及附加"账户的有（　　）。

    A. 增值税   B. 消费税

    C. 城市维护建设税   D. 教育费附加

    E. 营业税

6. 下列（　　）业务发生时，可借记"营业外支出"账户。

    A. 非常损失   B. 支付违约金

    C. 销售材料   D. 固定资产盘亏损失

    E. 出售固定资产净损失

7. 投资者可采用（　　）等资产对企业进行投资。

    A. 货币资金   B. 固定资产

    C. 有价证券   D. 无形资产

8. 运杂费的分摊标准有（　　）。

    A. 材料的重量   B. 材料得数量

    C. 材料的体积或容积   D. 材料的采购成本

9. 工业企业供应过程涉及的账户有（　　）。

    A. 应付账款   B. 在途物资

    C. 原材料   D. 应交税费—应交增值税

10. 下列应记入"制造费用"账户的费用有（　　）。

    A. 生产车间领用辅助材料

    B. 为车间机器正常运转领用润滑油

    C. 车间技术员小李的工资

    D. 行政管理费用

11. 下列应记入产品生产成本的有（　　）。

    A. 直接材料   B. 直接人工

    C. 制造费用   D. 营业费用

12. 下列不记入材料采购成本的有（　　）。

    A. 装卸搬运费   B. 采购人员工资

    C. 采购运输费   D. 车间设备折旧

五、实务练习

习题一

（一）目的

熟悉和掌握企业资金筹集经济业务的核算。

（二）资料

大华工厂 2018 年 9 月发生下列经济业务：

1．9 月 1 日，收到财政拨款 400 000 元，款项已存入开户银行，作为国家向大华工厂的投资。

2．9 月 10 日，向银行申请三个月期限的短期借款 500 000 元，已获批准，款项已划入银行存款账户。

3．9 月 15 日，国家以新建厂房建筑向企业投资，评估作价为 300 000 元。

4．9 月 20 日，企业将盈余公积 100 000 元转增资本。

5．9 月 22 日，企业收到投资者专利权投资，价值 200 000 元。

6．9 月 30 日，计提应由本月负担的长期借款利息 2000 元。

（三）要求

根据上述经济业务编制会计分录。

习题二

（一）目的

熟悉和掌握企业材料采购经济业务的核算。

（二）资料

大华工厂 2018 年 9 月发生下列材料采购业务：

1．9 月 9 日，向光明工厂购入甲材料 200 千克，每千克 16 元；乙材料 500 千克，每千克 4 元。货款及应交增值税暂欠。

2．9 月 13 日，以现金 350 元支付购入上述甲、乙材料的运杂费，运杂费按材料重量比例分摊。

3．9 月 18 日，向志强工厂购入甲材料 400 千克，每千克 15 元；乙材料 500 千克，每千克 4.4 元。货款及应交增值税 1066 元用银行存款支付，材料尚在运输途中。

4．9 月 21 日，用银行存款支付上述甲、乙材料的运杂费 315 元，运杂费按材料重量比例分摊。

5．9 月 24 日，用银行存款支付 1. 中光明工厂的材料款。

6．9 月 29 日，向振兴工厂购入甲材料 1000 千克，每千克 16 元，货款及应交增值税 2080 元用银行存款支付，材料尚在运输途中。

7．9 月 30 日，结转验收以上入库材料的实际采购成本。

（三）要求

1．根据 9 月份发生的经济业务编制会计分录。

2．计算甲、乙材料实际采购总成本和单位成本，并完成下表的编制。

材料采购成本计算表

编制单位：　　　　　　　　　　　　　　　　____年____月　　　　　　　　　　　　　　　　　单位：元

项目	甲材料		乙材料	
	总成本	单位成本	总成本	单位成本
买价				
运杂费				
合　　计				

习题三

（一）目的

熟悉和掌握企业产品生产经济业务的会计核算。

（二）资料

大华工厂 2018 年 9 月发生下列经济业务。

1. 9 月 8 日，用银行存款支付电力公司电费 10 000 元，其中生产 A 产品负担 4000 元，生产 B 产品负担 3000 元；车间照明用电 1000 元；行政管理部门用电 2000 元。

2. 9 月 9 日，用银行存款支付自来水公司水费 1000 元。其中生产车间应负担 700 元，行政管理部门应负担 300 元。

3. 9 月 9 日，用银行存款支付电话费 500 元。其中生产车间应负担 100 元，行政管理部门应负担 400 元。

4. 9 月 13 日，开出现金支票，从银行提取现金 32 000 元，准备发放工资。

5. 9 月 14 日，以现金支付本月职工工资 32 000 元。

6. 9 月 30 日，根据下表分配本月材料费用。

7. 9 月 30 日，分配本月职工工资，其中 A 产品生产工人工资 15 000 元、B 产品生产工人工资 12 000 元、车间管理人员工资 2000 元、厂部管理人员工资 3000 元。

8. 9 月 30 日，按上述工资总额的 14% 提取职工福利费。

9. 9 月 30 日，计提本月固定资产折旧 12 000 元，其中车间固定资产折旧 8000 元、厂部固定资产折旧 4000 元。

10. 9 月 30 日，将本月发生的制造费用按生产工时比例分别记入 A、B 产品的生产成本（A 产品生产 1300 工时，B 产品生产 1200 工时）。

11. 9 月 30 日，本月投产 A 产品 100 千克、B 产品 100 千克全部完工入库，结转完工产品实际生产成本。

原材料耗用汇总表

编制单位：　　　　　　　　　　　　　　___年___月　　　　　　　　　　　　　单位：元

部门及用途	原 材 料 称				合　计
	甲材料	乙材料	丙材料	丁材料	
A 产品耗用	100 000		15 000		115 000
B 产品耗用		50 000		4000	54 000
车间一般耗用	400				400
管理部门耗用	600				600
合　　计	101 000	50 000	15 000	4000	170 000

（三）要求

1. 根据 9 月发生的经济业务编制会计分录。

2. 编制制造费用分配表（格式如下）。

3. 计算完工 A、B 产品实际生产成本。

制造费用分配表

编制单位：　　　　　　　　　　　　　　___年___月　　　　　　　　　　　　　单位：元

产品名称	分配标准：产品生产工时	制造费用	
		分配率	分配额（元）
A 产品			
B 产品			
合　　计			

习题四

（一）目的

熟悉和掌握企业销售过程经济业务的会计核算。

（二）资料

大华工厂 2018 年 9 月"库存商品"账户月初余额 252 000 元，其明细账户资料如下：

A 产品：数量 40 吨，单位成本 4800 元，金额 192 000 元。

B 产品：数量 50 吨，单位成本 1200 元，金额 60 000 元。

9 月发生下列有关经济业务：

1. 9 月 10 日，生产完工 A 产品 110 吨，验收入库，单位成本 4500 元。

2. 9 月 12 日，销售给恒山工厂 A 产品 100 吨，每吨售价 5500 元，销项税款 71 500 元，收到该厂开出的 2 个月期商业承兑汇票一张。

3. 9 月 14 日，销售给恒山工厂 B 产品 40 吨，每吨售价 1800 元，销项税款

9360元，款项尚未收到。

4. 9月20日，受到客户所欠销售款129 150元，其中香山钢厂83 520元，武钢钢厂上月购买B产品45 630元，上述款项均已存入银行。

5. 9月22日，以银行存款支付广告费5000元。

6. 9月30日，计算并结转本月销售A、B产品的生产成本。

7. 9月30日，经计算本月应交城市维护建设税及附加3660元。

8. 9月30日，将本月各项收入及费用由损益类账户结转至"本年利润"账户。

（三）要求

1. 根据上述经济业务编制会计分录。

2. 计算A、B产品的销售成本。

习题五

（一）目的

熟悉和掌握利润形成、分配和资金退出经济业务的会计核算。

（二）资料

大华工厂9月30日有关总分类账户和明细分类账户的金额如下：

账 户	金 额	账 户	金 额
主营业务收入（贷）	330 000	销售费用（借）	2000
投资收益（贷）	74 000	管理费用（借）	67 200
		财务费用（借）	2000

该厂9月31日发生下列业务：

1. 结转已销售商品的生产成本211 260元。

2. 计算本月应负担的税金及附加4790元。

3. 企业批准将一笔无法支付的应付账款1530元转入"营业外收入"账户。

4. 没收逾期未退包装物押金1000元。

5. 结转固定资产清理损失2460元。

6. 将本月"主营业务收入""投资收益""营业外收入"账户余额转入"本年利润"账户。

7. 将本月"主营业务成本""销售费用""营业税金及附加""管理费用""财务费用""营业外支出"等账户余额转入"本年利润"账户。

8. 按本月利润总额25%的比例计提本月应交的所得税费用。

9. 将所得税费用账户余额转入"本年利润"账户。

10. 将全月净利润结转"利润分配"账户。

11. 按本月净利润的 20% 提取盈余公积。

12. 本月应付股利 40 000 元。

（三）要求

根据上述经济业务编制会计分录。

习题六

（一）目的

练习制造企业经营过程经济业务的会计核算

（二）资料

光明公司 2018 年 9 月发生如下经济业务：

1. 向星光厂购入甲材料 20 千克，每千克 1000 元；购入乙材料 20 千克，每千克 500 元，按 13% 收取增值税，货款、税款未付。

2. 以银行存款支付甲乙材料共同的运杂费 500 元，运杂费按材料重量比例分配。甲乙材料均已运到，验收入库，结转其实际采购成本。

3. 仓库发出甲材料 16 千克，每千克 1000 元，用于 A 产品生产；发出乙材料 8 千克，每千克 500 元，其中 6 千克用于 B 产品生产、2 千克用于车间一般性耗用。

4. 售给利民公司 A 产品 3000 件，每件售价 100 元；B 产品 4000 件，每件售价 50 元，货款、税款收到，存入银行。

5. 向银行提现 55 000 元，以备发放工资。

6. 以现金 55 000 元发放工资。

7. 结算本月职工工资，其中 A 产品生产工人工资 36 000 元、B 产品生产工人工资 9000 元、车间管理人员工资 5000 元、行政管理人员工资 5000 元。

8. 以银行存款支付本月产品广告费 10 000 元，预付下年度报刊订阅费 1200 元。

9. 预提应由本月份负担的银行借款利息 500 元。

10. 计提本月固定资产折旧 6000 元，其中车间固定资产应提折旧 4000 元、行政管理部门应提折旧 2000 元。

11. 以银行存款 600 元支付车间仪表修理费。

12. 将本月发生的制造费用按 A、B 产品生产工人工资比例分配计入生产成本。

13. 本月生产的 A 产品全部完工验收入库，结转其实际生产成本，B 产品尚未完工。

14. 结转本月已销产品成本 298 700 元，其中 A 产品销售成本为 179 220

元，B 产品销售成本 119 480 元。

15. 将本月收入转入"本年利润"账户。

16. 将本月费用支出转入"本年利润"账户。

17. 年终决算后，按 25%交纳所得税费用。

18. 将本年的所得税费用转入"本年利润"账户。

19. 按规定从净利润中提取法定盈余公积金 15 000 元，经研究决定给投资者分红 20 000 元，予以结转。

（三）要求

根据上述经济业务编制会计分录。

项目六

账户的分类

1. 了解账户的类别和特性。
2. 认识并掌握账户按照经济内容的分类。
3. 认识并掌握账户按照用途和结构的分类。

1. 能够将账户按照经济内容进行分类。
2. 能够将账户按照用途和结构进行分类，掌握每类账户的结构与特点。
3. 能够正确运用账户登记经济业务。

在企业生产经营过程中，为了准确核算经济业务，有效监督经营环节，取得经营管理的各项数据指标，就要设置和运用账户。每个账户有其特定的结构与核算内容。同时账户与账户之间既有区别，又有联系；既有个性，又有共性。通过对账户进行分类，可以认识每个账户的特性及与其他账户的共性和联系，以便在工作中正确灵活运用各类账户，建立账户体系，掌握账户提供核算指标的规律。通常，账户按经济内容和按用途与结构两类标准进行分类。

任务一　账户按经济内容分类

账户按照经济内容的分类，即是按照会计要素分类，是账户的基本分类。资产、负债、所有者权益、收入、费用和利润是会计的六大要素，是账户反映和监督会计对象的具体内容。会计实务中为了满足企业核算的需要，在分类时做了一些调整，主要有：利润最终会对所有者权益产生影响，构成所有者权益的一部分，将反映利润的账户并入所有者权益类账户；收入和费用都是反映当期损益的账户，将其归为一类——损益类账户；企业需要进行成本核算，如制造企业要进行产品成本核算，施工企业要进行工程成本核算，因而设置了专门的成本类账户；金融类企业需要核算共同性质业务的增减变动及其余额情况，设置了共同类账户。综上所述，账户按其所反映的经济内容，分为资产类账户、负债类账户、所有者权益类账户、成本类账户、损益类账户和共同类账户六大类。

一、资产类账户

资产类账户是反映企业各项资产增减变动及结果的账户。账户借方登记增加数，贷方登记减少数，余额一般在借方。按照资产动态及其在生产经营过程中的作用，分为两大类：

（一）流动资产账户

根据资产变现能力的强弱不同，包括：反映货币资金的账户，有"库存现金""银行存款""其他货币资金"等账户；反映短期金融资产的账户，有"交易性金融资产"等账户；反映债权结算的账户，有"应收账款""应收票据""预付账款""其他应收款"等账户；反映存货的账户，有"原材料""库存商品""委托加工物资""周转材料"等账户。

（二）反映非流动资产的账户

包括：反映企业长期金融资产的账户，有"长期股权投资""持有至到期投资""可供出售金融资产"等账户；反映固定资产的账户，有"固定资产""累计折旧""固定资产清理""固定资产减值准备""在建工程"等账户；反映无形资产的账户，有"无形资产""累计摊销""无形资产减值准备"等账户；反映其他资产的账户，如"长期待摊费用"。

二、负债类账户

负债类账户是反映企业各项债务增减变动及结果的账户。账户贷方登记增加数，借方登记减少数，余额一般在贷方。按照债务清偿的期限不同，分为两大类：

（一）反映流动负债的账户

主要有"短期借款""应付账款""应付票据""预收账款""应付职工薪酬""应交税费""其他应付款""应付利息""应付股利"等账户。

（二）反映非流动负债的账户

主要有"长期借款""应付债券""长期应付款"等账户。

三、所有者权益类账户

所有者权益类账户是反映企业投资人对企业净资产享有权益的增减变动及

结果情况的账户。账户贷方登记增加数，借方登记减少数，余额一般在贷方。按照形成来源不同，分成三类：

1. 反映所有者原始投资的账户。主要有"实收资本"（或"股本"）账户。

2. 反映所有者投资增值和积累的账户。主要有"资本公积""盈余公积"等账户。

3. 反映所有者收益及分配的账户。主要有"本年利润""利润分配"等账户。

四、成本类账户

成本类账户是反映企业产品生产成本和劳务成本增减变动及结果情况的账户。账户借方登记增加数，贷方登记减少数或转销数。主要有"生产成本""劳务成本""制造费用""研发支出"等账户。

成本类账户和资产类账户有着密切的联系。资产的耗用会转化为成本费用，成本类账户的期末借方余额属于企业的资产。如"生产成本"的期末借方余额，表示期末在产品的成本，在资产负债表的存货项目中列示，是企业的流动资产。"研发支出"期末借方余额为企业自行开发无形资产的成本，在资产负债表的开发支出项目中列示，是企业的非流动资产。所以，从某种意义上说，成本类账户也是资产类账户。

五、损益类账户

损益类账户，也是利润表账户，是反映企业当期收入、费用和支出的账户。根据构成内容的不同，分为两类：

（一）收入类账户

账户贷方登记增加数，借方登记结转到"本年利润"账户的数额，期末没有余额。主要有"主营业务收入""其他业务收入""投资收益""营业外收入"等账户。

（二）费用、支出类账户

账户借方登记费用、支出的增加数，贷方登记结转到"本年利润"账户的数额，期末没有余额。主要有"主营业务成本""其他业务成本""营业税金及附加""销售费用""管理费用""财务费用""营业外支出""所得税费用"等账户。

六、共同类账户

共同类账户多为金融、保险、投资、基金等行业使用，是反映既有资产性质，又有负债性质这种共同性质业务的增减变动及结果情况的账户。账户期末余额在借方，表示是资产类账户；期末余额在贷方，表示是负债类账户。有"清算资金往来""货币兑换""衍生工具""套期工具""被套期项目"等账户。

账户按经济内容分类如表6-1。

表6-1 账户按经济内容分类

账户类别		账户名称
资产类	流动资产 反映货币资金	库存现金、银行存款、其他货币资金
	反映短期金融资产	交易性金融资产
	反映债权结算	应收账款、应收票据、预付账款、其他应收款、应收利息、应收股利、坏账准备
	反映存货	原材料、库存商品、委托加工物资、周转材料
	非流动资产 反映长期金融资产	长期股权投资、持有至到期投资、可供出售金融资产
	反映固定资产	固定资产、累计折旧、固定资产清理、固定资产减值准备、在建工程
	反映无形资产	无形资产、累计摊销、无形资产减值准备
	反映其他资产	长期待摊费用
负债类	反映流动负债	短期借款、应付票据、应付账款、预收账款、应付职工薪酬、应交税费、其他应付款、应付利息、应付股利
	反映非流动负债	长期借款、应付债券、长期应付款
所有者权益类	反映原始投资	实收资本（股本）
	反映投资增值和积累	资本公积、盈余公积
	反映所有者收益及其分配	本年利润、利润分配
成本类		生产成本、制造费用、劳务成本、研发支出
损益类	收入类	主营业务收入、其他业务收入、投资收益、营业外收入
	费用类	主营业务成本、其他业务成本、营业税金及附加、销售费用、管理费用、财务费用、营业外支出、所得税费用
共同类		清算资金往来、货币兑换、衍生工具、套期工具、被套期项目

任务二 账户按用途与结构分类

账户用途，是指账户的设置目的，即账户记录能够提供什么样的核算指标和资料；账户结构是指在账户中如何取得核算资料，即借方和贷方分别登记什么，其期末余额是在借方或贷方，分别有何含义。

账户按用途和结构的分类，是在账户按经济内容分类的基础上，对用途和结构基本相同的账户进行的适当归类，有利于明确各个账户不同的使用方法和具体作用。

账户按用途和结构，分为以下八大类：

一、盘存账户

盘存账户是用来核算和监督企业各项财产物资和货币资金增减变动及实有数的账户。典型账户有"原材料""库存商品""库存现金""银行存款""固定资产"等。账户借方登记各项财产物资和货币资金的增加数，贷方登记其减少数，余额一般在借方，表示期末各项财产物资和货币资金的结存数。盘存账户可以通过实物盘点，核对财产物质和货币资金的实存数同账存数是否相符。

盘存账户结构如表 6-2 所示。

表 6-2   盘存账户结构表

借方	盘存账户	贷方
期初余额：财产物资或货币资金期初实有数		
本期发生额：财产物资或货币资金的本期增加数	本期发生额：财产物资或货币资金的本期减少数	
期末余额：财产物资或货币资金期末实有数		

二、结算账户

结算账户是用来核算和监督企业与其他单位或个人之间债权债务结算情况的账户。根据结算业务的性质不同，分为资产结算账户、负债结算账户和资产负债结算账户三种。

（一）资产结算账户

又称债权结算账户，是用来核算和监督企业各种应收款项的账户，即反映和监督企业债权的增减变动和实有数额的账户。典型账户有"应收账款""应收票据""其他应收款"等。账户借方登记应收款项的增加数，贷方登记应收款项的减少数，余额在借方，表示尚未收回应收款项的数额。账户需要定期核对往来账目，以保证账账相符，只以货币计量。

资产结算账户结构如表 6-3 所示。

表 6-3   资产结算账户结构表

借方	资产结算账户	贷方
期初余额：应收款项的期初实有数		
本期发生额：应收款项本期增加数	本期发生额：应收款项本期减少数	
期末余额：期末尚未收回应收款项的数额		

（二）负债结算账户

又称债务结算账户，是用来核算和监督各项应付款项的账户，即核算和监督企业债务的增减变动和实有数额的账户。典型账户有"短期借款""应付账款""应付票据""其他应付款""应付职工薪酬""应交税费""应付股利""长期借款"等。账户贷方登记应付款项的增加数，借方登记应付款项的减少数，余额在贷方，表示尚未偿付的应付款项数额。账户需要定期核对往来账目，以保证账账相符，只以货币计量。

负债结算账户结构如表6-4所示。

表6-4 负债结算账户结构表

借方	负债结算账户	贷方
		期初余额：应付款项的期初实有数
本期发生额：应付款项的本期减少数		本期发生额：应付款项的本期增加数
		期末余额：期末尚未偿还应付款项的数额

（三）资产负债结算账户

资产负债结算账户又称债权债务结算账户，是一个在账户中既反映债权增减变动情况，又反映债务增减变动情况的双重性质的结算账户。典型账户有"应收账款""应付账款"等。当企业的预收、预付款项业务不多时，有的企业不单独设置"预收款项"和"预付款项"账户，而是通过"应收账款"账户核算预收款项业务，通过"应付账款"账户核算预付款项业务。这样，"应收账款"和"应付账款"就成为双重性质结算账户。账户借方登记应收款项和预付款项的增加数或应付款项和预收款项的减少数，贷方登记应付款项和预收款项的增加数或应收款项和预付款项的减少数。期末余额可能在借方也可能在贷方，在借方表示企业拥有的债权，属于资产性质；在贷方表示企业承担的债务，属于负债性质。余额含义要从两个层次理解，如果是明细账余额，借方余额表示尚未收回的应收款项，贷方余额表示尚未偿还的应付款项；如果是总账余额，借方余额表示应收款项大于应付款项的差额，贷方余额表示应付款项大于应收款项的差额。

资产负债结算账户结构如表6-5所示。

表 6-5　资产负债结算账户结构表

借方	资产负债结算账户	贷方
期初余额：应收款项大于应付款项的期初差额	期初余额：应付款项大于应收款项的期初差额	
本期发生额：应收款项和预付款项的本期增加数或应付款项和预收款项的本期减少数	本期发生额：应付款项和预收款项的本期增加数或应收款项和预付款项的本期减少数	
期末余额：应收款项大于应付款项的期末差额	期末余额：应付款项大于应收款项的期末差额	

三、资本账户

　　资本账户又称所有者权益类账户，是用来核算和监督企业所有者权益的增减变化及结存情况的账户。典型账户有"实收资本""资本公积""盈余公积"等。账户贷方登记所有者权益的增加数，借方登记所有者权益的减少数，余额在贷方，表示所有者权益的实有数，只以货币计量。

　　资本账户结构如表 6-6 所示。

表 6-6　资本账户结构表

借方	资本账户	贷方
		期初余额：所有者权益的期初实有数
本期发生额：所有者权益的减少数		本期发生额：所有者权益的增加数
		期末余额：所有者权益的期末实有数

四、集合分配账户

　　集合分配账户是用来汇集经营过程中某一阶段所发生的有关费用，然后按一定标准在一定的核算对象间加以分配的账户。典型账户是"制造费用"。账户借方登记费用的发生数，贷方登记费用的分配数，期末一般无余额，只以货币计量。

　　集合分配账户结构如表 6-7 所示。

表6-7 集合分配账户表

借方	集合分配账户	贷方
本期发生额：归集经营过程中某一方面费用的本期发生数期末无余额		本期发生额：本期中按一定标准在一定对象间分配的费用数

小思考

通过本章第一节的学习，我们知道"坏账准备""累计折旧""累计摊销"是资产类账户，资产类账户的余额一般在借方，而"坏账准备""累计折旧""累计摊销"账户的余额却在贷方，这如何理解呢？

五、调整账户

调整账户是用来调整被调整账户的余额，以确定被调整账户实际余额的账户。

在会计核算中，鉴于管理上的需要，某些会计要素需要开设两个账户来进行登记反映，一个账户用来记录会计要素的原始数据，另一个账户用来记录该项会计要素原始数据的调整数据。前者称为被调整账户，后者称为调整账户。将原始数据同调整数据相加或相减，可求得被调整后的实际余额。调整账户和被调整账户是不可分割的有机整体，两者同时运用才能完整、准确地反映同一会计要素不同方面的结存情况。

调整账户按其调整方式不同，分为备抵调整账户、附加调整账户和备抵附加调整账户三种。

（一）备抵调整账户

是用来抵减被调整账户的余额，以求得被调整账户实际余额的账户。

调整方式：

被调整账户余额 - 备抵调整账户余额 = 被调整账户实际余额

特点是调整账户与被调整账户期末余额方向相反。

典型账户有"累计折旧""利润分配"账户等。"累计折旧"账户是"固定资产"账户的备抵调整账户；"利润分配"账户是"本年利润"账户的备抵调整账户，两者关系如表6-8所示。

表6-8　固定资产账户与累计折旧账户关系表

被调整账户

借方	固定资产	贷方
期末余额	1 000 000	

调整账户

借方	累计折旧	贷方
		期末余额　200 000

固定资产净值 = 1 000 000 - 200 000 = 800 000（元）

（二）附加调整账户

是用来增加被调整账户余额，以求得被调整账户实际余额的账户。

调整方式：

被调整账户余额 + 附加调整账户余额 = 被调整账户实际余额

特点是被调整账户与调整账户期末余额方向相同。

典型账户是"债券溢价"，例如：企业溢价发行债券，发行时按债券票面价值贷记"应付债券——债券面值"账户，溢价金额贷记"应付债券——债券溢价"账户，"债券溢价"二级账户是"债券面值"二级账户的附加账户，两者期末贷方余额之和为该项债券的实际余额。

（三）备抵附加调整账户

是同时具备备抵和附加两种调整职能的双重性质账户。当调整账户余额方向与被调整账户余额方向相同时，二者是相加关系，为附加调整账户；当调整账户余额方向与被调整账户余额方向相反时，二者是相减关系，为备抵调整账户。典型账户有"材料成本差异"账户等。

当"材料成本差异"账户余额在借方时，是"原材料"账户的附加调整账户，此时，原材料实际数额 = "原材料"账户余额 + "材料成本差异"账户余额；当"材料成本差异"账户余额在贷方时，是"原材料"账户的备抵调整账户，此时，原材料实际数额 = "原材料"账户余额 - "材料成本差异"账户余额。

六、成本计算账户

成本计算账户是归集生产经营过程中某一阶段所发生的全部费用，并据以计算其实际成本的账户。典型账户有"在途物资""生产成本""劳务成本"等。账户借方登记应计入成本的全部费用，贷方登记转出已完工产品的实际成本，期末余额在借方，表示尚未完成的成本计算对象的实际成本。

以"生产成本"账户为例，列示成本计算账户结构，如表6-9所示。

表6-9 成本计算账户结构表

成本计算账户

借方	生产成本	贷方
期初余额：期初在产品和半成品的成本		
本期发生额：本期发生的生产费用	本期发生额：转出本期已完工产品的实际成本	
期末余额：尚未完工在产品的实际成本		

七、暂记账户

暂记账户是用来核算和监督企业财产清查中发生的盘盈、盘亏和毁损业务的账户，是一种临时过渡性账户。当企业遇到尚未确定处理意见的经济业务时，可用暂记账户来记录和监督，待到处理意见明确后，再转入其他相应账户。典型账户是"待处理财产损溢"账户，结构如表6-10所示。

6-10 待处理财产损溢账户结构表

借方	待处理财产损溢	贷方
期初余额：期初尚未批准转账的财产物资盘亏、毁损数减去盘盈数的净损失	期初余额：期初尚未批准转账的财产物资盘盈数减去盘亏、毁损数的净溢余	
本期发生额：本期发生财产物资的盘亏、毁损数；报经批准转账的财产物资盘盈数	本期发生额：本期发生财产物资的盘盈数；报经批准转账的财产物资盘亏、毁损数	
期末余额：期末尚未批准转账的财产物资盘亏、毁损数减去盘盈数的净损失	期末余额：期末尚未批准转账的财产物资盘盈数减去盘亏毁损数的净溢余	

八、财务成果账户

财务成果账户是用来核算和监督企业在一定会计期间内全部经营成果的账户，即利润或亏损情况的账户。企业一定会计期间内利润或亏损的确定，主要取决于收入、成本、费用、税金等因素和最终的损益汇总计算，所以财务成果账户分为以下三类。

（一）收入账户

收入账户是用来核算和监督企业在一定会计期间内取得的各种收入和利得的账户。典型账户有"主营业务收入""其他业务收入""营业外收入""投资收益"等。账户贷方登记已实现的各种收入，借方登记期末转入"本年利润"账户的数额，期末一般没有余额，账户结构如表 6-11 所示。

表 6-11　收入账户结构表

借方　　　　财务成果账户——收入（收益）类　　　　贷方	
本期发生额：期末转入"本年利润"账户的数额	本期发生额：本期实现的收入
	期末无余额

（二）费用账户

费用账户是用来核算和监督企业在一定会计期间内所发生的应计入当期损益的各种费用支出的账户。典型账户有"主营业务成本""销售费用""税金及附加""管理费用""财务费用""其他业务成本""营业外支出"等。账户借方登记发生的费用和支出，贷方登记期末转入"本年利润"账户的金额，期末一般没有余额，账户结构如表 6-12 所示。

表 6-12　费用账户结构表

借方　　　　财务成果账户——费用（成本）类　　　　贷方	
本期发生额：本期为实现收入而发生的成本费用	本期发生额：期末转入"本年利润"账户的数额
期末无余额	

（三）财务成果计算账户

财务成果计算账户是用来汇总企业在一定会计期间内全部经营活动最终成果的账户。典型账户是"本年利润"。账户借方登记期末从费用类账户贷方转入的各项费用、支出，贷方登记期末从收入类账户借方转入的各项收入。期末余额在借方，表示企业发生的亏损总额，期末余额在贷方，表示企业获得的利润总额，账户结构如表 6-13 所示。

表 6-13　财务成果计算账户结构表

借方	本年利润	贷方
本期发生额：转入本期的各项费用		本期发生额：转入本期的各项收入
期末余额：本期发生的亏损总额		期末余额：本期实现的利润总额

账户按用途和结构分类如表 6-14。

表 6-14　账户按用途和结构分类

账户类别		账户名称
盘存账户		原材料、库存现金、银行存款、在途物资、固定资产等
结算账户	资产结算账户	应收账款、应收票据、其他应收款等
	负债结算账户	应付账款、应付票据、预收账款、短期借款、长期借款、应付职工薪酬、应交税费、应付股利、应付利息、应付债券、长期应付款等
	资产负债结算账户	应收账款、应付账款等
资本账户		实收资本、资本公积、盈余公积等
集合分配账户		制造费用
调整账户	备抵调整账户	累计折旧、坏账准备、存货跌价准备、固定资产减值准备等
	附加调整账户	债券溢价等
	备抵附加调整账户	材料成本差异、商品进销差价、交易性金融资产——公允价值变动、持有至到期投资——利息调整、应付债券——利息调整等
成本计算账户		在途物资、生产成本、劳务成本、在建工程等
暂记账户		待处理财产损溢
财务成果账户	收入账户	主营业务收入、其他业务收入、营业外收入、投资收益等
	费用账户	主营业务成本、销售费用、税金及附加、管理费用、财务费用、其他业务成本、营业外支出等
	财务成果计算账户	本年利润

职业能力训练

一、单项选择题

1. 账户按用途和结构分类，下列属于成本计算账户的是（　　　）。

A. 生产成本　　　　　　　　　　　B. 主营业务成本

C. 其他业务成本　　　　　　　　　D. 财务费用

2. 账户按用途和结构分类，下列属于债务结算账户的是（　　　）。

A. 预付账款　　　　　　　　　　　B. 应收账款

C. 预收账户　　　　　　　　　　　D. 应收利息

3. 账户按用途和结构分类，下列属于集合分配账户的是（　　　）。

A. 生产成本　　　　　　　　　　　B. 管理费用

C. 营业费用　　　　　　　　　　　D. 制造费用

4. 账户按用途和结构分类，"预付账款"属于下列（　　　）账户。

A. 资产结算　　　　　　　　　　　B. 负债结算

C. 资产负债结算　　　　　　　　　D. 附加调整

5. 账户按用途和结构分类，下列属于备抵账户的是（　　　）。

A. 累计折旧　　　　　　　　　　　B. 应收账款

C. 固定资产　　　　　　　　　　　D. 无形资产

6. 账户按用途和结构分类，属于备抵附加调整账户的是（　　　）。

A. 坏账准备　　　　　　　　　　　B. 材料成本差异

C. 累计折旧　　　　　　　　　　　D. 存货减值准备

7. 按经济内容分类，"资本公积"账户属于（　　　）账户。

A. 盘存　　　　　　　　　　　　　B. 资本

C. 所有者权益　　　　　　　　　　D. 负债

8. 账户按用途和结构分类，下列不属于财务成果账户的是（　　　）。

A. 生产成本　　　　　　　　　　　B. 财务费用

C. 营业外收入　　　　　　　　　　D. 本年利润

9. 账户按（　　　）分类是最基本的分类。

A. 用途　　　　　　　　　　　　　B. 结构

C. 性质　　　　　　　　　　　　　D. 经济内容

10. 不单独设置"预付账款"账户的企业，发生预付货款业务时，应记入（　　　）账户。

A. 应收账款　　　　　　　　　　　B. 应付账款

C. 预收账款　　　　　　　　　　　D. 其他应付款

二、多项选择题

1. 下列账户按经济内容分类，属于成本类账户的有（　　　）。

A. 管理费用　　　　　　　　　　　B. 生产成本

C. 主营业务成本　　　　　　　　　D. 制造费用

2. 账户按用途和结构分类，下列属于盘存账户的有（　　　）。

A. 固定资产   B. 主营业务成本

C. 原材料   D. 银行存款

3. 账户按用途和结构分类，下列属于债权结算账户的有（　　　）。

A. 预付账款   B. 应付股利

C. 预收账户   D. 其他应收款

4. 账户按用途和结构分类，下列属于双重性质账户的有（　　　）。

A. 应收账款   B. 本年利润

C. 待处理财产损溢   D. 材料成本差异

5. 账户按经济内容分类，下列属于损益类账户的有（　　　）。

A. 管理费用   B. 营业外收入

C. 制造费用   D. 本年利润

6. 账户按用途和结构分类，下列属于备抵调整账户的有（　　　）。

A. 累计折旧   B. 利润分配

C. 固定资产   D. 无形资产

7. 账户按用途和结构分类，下列属于资产结算账户的有（　　　）。

A. 应收票据   B. 应付职工薪酬

C. 在建工程   D. 其他应收款

8. 账户的用途是指（　　　）。

A. 通过账户记录提供什么核算指标

B. 反映账户期末余额的内容

C. 开设和运用账户的目的

D. 怎样记录经济业务

9. 账户按用途和结构分类，下列属于被调整账户的有（　　　）。

A. 固定资产   B. 原材料

C. 应收账款   D. 库存商品

10. 账户按用途和结构分类，下列属于调整账户的有（　　　）。

A. 累计折旧   B. 材料成本差异

C. 坏账准备   D. 商品进销差价

三、判断题（正确的在括号内打"√"，错误的在括号内打"╳"）

1. 账户按会计要素分类是最基本、最主要的分类。（　　）

2. 按经济内容分类，"本年利润"属于所有者权益类账户。（　　）

3. 账户按用途和结构分类，"生产成本"应属于盘存账户或者成本计算账户。（　　）

4. "固定资产"是调整账户，"累计折旧"是被调整账户。（　　）

5. 调整账户与其被调整账户所反映的经济内容相同。（　　　）

6. 属于所有者权益类的所有账户，按用途和结构分类都属于资本账户。（　　　）

7. 盘存账户的特点是有实物资产存在，并有期末余额的账户。（　　　）

8. "材料成本差异"账户有借方余额时为附加账户，有贷方余额时为备抵账户，所以"材料成本差异"账户是备抵附加调整账户。（　　　）

9. 按经济内容分类，"应付账款"属于负债类账户，但在出现借方余额时，也可以属于资产类账户。（　　　）

10. 账户按用途和结构分类时，同一账户不能归为其他类中，也就是不能交叉分类。（　　　）

四、简答题

1. 账户按照经济内容可以分为哪几大类？每一大类又包括哪几小类？

2. 账户按照用途和结构可以分为哪几大类？每一大类又包括哪几小类？

3. 试述调整账户的内容。

4. 试述结算账户的内容。

填制会计凭证

1. 了解会计凭证的概念、种类和作用。
2. 掌握原始凭证与记账凭证的基本内容、填制方法和审核要求。
3. 清楚会计凭证的传递和保管。

1. 能够填制和审核常用的原始凭证。
2. 能够根据原始凭证，判断其所反映的经济业务类型。
3. 能够填制和审核收款凭证、付款凭证、转账凭证。

任务一　认识会计凭证

一、会计凭证的概念和意义

会计凭证是记录经济业务发生或完成情况，明确经济责任，以一定格式编制，作为登记账簿的书面证明。

任何单位发生的每一项经济业务，都要进行记录，反映经济业务的具体情况，明确经济责任，并为进一步登记账簿和编制报表提供依据。《会计法》第9条第1款规定，"各单位必须根据实际发生的经济业务事项进行会计核算，填制会计凭证，登记会计账簿，编制财务会计报告"。可见，记录经济业务的载体是"会计凭证——会计账簿——会计报表"，而填制和审核会计凭证，是这一会计核算程序的起点和基础，也是会计核算方法之一。

填制和审核会计凭证是如实反映和有效监督经济活动的一种专门的核算方

法。它对于保证会计核算工作正常进行，有效监督经济业务的合理性和合法性，实现会计职能，充分发挥会计的作用，具有十分重要的意义，具体表现为：

1. 如实记录经济业务，保证会计核算的准确性。任何企业在处理任何经济业务时，都必须办理凭证手续。会计人员通过会计凭证这一核算方法对日常大量、分散的经济业务进行整理、分类、汇总，并通过会计处理获取对经营管理有用的会计信息，因此会计凭证所记载的内容是否真实、完整、准确、及时，对于保证会计信息质量具有至关重要的影响。只有按照要求认真填制、并严格履行审核手续的会计凭证，才能为登记账簿提供真实、完整、准确的依据，保证会计核算资料的准确性。

2. 审核会计凭证，发挥会计监督职能。在取得或填制会计凭证之后、登记账簿之前，都会由专门的会计人员对会计凭证进行逐笔审核，以检查和监督经济业务的真实性、合法性、合理性，充分发挥会计的监督作用。

（1）检查每笔经济业务是否真实，是否符合国家有关法律、法规、制度等的规定；

（2）检查每笔经济业务是否符合企业的经营目标、收支计划、财务预算；

（3）检查有无贪污挪用、铺张浪费等行为。

通过对会计凭证的审核，保证会计资料的真实性，严肃财经纪律，改善经营管理。

3. 明确经济责任，加强经济责任制。由于会计凭证记录了经济业务发生的时间、单位、名称、金额、数量等具体内容，并由相关部门和人员签名、盖章，这就要求相关部门和人员对发生经济活动的真实性、合法性、准确性负责，严格执行财经纪律，按有关政策、法令办事。如果出现问题，可根据会计凭证明确责任，进行正确的裁决和处理。

二、会计凭证的种类

会计凭证按其用途和填制程序的不同，分为原始凭证和记账凭证两大类。

（一）原始凭证

又称原始单据，是在每项经济业务发生或完成时，填制或取得的。原始凭证记录的是经济信息，是会计核算的原始资料和重要依据，是编制记账凭证的依据，是会计核算工作的基础。

（二）记账凭证

是根据审核无误的原始凭证编制的，并将原始凭证作为记账凭证的附件。记账凭证记录的是会计信息，是登记账簿的直接依据，是会计核算工作的起点。

任务二 填制原始凭证

一、原始凭证的概念

原始凭证俗称单据，是在经济业务发生时取得或填制的，用以记录和证明经济业务的发生或完成情况，具有法律效力的原始证明。它是组织会计核算的原始资料和依据，任何单位发生经济业务，都必须取得或填制原始凭证。

能够证明经济业务发生或完成情况的书面证明，如收料单、发票、银行结算凭证等，都是原始凭证；而不能证明经济业务执行或完成的凭证，如购货计划、银行对账单、购销合同等，不能算作原始凭证，也不能作为会计核算的依据。

二、原始凭证的分类

（一）原始凭证按其取得来源的不同，分为外来原始凭证和自制原始凭证

1. 外来原始凭证，是在经济业务发生或完成时，从其他单位或个人那里直接取得的，证明经济业务发生或完成的书面证明。如购货时供应单位开出的"发票"（图7-1）、增值税专用发票（图7-2）、缴税时由税务部门开出的完税凭证、付款时由收款单位或个人开出的"收据"、铁路航空等运输部门的火车票、机票等，都是外来原始凭证。外来原始凭证具有一次完成的特点，只能是一次性凭证。

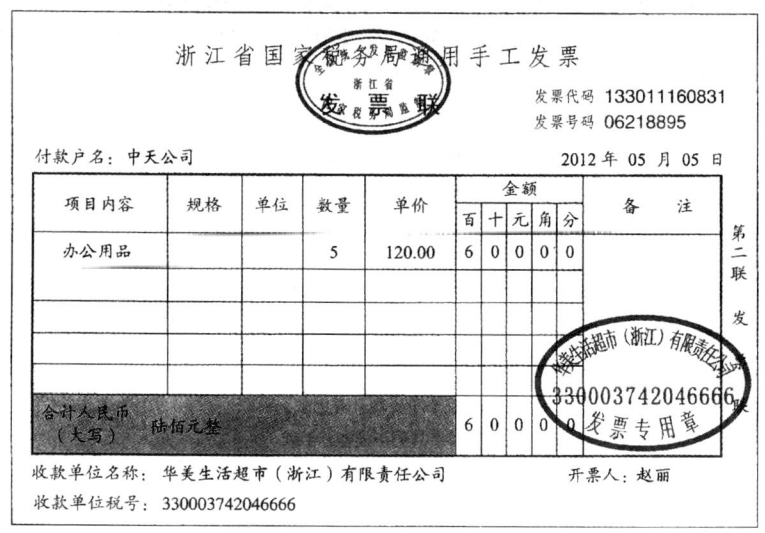

图7-1 供应单位普通发票。（一般为三联：存根联、发票联和记账联）

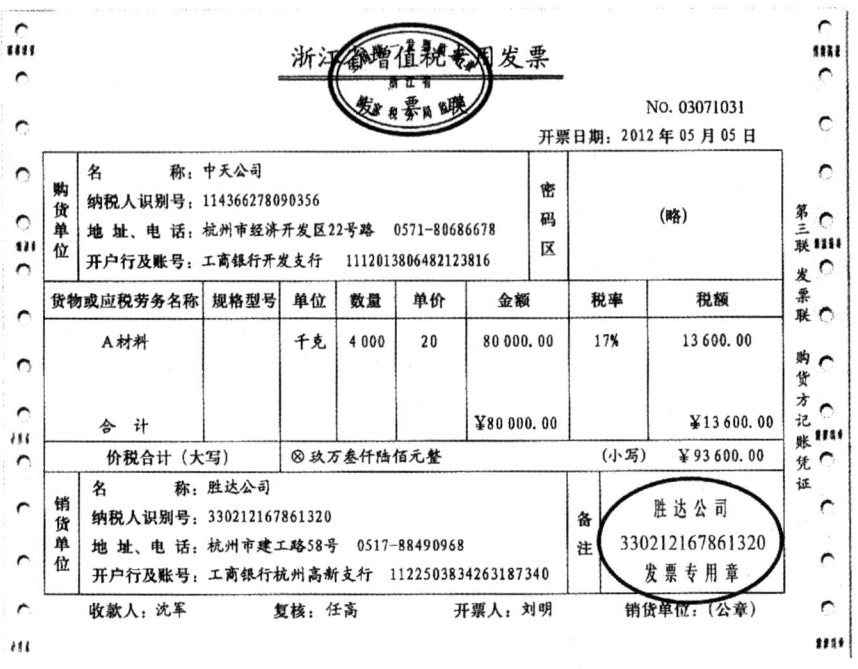

图 7-2   增值税专用发票。（一般为三联：发票联、抵扣联和记账联）

2. 自制原始凭证，是由本单位内部经办业务的部门或人员在经济业务发生或完成后，根据经济业务内容自行填制的凭证。如验收材料时填制的"收料单"（表 7-1），领用或发出材料时填制的"领料单"，产品入库时填制的"产品入库单"，出差人员填制的"差旅费报销单"等。

表 7-1   收料单

年   月   日

供货单位   凭证编号
发票号码   收料仓库

材料编号	材料规格及名称	计量单位	数　量		价　格	
			应　收	实　收	单　价	金额
备　注					合　计	

仓库负责人　　　　　记账　　　　　仓库保管　　　　　收料

自制原始凭证按其填制手续不同，又分为一次凭证和累计凭证。

（1）一次凭证，填制手续是一次完成的，只反映一项经济业务或同时反映若干项同类性质经济业务的原始凭证。外来原始凭证都是一次凭证，如"现金收据""发票""进账单"等，自制原始凭证中也有一次凭证，如"收料单""领料单""差旅费报销单"等。

（2）累计凭证，指在一段时期内，在同一张凭证上连续、累计登记若干项不断发生的同类经济业务，并把期末累计数作为记账依据的一种原始凭证。它主要适用于经常重复发生的同类经济业务，其填制手续是随着经济业务的发生而多次进行的。如工业企业的"限额领料单"（表7-2）。

表7-2 限额领料单

（企业名称）

限额领料单

2003 年 10 月   编号：2345

领料单位：一车间   用途：B 产品   计划产量：5000 台

领料编号：102045   名称规格：16m/m 圆钢   计量单位：公斤

单价：4.00 元   消耗定量：0.2 公斤/台   领用限额：1000

××年		请 领		实 发				
月	日	数量	领料单位负责人	数量	累计	发料人	领料人	限额结余
10	5	200	张勇	200	200	李杰	王心	800
10	10	100	张勇	100	300	李杰	王心	700
10	15	300	张勇	300	600	李杰	王心	400
10	20	100	张勇	100	700	李杰	王心	300
10	25	150	张勇	150	850	李杰	王心	150
10	31	100	张勇	100	950	李杰	王心	50

累计实发金额（大写）叁仟捌佰元整   ￥3800

供应生产部门负责人（签章）生产计划部分负责人（签章）仓库负责人（签章）

（二）原始凭证按其用途不同，分为通知凭证、执行凭证和计算凭证

1. 通知凭证是指通知、要求、指示或命令企业进行某项经济业务的原始凭证。如"付款通知单""罚款通知单"等。

2. 执行凭证，也叫证明凭证，是证明某项经济业务已经完成的原始凭证。如"销货发票""产品入库单""领料单""发货单"等。

3. 计算凭证又称手续凭证，是根据相关的原始凭证和会计核算资料进行计算而编制的原始凭证，编制的目的是进一步获得会计核算和经营管理需要的有

关会计信息。如"产品成本计算单""制造费用分配表""工资计算表"等。

（三）原始凭证按其格式不同，分为通用原始凭证和专用原始凭证

1. 通用原始凭证是指有关部门统一印制，在一定范围内具有统一格式和适用方法的凭证。这里的一定范围，可以是全国范围，也可以是某省、某市、某地区或某系统。如由国家税务局统一印制的全国通用的增值税专用发票、某省（市）印制的在该省（市）使用的发票、由人民银行制作的在全国通用的银行转账结算凭证、某一地区统一印制的"收款收据"等。

2. 专用原始凭证是指某些单位自行印制，仅在本单位使用的具有特定内容和专门用途的原始凭证。如"差旅费报销单""收料单""领料单""工资分配表""折旧计算表"等。

（四）原始凭证按其填制经济业务的数量多少，分为单项原始凭证和汇总原始凭证

1. 单项原始凭证是只记录一项经济业务的凭证。

2. 汇总原始凭证是为了简化记账凭证的编制工作，将一定时期内若干张同类经济业务的原始凭证汇总编制而成的一种凭证，如"发料凭证汇总表"（表7-3）"商品销售汇总表""工资汇总表"等。

表 7-3　发料凭证汇总表

年　月　日

会计科目	领料部门	原材料	燃料	低值易耗品	合计
基本生产成本	A 产品				
	B 产品				
	小计				
辅助生产成本	供电车间				
	锅炉车间				
	小计				
制造费用	一车间				
	二车间				
	小计				
管理费用	厂部一般耗用				
销售费用	销售部门				
合计					

会计负责人　　　　　　　　　　　　复核　　　　　　　　　　　　制表

以上分别按来源、用途、格式和业务数量四类标准对原始凭证进行了分类，它们之间既相互联系又相互依存。例如"收料单"既是一次性的自制原始凭证，又是执行凭证，同时它也是专用原始凭证和单项原始凭证。

原始凭证的分类如表7-4。

表7-4 原始凭证分类表

分类依据	类 别		举 例
来源不同	外来原始凭证		购货发票、付款收据、火车票等
	自制原始凭证	一次凭证	收料单、领料单、产品入库单、差旅费报销单等
		累计凭证	限额领料单等
用途不同	通知凭证		付款通知单、罚款通知单等
	执行凭证		发货单、收料单等
	计算凭证		产品成本计算单、制造费用分配表、工资计算表等
格式不同	通用原始凭证		增值税专用发票、银行转账结算凭证等
	专用原始凭证		差旅费报销单、收料单、折旧计算表等
经济业务数量不同	单项原始凭证		收据、领料单等
	汇总原始凭证		发料凭证汇总表、商品销售汇总表等

三、原始凭证的基本内容

1. 原始凭证的名称。

2. 填制凭证的日期和编号。

3. 填制和接受凭证单位的名称。

4. 经济业务的基本内容，包括数量、单价、金额等。

5. 填制单位和经办人员的签名或盖章。从外单位取得的原始凭证，应盖有填制单位的发票专用章或财务专用章。

各类原始凭证尽管格式不同，但都具备以上五大要素。五大要素缺一不可，否则原始凭证将失去法律效力。

四、原始凭证的填制要求

为正确、完整、及时、清晰地记录经济活业务，提高会计信息质量，保证其法律效力，原始凭证必须严格按照如下要求填制：

（一）真实可靠

在取得或填制原始凭证时，应当如实记录各项经济业务的实际发生或完成情况，不允许有任何与事实不符的情况。凭证上的日期、经济业务内容必须真实可靠，符合国家有关政策、法规、制度的要求；数字计算要准确无误，不得估算或匡算；不得弄虚作假，更不得伪造凭证。

（二）填制及时

当经济业务发生或完成时，有关部门和人员必须及时填制原始凭证，不得拖延、积压，并按规定程序及时将原始凭证送交有关会计部门，以便审核后及时记账。

（三）内容完整

要求严格按照凭证规定的格式和内容逐项填写经济业务的完成情况，所有项目必须填写齐全，不能省略或漏填。如果项目填写不全，则不能作为经济业务的合法证明，也不能作为有效的会计凭证。

（四）手续完备

单位自制的原始凭证必须有经办业务部门和人员的签名盖章；对外开出的原始凭证必须加盖本单位签章；外来的原始凭证，必须有填制单位签章；从个人处取得的原始凭证，必须有填制人员的签名或盖章。

（五）填写规范

1. 原始凭证的填写必须用蓝色或黑色碳素笔，书写都要规范、流畅、清楚，不得涂改、刮擦、挖补。

2. 一式几联的发票和收据，必须用双面复写纸套写。

3. 原始凭证上的文字和数字，文字要简要，不得使用未经国务院颁布的简化字。阿拉伯数字要逐个填写，不得连写。

4. 小写金额前要冠以人民币符号（用外币计价、结算的凭证，金额前应标明外币符号），中间不留空位，金额数字一律填写到角分，无角分的，角位和分位可写"00"或符号"—"；有角无分的，分位应写"0"，不得用符号"—"代替。

5. 大写金额与小写金额必须保持一致。大写金额前也要加注"人民币"字样，"人民币"字样与大写数字之间不得留空。大写金额数字，一律用正楷字或行书字书写，如壹、贰、叁、肆、伍、陆、柒、捌、玖、拾、佰、仟、万、零、整，不得用一、二（两）、三、四、五、六、七、八、九、十、毛、另（或令）等字样代替。大写金额写到"元"或"角"的，在"元"或"角"之后要写"整"字；大写金额有"分"字的，"分"字后面不写"整"字。阿拉伯金额数字中间有"0"时，大写金额要写"零"字，如￥101.50，大写金额应写成人民币壹佰零壹圆伍角整。阿拉伯金额数字中间连续有几个"0"时，大写金额中可以只写一个"零"字，如￥1004.56，大写金额应写成人民币壹仟零肆圆伍角陆分。阿拉伯金额数字元位是"0"或数字中间连续有几个"0"，元位也是"0"，但角位不是"0"时，汉字大写金额可只写一个"零"字，也可不写"零"字，如￥1320.56，大写金额应写成人民币壹仟叁佰贰拾圆零伍角陆分，或人民币壹仟叁佰贰拾圆伍角陆分。

（六）连续编号以便查证

各种原始凭证都必须连续编号，以备查考。编号可以事先印好，也可以临时编排。一些事先印好编号的重要凭证作废时，在作废的凭证上加盖"作废"戳记，连同存根一起保存，不得随意撕毁。

五、原始凭证的审核

只有经过严格审核的会计凭证，才能作为记账的依据，这是保证会计记录真实、正确、合法的重要环节。会计主管人员或经其指定的审核人员必须认真、严格审核原始凭证。

（一）真实性审核

审核原始凭证所列的经济业务是否真实可靠，有无弄虚作假情况。如有无涂改、刮擦、挖补、伪造的痕迹，大小写金额是否一致，日期是否真实，外来的收据、发票是否复写套写，业务内容与附件是否相符等。

（二）合法性审核

审核原始凭证所记录的经济活动是否符合国家有关方针、政策、法规、纪律的规定；是否违反有关财务、会计制度，有无弄虚作假，违法乱纪，贪污舞弊的行为；审核经济活动内容是否符合有关规定和审批手续。

（三）合理性审核

审核原始凭证所记录的经济活动是否符合企业的经营目标，是否符合勤俭节约和提高经济效益的要求。

（四）完整性审核

审核原始凭证的基本内容是否完整，是否存在应填未填或填写不清的现象。如未填写接受单位名称，无填制单位或填制人员签章，手续是否齐全等。

（五）准确性审核

审核原始凭证在计算方面是否存在失误，如果确定有业务内容摘要与数量、金额不符，数量与单价的乘积与金额不符，金额小计、合计错误，大小写错误等情况，则不能作为正确的原始凭证。

原始凭证的审核是一项细致而政策性很强的工作。作为会计人员必须坚持原则，坚持制度，严格履行职责，发挥会计的监督作用。

六、原始凭证审核后的处理

1. 对于完全符合要求的原始凭证，编制记账凭证，登记明细账，并长期保存。

2. 对于业务真实、合理合法，只是内容不全，手续不完备，或计算、文字有错误的原始凭证，应退还有关部门补填或更正。

3. 对于违反国家规定的不合理、不合法的原始凭证，会计人员应拒绝接受，不予报销付款。有严重违法行为的，应及时汇报，严肃处理。

任务三 填制记账凭证

一、记账凭证的概念和作用

记账凭证是根据记账要求，由会计人员根据审核无误的原始凭证或汇总原始凭证，确定经济业务的会计分录并据以登记账簿的凭证。

由于原始凭证数量众多，格式多样，来源各不相同，不能清楚地标明应记入账户的名称和方向，根据原始凭证直接登记账簿容易发生差错和混乱，因此在登记账簿之前，有必要将原始凭证所反映的经济业务加以归类和整理，编制记账凭证。记账凭证的作用为：

1. 编制记账凭证，将原始凭证所反映的经济信息转化成会计信息，既有利于简化登记账簿工作，又便于对账、查账，保证了账簿记录的正确性；

2. 将相关原始凭证附在记账凭证之后，有利于原始凭证的保存和管理；

3. 对于无法取得原始凭证的会计事项，如更正错账、期末结账，也可以由会计人员根据账簿的内容直接编制记账凭证。

二、记账凭证的分类

（一）记账凭证按其适用的经济业务不同，分为专用凭证和通用凭证

1. 专用凭证是专门用来记录某一类经济业务的记账凭证。按其是否涉及货币资金业务，又分为收款凭证、付款凭证和转账凭证三类。

（1）收款凭证，是用来记录现金及银行存款等货币资金收入业务的记账凭证。根据现金及银行存款收款业务的原始凭证填制，既是登记库存现金日记账、银行存款日记账和总账的依据，又是出纳人员据以收款的依据。格式如表7-5所示。

表7-5 收款凭证

借方科目：　　　　　　　　　　　　　　年　月　日　　　　　　　　　　　　总第　　号
收字第　　号

摘　要	货方科目		账页	金　额	附
	总账科目	明细科目			
					件
					张
合　计					

会计主管　　　　　　　　记账　　审核　　　　　　出纳　　　　　　　制单

（2）付款凭证，是用来记录现金及银行存款等货币资金付款业务的记账凭证。根据现金及银行存款付款业务的原始凭证填制，既是登记库存现金日记账、银行存款日记账和总账的依据，又是出纳人员据以付款的依据。格式如表 7-6 所示。

表 7-6 付款凭证

贷方科目：　　　　　　　　　　　年　月　日　　　　　　　总第　号
　　　　　　　　　　　　　　　　　　　　　　　　　　　付字第　号

摘　要	借方科目		账页	金　额
	总账科目	明细科目		
合　计				

附件　张

会计主管　　　　　　记账　　审核　　　出纳　　　　　　　制单

需要注意的是，对于现金和银行存款之间以及各种银行存款之间相互划转的业务，为了避免重复记账，一般只填制一张付款凭证。例如，从银行提取现金，只填制银行存款的付款凭证，不填制现金的收款凭证；又如，把现金存入银行，只填制现金的付款凭证，不填制银行存款的收款凭证。

（3）转账凭证，是用来记录与现金、银行存款等货币资金收、付款业务无关的经济业务的记账凭证。根据有关转账业务的原始凭证填制，是登记总账和明细账的依据。格式如表 7-7 所示。

表 7-7 转账凭证

年　月　日　　　　　　　　　　　　总第　号
　　　　　　　　　　　　　　　　转字第　号

摘　要	总账科目	明细科目	账页	借方金额	贷方金额
合　计					

附件　张

会计主管　　　　　　记账　　审核　　　出纳　　　　　　　制单

2. 通用记账凭证是指用来记录所有经济业务，具有统一格式的会计凭证。它通常适用于规模不大，经济业务比较简单的单位。格式如表 7-8 所示。

表7-8 通用记账凭证

年 月 日

凭证编号

出纳编号

摘 要	总账科目	明细科目	记账	借方金额	货方金额	
						附
						件
						张
合 计						

会计主管 　　　　　　　 记账 　　 审核 　　 出纳 　　　　　　　　 制单

（二）记账凭证按其填制方法的不同，分为单式记账凭证和复式记账凭证

1. 单式记账凭证，是指按一项经济业务所涉及的每个账户分别填制记账凭证，一张凭证只登记一个会计科目。一项经济业务涉及几个会计科目，就要填写几张记账凭证，然后用编号把它们联系起来。

单式记账凭证，优点是内容单一，便于按科目汇总，便于记账工作的分工，减少差错，并加速凭证的传递；缺点是工作量大，凭证张数多，内容分散，在一张凭证上不能完整反映经济业务的全貌，不利于分析、考核经济业务。

2. 复式记账凭证，是指在一张凭证上登记每笔经济业务的会计分录所包含的全部会计科目。优点是能够集中反映账户之间的对应关系，便于了解经济业务的全貌，还可减少凭证的数量，减少工作量，便于凭证的分析和审核；缺点是不便于分工记账和汇总计算每一会计科目的发生额。前面介绍的收款凭证、付款凭证和转账凭证均为复式记账凭证。

（三）记账凭证按其用途不同，分为分录凭证、汇总凭证和联合凭证

1. 分录凭证是直接根据原始凭证编制，载明会计科目、记账方向和金额的凭证。一般记账凭证皆为分录凭证。

2. 汇总凭证是为了减轻登记账簿的工作量，把一段时期内（一般为5天或10天）的记账凭证进一步汇总而编制的，用来登记总账的一种记账凭证。分为分类汇总和全部汇总，分类汇总包括汇总收款凭证（表7-9）、汇总付款凭证（表7-10）、汇总转账凭证（表7-11）；全部汇总是指将一定时期内所有的记账凭证定期加以汇总而重新编制的记账凭证，又称作"科目汇总表"（表7-12）。

表 7-9　汇总收款凭证

借方科目：　　　　　　　　　　　　　年　月份　　　　　　　　　　　　汇收字第　号

贷方科目	金 额				总账页数	
	(1)	(2)	(3)	合 计	借 方	贷 方

附注：(1) 自＿＿日到＿＿日＿＿凭证共＿＿张　　　　　会 计 记 审 出 制
　　　(2) 自＿＿日到＿＿日＿＿凭证共＿＿张　　　　　主管 账 核 纳 单
　　　(3) 自＿＿日到＿＿日＿＿凭证共＿＿张

表 7-10　汇总付款凭证

借方科目：　　　　　　　　　　　　　年　月份　　　　　　　　　　　　汇收字第　号

贷方科目	金 额				总账页数	
	(1)	(2)	(3)	合 计	借 方	贷 方

附注：(1) 自＿＿日到＿＿日＿＿凭证共＿＿张　　　　　会 计 记 审 出 制
　　　(2) 自＿＿日到＿＿日＿＿凭证共＿＿张　　　　　主管 账 核 纳 单
　　　(3) 自＿＿日到＿＿日＿＿凭证共＿＿张

表 7-11　汇总转账凭证

　　　　　　　　　　　　　　年　月份　　　　　　　　　　　　汇转字第　号

贷方科目	金 额				总账页数	
	(1)	(2)	(3)	合 计	借 方	贷 方

附注：(1) 自＿＿日到＿＿日＿＿凭证共＿＿张　　　　　会 计 记 审 出 制
　　　(2) 自＿＿日到＿＿日＿＿凭证共＿＿张　　　　　主管 账 核 纳 单
　　　(3) 自＿＿日到＿＿日＿＿凭证共＿＿张

表 7-12　科目汇总表

　　　　　　　　　年　月　日 至　日　　　　　　　　　　　汇字第　号

会计科目	总账页数	本期发生额		记账凭证起讫号数
		借 方	贷 方	
合 计				

会计主管　　　　　　记账　　　　　　审核　　　　　　出纳　　　　　　制单

3. 联合凭证是既有原始凭证或原始凭证汇总表内容，同时又具备记账凭证内容的凭证。

记账凭证的分类如表7-13。

表7-13　记账凭证分类表

分类依据	类　　别		
适用经济业务不同	通用记账凭证		
	专用记账凭证		收款凭证
			付款凭证
			转账凭证
填制方法不同	单式记账凭证		借项记账凭证
			贷项记账凭证
	复式记账凭证		
用途不同	分录凭证		
	汇总凭证	分类汇总	汇总收款凭证
			汇总付款凭证
			汇总转账凭证
		全部汇总	科目汇总表
	联合凭证		

三、记账凭证的基本内容

1. 记账凭证的名称。

2. 填制凭证日期和凭证编号。

3. 经济业务内容摘要。

4. 会计分录，即应借、应贷会计科目的名称和金额。

5. 所附原始凭证和汇总原始凭证的张数。

6. 填制、审核、记账、会计主管等有关人员的签名或盖章。

四、记账凭证的填制要求

记账凭证是登记账簿的直接依据。记账凭证的填制除了做到"真实可靠，内容完整，填写及时，书写清楚"外，还必须遵守以下基本要求：

（一）必须以审核无误的原始凭证作为依据

记账凭证可以根据每一张原始凭证填制，或者若干张同类原始凭证汇总填制，还可以根据原始凭证汇总表填制。但不得将不同内容和类别的原始凭证汇总后编制在一张记账凭证上。

（二）日期填写

记账凭证的日期一般以填制当天的日期。月末结转业务的日期按当月最后一天日期填制。

（三）连续编号

记账凭证的编号，在1个月以内必须连续，以便查考。编制的方法有多种。如果使用专用凭证，可以按照收款凭证、付款凭证、转账凭证三类业务分别编号，也可以按现收、现付、银收、银付和转账五类业务进行编号；如果使用的是通用凭证，可以按经济业务发生的顺序编号。每月末最后一张记账凭证的号旁要加注"全"字。

（四）摘要简明

记账凭证的摘要栏是对经济业务的简要说明，应当运用简明扼要的语言，正确表达出经济业务的主要内容。既要防止简而不明，又要防止过于繁琐。

（五）分录正确

在记账凭证中，必须按照会计制度统一规定的会计科目，结合经济业务的特点正确编制会计分录，不得任意简化或改动会计科目的名称，不得只写科目编号，不写科目名称，以保证核算口径一致，便于记账。

（六）金额填写

数字准确、清楚，无角分的，角分栏不留空白，可写成"00"；金额数字应平行对准科目栏次和借贷栏次，防止错栏串行；合计数字前面应填写人民币符号"￥"，不是合计数不用填写；金额要保持会计分录的平衡关系；记账凭证的金额与原始凭证的金额相符。

（七）注销空行

记账凭证应逐行填写，不得跳行或者留有空行。如有空行，应当自金额栏最后一笔金额数字下的空行处到合计数行上面的空行处划斜线注销，注意斜线的两端不能划到有金额数字的行次上。

（八）标明附件

除期末结账和更正错误的记账凭证可以不附原始凭证外，其他的记账凭证必须附有原始凭证，并注明张数。一般以原始凭证的自然张数为准。

（九）有关人员的签章

记账凭证上必须有填制人员、审核人员、记账人员和会计主管的签章。对收款凭证和付款凭证必须先审核，后办理收、付款业务，出纳人员应在有关凭证上签章，以明确经济责任。对已办妥收款或付款的凭证和所附的原始凭证，出纳人员要当即加盖"收讫"或"付讫"戳记，以免重收、重付。

（十）错误更正

填制记账凭证发生错误，应当重新填制。如果已经登账的记账凭证发生错误，则应按照错账更正的方法进行更正，将在本教材项目八详细介绍。

五、专用记账凭证填制举例

（一）收款凭证填制举例

例1　科飞电器厂 2018 年 12 月 25 日销售 A 产品 1000 件，单价 200 元，增值税专用发票列明的价款为 200 000 元，销项税额为 32 000 元，收到购货单位转账支票，金额为 232 000 元。

该项经济业务编制会计分录如下：

借：银行存款　　　　　　　　　　　　　　　　　　　232 000

　　贷：主营业务收入　　　　　　　　　　　　　　　　200 000

　　　　应交税费——应交增值税（销项税额）　　　　　32 000

此笔业务属于银行存款的收款业务，应编制银行存款的收款凭证，如表7-14。

表 7-14　收款凭证

总第 35 号

2018 年 12 月 25 日

收字第 23 号

借方科目：银行存款

附件 2 张

摘　要	货方科目		账页	金　　额
	总账科目	明细科目		
收到货款存入	主营业务收入	A 产品		200 000.00
银行	应交税费	应交增值税（销项）		32 000.00
合　　计				232 000.00

会计主管　　　　　　记账　　审核　　　　出纳：钱晶　　　　　制单：钱晶

（二）付款凭证填制举例

例2　科飞电器厂 2018 年 11 月 15 日以现金 120 000 元支付本厂 10 月份工资。

编制会计分录如下：

借：应付职工薪酬——工资　　　　　　　　　　　　　120 000

　　贷：库存现金　　　　　　　　　　　　　　　　　　120 000

此笔业务属于库存现金的付款业务，应编制库存现金的付款凭证，如表7-15。

表 7-15　付款凭证

贷方科目：库存现金　　　　　　　　　2018 年 11 月 15 日

摘　要	借方科目		账页	金　额
	总账科目	明细科目		
发放工资	应付职工薪酬	工资		120 000.00
合　　计				120 000.00

会计主管　　　　　记账　　　审核　　　出纳：钱晶　　　　　制单：钱晶

（三）转账凭证填制举例

例 3　2018 年 10 月 16 日，科飞电器厂向 B 公司购入乙材料 100 千克，每千克 300 元，共计买价 30 000 元，增值税税率为 13%，上述款项尚未支付，材料已验收入库。

编制会计分录如下：

借：原材料——乙材料　　　　　　　　　　　　　　30 000

　　应交税费——应交增值税（进项税额）　　　　　3900

　　贷：应付账款—B 公司　　　　　　　　　　　　33 900

此笔业务是不涉及现金和银行存款收付款的转账业务，应编制转账凭证，如表 7-16。

表 7-16　转账凭证

2018 年 10 月 16 日

摘　要	总账科目	明细科目	账页	借方金额	贷方金额
购买材料	原材料	乙材料		30000.00	
	应交税费	应交增值税（进项）		3900.00	
	应付账款	B 公司			33900.00
合　　计				33900.00	33900.00

会计主管　　　　　记账　　　审核　　　出纳：钱晶　　　　　制单：钱晶

六、记账凭证的审核

为了保证会计信息的质量，记账凭证除了在编制过程中严格按照要求填写、加强自审外，还必须对已经编制的记账凭证由专人进行严格审核。

（一）审核记账凭证的真实性

审核记账凭证内容是否真实，主要审核记账凭证是否附有审核无误的原始凭证。其记录的内容、金额是否与所附原始凭证的内容与金额相符；记账凭证填写的附件张数与实际原始凭证张数是否相符。

（二）审核记账凭证的完整性

主要审核记账凭证中的有关项目是否填列齐全，有无错误。有关人员是否都已签名盖章。

（三）审核记账凭证的技术性

主要审核记账凭证中所确定的会计分录，包括应借、应贷账户的名称是否正确，对应关系是否清楚，金额计算是否准确，借方金额与贷方金额是否一致，核算的内容是否符合会计制度的规定，书写是否正确等。

在审核过程中如发现记账凭证有差错时，应重新填制或按规定方法及时办理更正手续，并由更正人员在更正处签章。只有经审核无误的记账凭证才能作为登记账簿的依据。

小思考

通过前几章的学习和大量练习，我们初步掌握了会计分录的编制，可在企业的实际会计核算中，会计分录是怎样的形式？编制会计分录的载体又是什么呢？

任务四   会计凭证的传递与保管

一、会计凭证的传递

会计凭证的传递，是指从会计凭证的取得或填制时起至归档保管过程中，在单位内部有关部门和人员之间的传送程序。

总体来说，会计凭证的传递要能够满足内部控制制度的要求，使传递程序合理有效，同时尽量节约传递时间，减少传递的工作量。单位应根据具体情况制定每一种凭证的传递程序和方法。在实际工作中，会计凭证的传递主要包括三方面内容：

1. 凭证传递路线。应根据各单位经济业务的特点、经营管理的实际需要、企业内部机构的设置和人员分工情况，从满足单位内部控制制度的需要出发，合理规定各种会计凭证的传递流程，明确经办人员，保证传递路线的畅通无阻。

2. 凭证在各个环节停留及传递时间。应根据各部门和人员办理经济业务的必要时间，合理确定凭证在各业务部门和人员手中的停留时间和传递交接时间。时间确定如果太紧，不利于保证会计核算质量；时间确定如果太松，则会影响会计核算的及时性。只有制定科学合理的凭证停留和传递时间，才能保证会计核算的质量，提高工作效率。

确定凭证在各个环节停留及传递时间时，会计部门应本着综合考虑、协商确定的原则，调查研究、广泛听取各方意见，会同有关部门和人员共同协商确定。

3. 传递手续，是指在会计凭证传递过程中的衔接手续。为保证会计凭证的安全和完整，明确经济责任，会计凭证的收发、交接都应按规定的手续和制度办理，做到既完备严密，又简便易行。

会计凭证的传递路线、时间、手续确定后，有关部门和人员应当共同遵守执行，会计部门也要做必要的检查，如发现有不合理之处及时进行修改。

二、会计凭证的保管

会计凭证的保管是指会计凭证记账后的整理、装订、归档和存查工作。

会计凭证作为登记会计账簿的依据，是一个单位的重要经济资料，必须对其进行妥善保管，不得散乱丢失，更不得随意销毁。会计凭证的保管，总体要求是要做到完整无缺、便于翻阅查找。具体来说，主要包括以下内容：

（一）会计凭证的整理、装订

1. 会计凭证登记完毕后，应当按照分类和编号顺序保管，不得散乱丢失。

2. 记账凭证与所附原始凭证的整理。原始凭证附在记账凭证后面的顺序应与记账凭证所记载的内容顺序一样。

3. 记账凭证连同所附原始凭证或原始凭证汇总表，按照顺序编号，整理整齐，加具封面、封底，按期（一般为每月）装订成册，并在装订线上加贴封签，以防散失和任意拆装。

封面应注明单位名称、凭证种类、凭证张数、起止号数、年度、月份、会计主管人员、装订人员等有关事项，会计主管人员和保管人员应在封面上签章。

4. 对于数量过多的原始凭证，可以单独装订保管，在封面上注明相应记账凭证的日期、编号、种类，同时在记账凭证上注明"附件另订"。各种经济合同和重要的涉外文件等，应另编目录，单独登记保管，并在相关记账凭证和原始凭证上相互注明日期和编号。

5. 填制的汇总记账凭证，如科目汇总表，应放在每册封面之下作为首页。这样，一方面可以起到试算平衡的作用，另一方面可便于登记总账。

（二）会计凭证的归档保管

1. 会计凭证应加贴封条，防止抽换凭证。原始凭证不得外借，其他单位如有特殊原因确实需要使用时，经本单位会计机构负责人批准后，可向外单位提供原始凭证复印件，并在专设的登记簿上登记，由提供人员和收取人员共同签名、盖章。

2. 当年的会计凭证，在会计年度终了后，可暂由会计部门保管一年，期满后，原则上由会计部门编造清册移交本单位档案部门保管。保管人员应当按照会计档案管理的要求，对装订成册的会计凭证按年月顺序排列，以便查阅。有关人员进行查阅时，必须履行一定的手续。

（三）会计凭证的销毁

会计凭证的保管期限和销毁手续，必须严格遵守《会计档案管理办法》。保管期限未满，任何人都不得随意销毁会计凭证。会计凭证保管期满后，必须开列清单，报经批准后，编制会计档案销毁清册，由档案部门和会计部门共同监销。监销人员认真核对，销毁后，在销毁清册上签名盖章，并将监销情况报告本单位负责人员。

会计档案的具体保管期限见第十二章第一节中的"会计档案保管期限表"。

职业能力训练

一、单项选择题

1. 收料单属于（　　）。

A. 自制原始凭证　　　　　　　　　B. 外来原始凭证

C. 累计凭证　　　　　　　　　　　D. 记账凭证

2. 从银行提取库存现金，或将库存现金存入银行，只需填制（　　）。

A. 转账凭证　　　　　　　　　　　B. 两张记账凭证

C. 一张付款凭证　　　　　　　　　D. 一张收款凭证

3. 企业销售产品一批，货款尚未收到，根据有关原始凭证，应填制的记账凭证是（　　）。

A. 付款凭证　　　　　　　　　　　B. 收款凭证

C. 累计凭证　　　　　　　　　　　D. 转账凭证

4. 企业购进原材料 60 000 元，款项未付。该笔经济业务应编制的记账凭证是（　　）。

A. 收款凭证　　　　　　　　　　　B. 付款凭证

C. 转账凭证　　　　　　　　　　　D. 以上均可

5. 原始凭证有错误，正确的处理方法是（　　）。

A. 向单位负责人报告　　　　　　　B. 退回，不予接受

C. 由出具单位重开或更正　　　　　　D. 本单位代为更正

6. 下列表示正确的是（　　　）。

A. ￥508.00　　　　　　　　　　　B. ￥86.00

C. 人民币伍拾陆元捌角伍分整　　　D. 人民币柒拾陆元整

7. 关于会计凭证的保管，下列说法不正确的是（　　　）。

A. 会计凭证应定期装订成册，防止散失

B. 会计主管人员和保管人员应在封面上签章

C. 原始凭证不得外借，其他单位如有特殊原因确实需要使用时，经本单位负责人批准，可以复制

D. 经单位领导批准，会计凭证在保管期满前可以销毁

8. 下列属于累计凭证的是（　　　）。

A. 领料单　　　　　　　　　　　　B. 限额领料单

C. 耗用材料汇总表　　　　　　　　D. 工资汇总表

9. 下列属于通用凭证的是（　　　）。

A. 收料单　　　　　　　　　　　　B. 折旧计算表

C. 增值税专用发票　　　　　　　　D. 差旅费报销单

10. 下列不能作为会计核算的原始凭证是（　　　）。

A. 发货票　　　　　　　　　　　　B. 合同书

C. 入库单　　　　　　　　　　　　D. 领料单

二、多项选择题

1. 下列项目中，属于自制原始凭证的有（　　　）。

A. 领料单　　　　　　　　　　　　B. 工资结算单

C. 购料发票　　　　　　　　　　　D. 银行对账单

2. 记账凭证按其填制方式的不同，分为（　　　）。

A. 收款凭证　　　　　　　　　　　B. 付款凭证

C. 复试记账凭证　　　　　　　　　D. 单式记账凭证

3. 收款凭证左上角可填制的会计科目有（　　　）。

A. 应收账款　　　　　　　　　　　B. 库存现金

C. 银行存款　　　　　　　　　　　D. 固定资产

4. 原始凭证的基本内容中包括（　　　）。

A. 原始凭证名称　　　　　　　　　B. 接受原始凭证的单位名称

C. 经济业务的性质　　　　　　　　D. 凭证附件

5. 对原始凭证发生的错误，正确的更正方法是（　　　）。

A. 由出具单位重开或更正

C. 金额发生错误的，可由出具单位在原始凭证上更正

B. 由本单位的会计人员代为更正

D. 金额发生错误的，应当由出具单位重开

6. 其他单位因特殊原因需要使用本单位的原始凭证，正确的做法是（　　）。

A. 可以外借

B. 将外借的会计凭证拆封抽出

C. 不得外借，经本单位会计机构负责人或会计主管人员批准，可以复制

D. 将向外单位提供的凭证复印件在专设的登记簿上登记

7. 在原始凭证上书写阿拉伯数字，正确的是（　　）。

A. 金额数字一律填写到角、分

B. 无角分的，角位和分位可写"00"或者符号"-"

C. 有角无分的，分位应当写"0"

D. 有角无分的，分位也可以用符号"-"代替

8. 下列属于外来原始凭证的有（　　）。

A. 本单位开具的销售发票

B. 供货单位开具的发票

C. 职工出差取得的飞机票和火车票

D. 银行收付款通知单

9. 下列各项分类标准中，适用记账凭证分类的有（　　）。

A. 来源　　　　　　　　　　　　B. 经济业务

C. 格式　　　　　　　　　　　　D. 用途

E. 结构　　　　　　　　　　　　F. 填制方法

10. 下列各项中，属于记账凭证基本内容的有（　　）。

A. 记账凭证名称　　　　　　　　B. 接受单位名称

C. 填制人员签章　　　　　　　　D. 原始凭证名称

E. 会计分录　　　　　　　　　　F. 日期和编号

三、判断题（正确的在括号内打"√"，错误的在括号内打"×"）

1. 会计凭证按来源不同，可以分为外来会计凭证和自制会计凭证两种。（　　）

2. 会计凭证指由会计人员填制的凭证。（　　）

3. 原始凭证的内容应包括会计分录。（　　）

4. 记账凭证填制完经济业务事项后，如有空行，应当自金额栏最后一笔金额数字下的空行处至合计数上的空行处划线注销。（　　）

5. 转账凭证不能反映现金、银行存款的增减变动。（　　）

6. 所有的记账凭证都必须附有原始凭证，否则，不能作为记账的依据。（　　）

7. 原始凭证是会计核算的原始资料和重要依据，是登记会计账簿的直接依据。（　　）

8. 自制原始凭证都是一次凭证，外来原始凭证绝大多数是一次凭证。（　　）

9. 原始凭证原则上不得外借，其他单位如有特殊原因确实需要使用时，经本单位会计机构负责人、会计主管人员批准，可以外借。（　　）

10. 对于真实、合法、合理但内容不够完善、填写有错误的原始凭证，应退回给有关经办人员，由其负责将有关凭证补充完整、更正错误或重开后，再办理正式会计手续。（　　）

四、简答题

1. 会计凭证分为哪几类？它们有什么区别？

2. 原始凭证的基本内容是什么？

3. 记账凭证的基本内容是什么？

4. 如何审核原始凭证和记账凭证？

五、实务练习

（一）目的

练习记账凭证的填制

（二）资料

东方工厂 2018 年 12 月份发生下列经济业务：

1. 12 月 2 日采购员张明出差借支差旅费 3000 元，以现金付讫。

2. 12 月 3 日，向宏远工厂购进甲材料 2000 千克，每千克 30 元，运杂费 1500 元，增殖税率 16%。货款、运费及税款均以银行存款支付。

3. 12 月 4 日，上述材料验收入库，结转入库材料实际成本。

4. 12 月 5 日，向银行借入期限为 6 个月的短期借款 100 000 元。

5. 12 月 7 日，采购员张明报销差旅费 2500 元，交回现金 500 元。

6. 12 月 9 日，收到外单位捐赠的设备一台，价值 80 000 元。

7. 12 月 13 日，从银行提取现金 22 000 元备发工资。

8. 12 月 14 日，用现金 22 000 元发放工资。

9. 12 月 15 日，销售 A 产品 200 件，单价 100 元，增值税 1700 元，货款及税款当即收存银行。

10. 12 月 17 日，以银行存款支付广告费 5000 元。

11. 12 月 19 日，以银行存款支付本月水电费 3800 元，其中车间 2200 元，厂部 1600 元。

12．12 月 20 日，计提银行短期借款利息 1500 元。

13．12 月 22 日，用银行存款支付下年度报刊杂志费 1800 元。

14．12 月 25 日，计提本月固定资产折旧 3400 元，其中车间负担 2800 元，厂部负担 600 元。

15．12 月 30 日，本月共领用材料 8000 元，其中生产 A 产品领用 4000 元，B 产品领用 2500 元，车间领用 800 元，厂部领用 700 元。

16．12 月 30 日，分配本月职工工资 22 000 元，其中生产 A 产品工人工资 9000 元，B 产品工人工资 7000 元，车间管理人员工资 4000 元，厂部管理人员工资 2000 元。

17．12 月 30 日，结转本月制造费用。

18．12 月 30 日，结转本月完工入库 A 产品成本，B 产品尚未完工。

（三）要求

根据以上经济业务编制记账凭证。

项目八

登记会计账簿

学习目标

1. 了解会计账簿的概念、作用和种类。
2. 掌握日记账、总分类账的设置与登记方法，熟悉日记账、总分类账、明细账各类账簿的格式与内容。
3. 熟悉对账、结账，掌握错账的更正方法。
4. 了解会计账簿的更换与保管。

能力要求

1. 能够判断账簿的种类及基本格式。
2. 能够设置和登记日记账、总分类账、明细分类账。
3. 能够结账、对账、更正错账。

教学内容

任务　　认识会计账簿

一、设置会计账簿的概念和作用

会计凭证提供的资料，虽然具体、详细，明确了经济责任，但是比较分散且缺乏系统性，每张会计凭证只能反映个别经济业务的内容，不能全面、系统、连续地反映单位在一定时期经济活动的状况和成果，不便于会计信息的整理和报告。因此需要设置和登记会计账簿，把会计凭证所记载的大量分散的资料加以分类、整理，登记到账簿中去，为经济管理提供系统的核算资料。

会计账簿是指由具有一定格式而又相互联结的账页所组成，以会计凭证为依据，连续、系统、全面、完整地记录经济业务的簿籍。

设置和登记账簿是会计核算的专门方法，是连接会计凭证和会计报表的中间环节，是提供系统、全面会计信息的重要手段，会计账簿的作用表现如下：

（一）能够全面、连续、系统地反映经济活动情况

提供会计信息是账簿最基本的作用。会计凭证提供的是分散的会计信息，会计账簿可以将这些大量、零散的会计信息进行序时或分类地记录，从而全面、连续、系统地提供有关企业成本、费用、财务状况和经营成果的总括和明细核算资料。

（二）为定期编制会计报表奠定基础

会计报表的编制以会计账簿为主要依据。会计报表提供会计信息的真实性、编制和报送的及时性，与会计账簿的记录是否及时、详细，数据是否真实、可靠密切相关。

（三）能够进行会计分析和会计检查

会计账簿既是核算方法，也是积累、存储会计信息的数据库。企业的一切财务收支、财务状况和经营成果都体现在会计账簿中。根据会计账簿提供的会计信息，可以分析企业的经营活动，评价企业的经营状况和经营业绩，为企业的经营决策和预测提供可靠的参考数据。

二、会计账簿的种类

常见的分类方法有以下几种：

（一）按账簿的用途不同，分为序时账簿、分类账簿和备查账簿

1. 序时账簿，又叫日记账簿，是按经济业务发生或完成时间的先后顺序逐日、逐笔按顺序登记，并逐日结出余额的一种账簿。它提供的是某类经济业务每日的动态及静态资料，如库存现金日记账、银行存款日记账。

2. 分类账簿，是对全部经济业务按照会计要素的具体类别进行分类登记的账簿，是编制会计报表的主要依据。按其反映内容的详细程度不同，分为总分类账簿和明细分类账簿。

（1）总分类账簿，又称总分类账，简称总账，是根据总分类科目（一级会计科目）开设，用以分类核算全部经济业务，提供总括核算资料的分类账簿。它对明细分类账簿具有驾驭和控制作用。

（2）明细分类账簿，又称明细分类账，简称明细账，是根据总分类账所属的二级或明细科目设置，用来详细记录某一类经济业务更加详细的情况，提供比较详细核算资料的账簿。它对总分类账簿具有补充和辅助的作用。

3. 备查账簿，又称辅助账簿，是对某些未能在序时账和分类账中登记的经济业务进行补充登记以便考查的账簿。由各单位根据需要设置，只是对账簿记录的一种补充，与其他账簿之间不存在严密的依存、勾稽关系。

（二）按账簿的形式不同，分为订本式账簿、活页式账簿和卡片式账簿

1. 订本式账簿，又叫订本账，是指在账簿使用前，将账页按顺序编号固定装订成册的账簿。如实际工作中的总账、库存现金日记账、银行存款日记账等都是订本账。其优点是可以避免账页散失，防止随意抽换账页；缺点是不便于记账分工，不便于按需求增减账页，容易出现账页预留不足或预留过多的情况，影响连续记账。

2. 活页式账簿，又叫活页账，是把账页放置在活页账夹内，不固定装订成册，可以随时增添或取出的账簿。在实际工作中，一般的明细账都采用活页账簿。这种账簿的优点是便于记账分工，可以根据需要随时增减或重新排列账页，有一定的灵活性；缺点是账页容易散失和被抽换。采用活页账，会计期末应装订成册，按实际账页数顺序编号，并加上封面和目录，以便保管。

3. 卡片式账簿，又称卡片账，是指由许多具有一定格式、分散的卡片作为账页组成，存放在卡片箱中的账簿。这种账簿主要适用于内容比较复杂、变化不大的财产明细账，如固定资产卡片、低值易耗品卡片等。卡片账除具有一般活页账的优缺点外，它不需要每年更换，可以跨年度使用。

（三）按账页格式不同，分为三栏式账簿、多栏式账簿、数量金额式账簿

1. 三栏式账簿，是指设有借方、贷方和余额三个金额栏的会计账簿。总分类账、各种日记账以及只进行金额核算、不进行数量核算的资本、债权、债务性质的明细分类账都可采用三栏式账簿。

2. 多栏式账簿，是指企业根据业务特点和管理需要，在账簿的借方和贷方两个基本金额栏下分设若干专栏的会计账簿。按其记录事项的内容又可分为借方多栏式账簿、贷方多栏式账簿和借贷方多栏式账簿。收入、费用、成本、利润和利润分配等明细账一般采用多栏式账簿。

3. 数量金额式账簿，是指在借方、贷方和余额三个金额栏内分别设有数量、单价、金额等三个小栏，用于反映财产物资的数量和价值。原材料、库存商品、产成品等存货的明细账都采用数量金额式明细账簿。

三、会计账簿的基本内容

各种会计账簿虽然所记录的经济业务内容不同、形式多种多样，但都应具备下列一些基本内容：

（一）封面

主要标明单位名称和账簿名称。

（二）扉页

主要列明账簿的启用日期和截止日期、册数、账簿经管人员一览表和相关人员的签章、账户目录等。

（三）账页

是构成账簿内容的主要部分，根据其反映经济业务内容的不同，具有各种格式，基本内容包括：①账户名称栏或称会计科目（一级科目、二级科目或明细科目）栏；②日期栏；③凭证种类和号数栏；④摘要栏；⑤金额栏；⑥页次（总页次和分页次）。

表 8-1　会计账簿的分类

分类依据	类　别		运用举例
用途不同	序时账簿	普通日记账	
		特种日记账	库存现金日记账、银行存款日记账
	分类账簿	总分类账簿	
		明细分类账簿	
	备查账簿		受托加工材料登记簿、受托代理销售登记簿、租入固定资产登记簿
形式不同	订本式账簿		总分类账、库存现金日记账、银行存款日记账
	活页式账簿		明细账
	卡片式账簿		固定资产卡片、低值易耗品卡片
账页格式不同	三栏式账簿		资本、债权、债务性质的明细分类账
	多栏式账簿		收入、成本、费用、利润和利润分配等明细账
	数量金额式账簿		原材料、库存商品、产成品等存货明细账

任务二　会计账簿的建立与登记

一、会计账簿的建立原则

各单位应按照会计制度和《会计基础工作规范》的基本要求，结合本单位业务特点与管理要求设置本单位的账簿体系，力求科学严密。设置会计账簿应遵循以下原则：

1. 会计账簿的设置要能保证全面、连续、系统地反映和监督各单位的经济活动情况，为经营管理提供系统、分类的核算资料。

2. 会计账簿的设置应在满足经济业务实际需要与管理要求的前提下，考虑人力和物力的节约，尽量避免重复设账。

3. 会计账簿的格式要按照所记录经济业务的内容和需要提供的核算指标进行设计，力求简便实用，避免烦琐重复。

二、会计账簿的设置与登记方法

（一）日记账的设置与登记方法

日记账是按照经济业务发生时间的先后顺序逐项登记的账簿。日记账按照登记经济业务的内容不同，分为普通日记账和特种日记账。

1. 普通日记账的设置与登记方法。普通日记账是逐日序时登记单位全部经济业务发生情况的账簿。根据日常发生经济业务的原始凭证逐日逐笔按顺序登记，又称为分录簿。金额栏一般采用"借方金额"和"贷方金额"两栏式，不结余额。格式如表 8-2 所示。

表 8-2　普通日记账　　　　　　　　　　　　　　　单位：元

2013 年		摘　要	账户名称	借方金额	贷方金额	过　账
月	日					
5	10	缴纳 4 月通讯费	管理费用	2 020		
			银行存款		2 020	
5	11	某人借支差旅费	其他应收款	1 500		
			库存现金		1 500	

普通日记账，可以逐日反映全部经济业务的发生和完成情况，但只有一本日记账，不便于分工记账，不能反映各类经济业务的发生和完成情况，而且记账的工作量比较大。因此，企业很少采用。

2. 特种日记账的设置与登记方法。特种日记账是用来序时登记某一类经济业务发生情况的账簿。按我国现行会计制度的规定，所有企事业单位都要设置库存现金日记账、银行存款日记账，以加强对货币资金的管理。

（1）库存现金日记账的设置与登记方法。库存现金日记账，是由出纳人员根据审核无误的现金收、付款凭证，顺时逐笔登记库存现金的收入、付出与结存情况的账簿。设置和登记库存现金日记账，可以了解和掌握单位库存现金每日的收、付、余情况，及时核对，保证现金安全。库存现金日记账的格式有三栏式和多栏式两种，无论采用三栏式还是多栏式，都必须采用订本式账簿，格式如表 8-3 所示。

表 8-3　库存现金日记账　　　　　　　　　　　　　　　　单位：元

2013 年		凭证		摘　要	对方科目	收　入	付　出	余　额
月	日	字	号					
4	1			承前页				6000
4	2	银付	1	提取现金	银行存款	3000		9000
4	2	现付	1	购买办公用品	管理费用		500	8500
4	2			本日合计		3000	500	8500
				……	……	……	……	……
4	30			本月合计		101 500	90 500	17 000

（2）银行存款日记账的设置与登记方法。银行存款日记账，是由出纳人员根据审核无误的银行存款的收、付款凭证，序时逐笔登记银行存款的收入、付出和结存情况的账簿。设置和登记银行存款日记账，能够加强对银行存款的日常监督和管理，便于同银行进行账项核对，以保证银行存款的安全。银行存款日记账必须采用订本式账簿，其账页格式有三栏式和多栏式两种。格式如表 8-4 所示。

银行存款日记账的具体登记方法与库存现金日记账基本相同，但银行存款日记账设有"结算凭证种类和号数"栏，这是因为银行存款的收付，都是根据银行规定的结算凭证办理，为了便于同银行对账，因而单独列出每笔存款的收付所依据的结算凭证种类和号数。其中"种类"栏登记结算凭证的种类，如"现金支票""转账支票"等，"编号"栏登记结算凭证的号码。银行存款日记账应逐日结算出余额，并定期同银行对账单核对。

表 8-4　银行存款日记账　　　　　　　　　　　　　　　　单位：元

2013 年		凭证号数		摘要	结算凭证		对方科目	收入	付出	余额
月	日	字	号		种类	号数				
3	1			承前页						80 000
	2	银付	1	提取现金	现金支票	0628	库存现金		10 000	70 000
	2	银付	2	支付货款	转账支票	1725	在途物资		38 000	32 000
	2	银收	1	收到某公司货款			应收账款	4500		36 500
	2			本日合计				4500	48 000	36 500
				……	……	……	……	……	……	……
	31			本月合计				815 000	785 000	110 000

（二）分类账的设置与登记方法

分类账是分类登记经济业务的账簿。根据其提供核算指标的详细程度不同，分为总分类账簿和明细分类账簿。

1. 总分类账簿的设置与登记方法。总分类账簿也叫总分类账，简称总账，是根据总分类账户分类登记全部经济业务的账簿。能够全面、总括地反映和记录经济业务的资金运动和财务收支情况，为编制会计报表提供数据。一般采用订本式账簿，其格式有三栏式、多栏式。

（1）三栏式总分类账，金额栏采用借方、贷方、余额三栏式的订本账，可以根据记账凭证逐笔登记，也可以根据科目汇总表或汇总记账凭证登记。是目前广泛采用的账簿，格式如表8-5所示。

表8-5　总分类账

会计科目：应收账款　　　　　　　　　　　　　　　　　　　　　　　　　　单位：元

2013年		凭证		摘要	借方	贷方	借或贷	余额
月	日	种类	编号					
3	1			承前页			借	123 000
	2	银收	1	收到某公司货款		45 000	借	78 000
	3	转	3	向某公司赊销产品	23 000		借	101 000
				……	……	……		……
	31			本月合计	260 500	198 000	借	185 500

（2）多栏式总分类账，是将所有账户合设在一张表格或账页上，根据记账凭证汇总编制科目

汇总表或汇总记账凭证后，再据以登记。格式如表8-6所示。

表8-6　总分类账

单位：元

账户名称	期初余额		本期发生额						期末余额	
			借方			贷方				
	借方	贷方	银行存款业务	现金业务	转账业务	银行存款业务	现金业务	转账业务	借方	贷方
合　计										

采用多栏式总账,可以清晰地反映企业经济业务的来龙去脉,进行全部会计科目的试算平衡。但如果一个单位使用的会计科目较多,栏目也会相应增加,这样使得账簿的篇幅较大,不便于保管。所以,多栏式总分类账多适用于经济业务较少,规模不大的单位。

2. 明细分类账簿的设置与登记方法。明细分类账簿,简称明细账,是根据明细分类账户开设,用于分类、连续记录和反映某一类经济业务,提供明细核算资料的账簿。各单位应结合自己的经济业务特点和经营管理要求,在总分类账基础上设置若干明细分类账,作为总分类账的必要补充。

明细分类账一般采用活页式的账簿。登记明细账的方法有三种:①根据原始凭证直接登记;②根据原始凭证汇总表登记;③根据记账凭证登记。根据管理要求和各单位经济业务特点的不同,明细分类账的账页格式主要有三栏式、数量金额式和多栏式三种。

(1) 三栏式明细分类账,其账页格式与三栏式总分类账的账页格式基本相同,设有借方、贷方和余额三个金额栏,不设数量栏,一般适用于采用金额核算的债权、债务结算账户的明细分类核算。账页格式如表 8-7 所示。

表 8-7　明细分类账

明细科目:应收账款——甲公司　　　　　　　　　　　　　　　　　　　　单位:元

2013 年		凭证		摘　要	借　方	贷　方	借或贷	余　额
月	日	种类	号数					
3	1			承前页			借	50 000
	2	银收	1	收回赊销货款		50 000	平	0
	5	转	5	赊销产品	25 000		借	25 000
				……	……	……		……

(2) 数量金额式明细账,是在收入、发出和结存三栏内,再分别设置"数量""单价""金额"三个栏目,用来登记既要反映金额又要反映实物数量的经济业务。如"原材料""库存商品"等账户的明细核算。账页格式如表 8-8 所示。

表8-8 数量金额式明细分类账

类别：（略）

名称或规格：甲材料

编号：（略）

计量单位：千克

存放地点：3号库

储备定量：（略）

2013年		凭证	摘要	收 入			发 出			结 存		
				数量	单价	金额	数量	单价	金额	数量	单价	金额
			承前页							40	500	20 000
			验收入库	10	500	5000				50	500	25 000
			生产产品领用				30	500	15 000	20	500	10 000

（3）多栏式明细分类账，其账页格式视管理需要而定。它在一张账页上，按明细科目分设若干专栏，用以集中反映各有关明细项目的核算资料，如"生产成本""制造费用""管理费用""本年利润"等成本、费用、收入、利润类账户的明细核算。格式见表8-9、8-10所示。

表8-9 生产成本明细账

产品名称：

单位：元

年		凭证号数	摘要	成 本 项 目			合计
月	日			直接材料	直接人工	制造费用	

表8-10 制造费用明细账

单位：元

年		凭证号数	摘要	借 方					贷方	余额
月	日			材料	工资及福利	折旧费	办公费	合计		

任务三 会计账簿的规则

一、会计账簿启用的规则

会计账簿是重要的会计档案，登记账簿要有专人负责。为了保证账簿记录的合法性、真实性和完整性，明确记账责任，防止舞弊行为，会计人员在启用账簿时应在账簿的封面上写明单位名称和账簿名称，并在账簿的扉页上填写"账簿启用和经管人员一览表"，详细填明：企业名称、账簿名称、账簿编号、账簿起止页数、日期等，并填明会计主管人员、记账人员姓名，加盖公章，由会计主管人员和记账人员签章。

启用订本式账簿，应按第一页到最后一页的顺序编号，不得跳页、缺号；启用活页式账簿，应按账页顺序编号，并定期装订成册。装订后按实际使用的账页顺序编定页码，另加目录，登记账户名称和页次。

当记账人员或会计机构负责人、会计主管调动工作或因故离职时，必须严格办理账簿交接手续，并在"账簿启用和经管人员一览表"交接记录栏内注明交接日期、接办人员和监交人员的姓名，并由交接双方签字或盖章。

二、会计账簿登记的规则

为了保证账簿记录的真实性、完整性和准确性，会计人员在记账工作中应严肃认真，严格遵守有关规则。

（一）登记账簿必须以审核无误的会计凭证为依据

账簿的种类不同，登记的依据也有所区别。一般来说，总分类账要按照单位所采用的会计核算形式及时记账。各种明细账，要根据原始凭证、原始凭证汇总表和记账凭证进行登记，以便随时与对方单位结算，核对库存余额。库存现金日记账和银行存款日记账，则应当根据办理完毕的收付款凭证，逐笔序时登记，做到日清月结。

（二）账簿内容完整、数字准确

登记账簿时，应将会计凭证中的日期、编号、摘要、业务内容、金额等逐项登记入账，做到数字准确、摘要简明清楚、登记及时、字迹工整。账簿登记完毕，记账人员要在记账凭证上签名或盖章，并注明已登记入账的符号"√"，避免重记或漏记，也便于查阅、核对。

（三）账簿书写规范、符合要求

账簿应保持清晰、整洁，文字和数字应书写工整、规范，并紧靠底线书写。为了给错账更改留有余地，不要写满格，一般不超过格距的1/2左右。

为了使账簿记录持久，以便长期查核使用，记账时必须使用蓝黑墨水或碳素墨水书写，不能使用铅笔或圆珠笔（银行复写账簿除外）记账。红色墨水只能在下列情况下使用：

1. 按照红字冲账的记账凭证，冲销错误记录。

2. 在不设借贷，收付等栏的多栏式账页中，登记减少数。

3. 在三栏式账户的余额栏前，如未印明余额的方向，在余额栏内登记负数余额。

4. 根据国家统一会计制度的规定可以用红字登记的其他会计记录。

（四）账簿必须逐页逐行按顺序连续登记，不得跳行、隔页、缺号

如不慎发生上述情况，应在空行、空页处用红色墨水对角划线注销，注明"此行空白""此页空白"或"作废"字样，并由相关记账人员盖章或签名。对各种账簿的账页不得任意抽换和撕毁，以防舞弊。

（五）账簿按要求结算出账户余额

凡是需要结出余额的账户，结出余额后，应在"借或贷"栏内填写"借"或"贷"字样，以表示余额的方向；没有余额的账户，应在"借或贷"栏内填写"平"字样，并在余额栏内以"O"表示，现金日记账或银行存款日记账必须逐日结出余额。

（六）账簿账页的结转

每一账页登记完毕结转下页时，应在账页的最后一行结出本页发生额合计数和期末余额，并在摘要栏中注明"转次页"字样，同时在次页的首行记入上页加计的发生额合计数和余额，在摘要栏注明"承前页"字样。

（七）账簿记录错误的更正

账簿记录发生错误时，不得刮擦、挖补、涂改或用化学药水更改字迹，应根据错账具体情况，按规定方法进行更正。

会计账簿必须连续编号，经审核无误后装订成册，并由记账人员和会计机构负责人、会计主管人员签章。发生收付款业务的当天必须打印出库存现金日记账和银行存款日记账，并与库存现金和银行存款核对无误。

小知识

常用的会计符号

会计人员在填写记账凭证、登记账簿、编制报表时，通常使用一些约定俗成的会计符号。

"√"——表示已经记账或已核对。填写在凭证金额右边或账页右边的格子内。

"￥"——表示人民币符号。已在金额前写此符号，金额后就不用写

"元"字。

"@"——表示单价。

"△"——表示复原。将原来书写的数字划红线更正或文字更改后，发觉错误，即原写的是对的，仍应恢复原来记载。可以在被划红线的数字或被更改的文字下边，用红水笔写此符号，每个数码或文字下边写一个△，并在这笔数字或文字加符号处盖小章。

"No. 或#"——表示编号的号码。

"Σ"——表示多笔数目的合计，即总和。

"※"——表示对某笔数字、文字另附说明。

任务四　对账、结账和错账更正

为了保证会计账簿记载的会计信息准确无误，会计人员在登账完毕后要认真对账。为了掌握一定时期企业的财务状况和经营成果，会计人员还需要定期结账。登账、对账和结账是登记账簿不可或缺的工作环节，下面我们具体介绍如何结账、对账，以及错账的更正。

一、对账

（一）对账的意义

对账，简单地说就是核对账目，即是在会计期间（月份、季度、年度）终了时，将账簿记录与相关的会计凭证、会计账簿、实物、债权、债务进行核对的工作。对账能够确保会计账簿记录的正确性，为编制报表提供真实可靠的数据资料，还可以帮助会计人员随时纠正差错，发现控制制度的薄弱环节，保护企业财产物资的安全完整。对账工作每年至少进行一次。

（二）对账的内容

1. 账证核对。此处的"账"为会计账簿，"证"为会计凭证。将账簿记录与会计凭证相核对，包括总分类账、明细分类账和日记账同原始凭证、记账凭证的时间、凭证号数、内容、金额、记账方向等进行核对。账证核对工作主要在日常工作中进行，结账时，如有疑问，应进行重点抽查与核对。

2. 账账核对。主要指账簿之间的有关记录相互核对。包括：

（1）总分类账户核对。主要检查各总分类账户的本期借方发生额之和与贷方发生额之和、期末所有账户的借方余额之和与贷方余额之和是否相等。该项工作通过编造"试算平衡表"来进行。

（2）总分类账户与所属明细分类账户核对。主要检查各总分类账户的期初余额、本期借贷方发生额及期末余额与其所属明细分类账户的期初余额、本期借贷发生额及期末余额合计数是否相符。

（3）总分类账户与库存现金、银行存款日记账核对。主要检查库存现金、银行存款日记账的本期发生额及期末余额与总分类账户是否相符。

（4）财会部门登记的各种财产物资明细分类账数额，与财产物资保管或使用部门登记的财产物资明细账核对，二者是否相符。

3. 账实核对。是指账簿记录的结存数与现金、银行存款、各种有价证券及各项财产物资的实存数相核对。

（1）库存现金日记账的账面余额与现金的实际库存数每日核对相符；

（2）银行存款日记账的账面余额与开户银行对账单核对相符，每月至少核对一次；

（3）各种财产物资明细分类账账面余额与清查盘点后的实存数核对相符；

（4）各种应收、应付款明细分类账账面余额与有关债权、债务单位或个人的账目核对相符。

实际工作中，账实相符一般通过财产清查进行。

二、结账

（一）结账的意义

结账是一项将账簿记录定期结算清楚的账务工作，即当会计期间终了时，在把全部经济业务登记入账的基础上，结算出账簿记录的本期发生额和期末余额的工作。另外，企业撤销、合并而办理账务交接时，也需要进行结账。

结账是定期对账簿登记工作的总结。通过结账，可以反映一定时期内企业资产、负债和所有者权益的增减变化及结果，收入、费用及利润等经营成果，有利于不同期间会计数据资料的比较和分析，及时解决发现问题，促进企业改善管理，为编制会计报表提供资料。

（二）结账的步骤

1. 结账前，检查是否将本期发生的全部经济业务登记入账。核实会计账簿登记的完整性和准确性，不得漏记、重记经济业务事项。个能提前入账，也不能将本期发生的经济业务拖延至下期入账。

2. 按照权责发生制和收入费用配比原则，调整有关账项。对于应由本期负担而实际未付出的费用，及属于本期而实际未收到款项的收入，应加以预计；对于前期付出而应由本期负担的费用，及前期已收到款项而属于本期的收入应进行分摊或结转。

3. 期末损益结转，是将所有损益类账户结平。具体包括：将收入类账户的发生额转入"本年利润"账户；将费用类账户的本期发生额转入"本年利润"账户，所有损益类账户余额为零。年度终了时，还应将"本年利润"账户余额转入"利润分配——未分配利润"账户，年末结转后该账户无余额。

4. 结算出各账户本期发生额和期末余额。在本期全部经济业务登记入账的基础上，结算出库存现金日记账、银行存款日记账及总分类账和明细分类账的本期发生额与期末余额，并将资产、负债、所有者权益和成本类账户的期末余额转入下期，即本期期末余额为下期期初余额。

（三）结账的方法

结账工作一般在会计期末进行，分为月结、季结和年结。具体方法如下：

1. 月结。对于库存现金日记账、银行存款日记账和需要月结的收入、费用等明细账，在本月份最后一笔记录下划通栏单红线，表示本月记录结束，在红线下结算出本月借贷方发生额和月末余额，在摘要栏内注明"本月合计"字样，然后在下面再划一通栏单红线，表示月结完成。如果没有余额，在余额栏内注明"平"字或"0"符号。

2. 季结。季末应办理季结。办理季结，应在各账户本季度最后一个月的月结下面划一通栏红线，表示本季结束，然后在红线下结算出本季发生额和季末余额，并在摘要栏内注明"本季合计"字样，然后再在下面划一通栏红线，表示季结完成。

3. 年结。年终应办理年结。首先在 12 月份或第四季度季结下面划一通栏红线，表示年度终了。然后在红线下面结算出全年发生额、年末余额，在摘要栏内注明"本年合计"字样，并在数字下端划双红线，表示"封账"，即完成年结。年度结账后，应根据各账户的年末余额，过入新账簿，结转到下年度。

三、错账更正方法

在会计工作中，账簿记录出现错误，应根据错误发生的具体情况，按照规定的方法进行更正。错账更正方法一般有划线更正法、红字更正法和补充登记法三种。

（一）划线更正法

划线更正法又称红线更正法，它适用于在结账之前，发现记账凭证正确，而账簿记录中的数字或文字出现错误。更正方法是：在账簿错误的数字或文字上划一条红线注销，然后在划线上方空白处用蓝字写上正确的数字和文字，并由记账人员在更正处加盖印章，明确责任。必须注意，对于错误的数字，应全部用红线划掉，不能只划去整个数字中的个别错误数字；对于文字错误，可只划去错误的部分；对已划销的数字或文字要仍可辨认，以备查对。

例1　记账时将数量1345在账簿中误记为1435，更正如下：

最高存量： 最低存量：		原　材　料　明　细　账										账号　　总页数 页数		
									明细科目　**A**　材料					
类别　　　　储存处所　　　　　　规格　　　　　　计量单位　　公斤　　编号														

原材料明细账表格内容：

97年		凭证号数	摘要	收入				发出				结存			核对号
月	日			数量	单价	金额		数量	单价	金额		数量	均价	金额	
						十万千百十元角分				十万千百十元角分				十万千百十元角分	
12			承前页									152	10	1 5 2 0 0 0	
12	10	转1	购料	~~1345~~ 1435	10	~~1 3 4 5 0 0 0~~ 1 4 3 5 0 0 0		孔子				~~1492~~ 1501	10	~~1 4 9 2 0 0 0~~ 1 5 0 1 1 0 0	

（二）红字更正法

红字更正法又叫红字冲销法，它适用于以下两种情况：

1. 记账后，发现记账凭证中会计科目或借贷方向发生错误，应用红字更正法进行更正。更正方法是：用红字填写一张内容与原错误记账凭证内容完全相同的记账凭证，在摘要栏注明"更正第××号凭证错误"，并用红字登记入账，冲销账簿中原有的错误记录，然后再用蓝字填写一张正确的记账凭证，用蓝字登记入账。

例2　企业收到A公司前欠货款20 000元，款项已转入银行。编制记账凭证时，贷方科目误写为"应付账款"并已登记入账。错误会计分录为：

借：银行存款　　　　　　　　　　　　　　　　　20 000

　　贷：应付账款　　　　　　　　　　　　　　　20 000

更正方法是：用红字填写一张内容与原错误记账凭证内容相同的记账凭证（如下）（本书用方框表示红字，下同），并用红字登记账簿，以冲销错误的账簿记录：

借：银行存款　　　　　　　　　　　　　　　　20 000

　　贷：应付账款　　　　　　　　　　　　　　20 000

然后重新用蓝字填制一张正确的记账凭证（如下），并用蓝字登记账簿：

借：银行存款　　　　　　　　　　　　　　　　20 000

　　贷：应收账款　　　　　　　　　　　　　　20 000

2. 记账后，发现记账凭证和账簿记录中会计科目或借贷方向没有错误，只是所填金额大于应记正确金额，也采用红字更正法进行更正。更正方法是：将多记的金额用红字填制一张与错误凭证相同的记账凭证，在摘要栏内注明"冲转第×号凭证多计数"字样，并据以用红字登记入账，以冲销原账簿记录中的多记金额。

例 3 承例 1。在填制记账凭证时，误将金额 20 000 元填写为 200 000 元，并已登记入账。错误会计分录为：

借：银行存款　　　　　　　　　　　　　　　　　　200 000

　　贷：应收账款　　　　　　　　　　　　　　　　　200 000

更正时，用红字金额编制如下会计分录，将多记的 180 000 元冲销，并用红字登记账簿，以冲销错误的账簿记录。更正如下：

借：银行存款　　　　　　　　　　　　　　　　　　$\boxed{180\ 000}$

　　贷：应收账款　　　　　　　　　　　　　　　　　$\boxed{180\ 000}$

（三）补充登记法

补充登记法是用补记差额以更正账簿记录错误的一种方法。记账后，发现记账凭证和账簿记录中会计科目或借贷方向无错误，只是金额有错误，所记金额小于应记金额，采用补充登记法进行更正。更正方法是：将少记的金额用蓝字填写一张与错误凭证相同的记账凭证，在摘要栏内注明"补记第×号凭证少计数"字样，并用蓝字登记入账。

例 4 承例 1。在填制记账凭证时，误将金额 20 000 元填写为 2000 元，并已登记入账。其错误会计分录为：

错：银行存款　　　　　　　　　　　　　　　　　　2000

　　贷：应收账款　　　　　　　　　　　　　　　　　2000

更正时用蓝字填制一张少记 18 000 元的记账凭证，并用蓝字登记入账，分录如下：

借：银行存款　　　　　　　　　　　　　　　　　　18 000

　　贷：应收账款　　　　　　　　　　　　　　　　　18 000

表 8-15　错账的更正方法

错账原因	发现时间	使用方法	更正步骤
记账凭证无误，记账错误	结账前	划线更正法	1. 划红线注销 2. 用蓝字做正确记录 3. 更正处签章

续表

错账原因		发现时间	使用方法	更正步骤
记账凭证错误	会计科目错误	记账后	红字更正法（一）	1. 红字冲销原错误记录 2. 用蓝字重填正确凭证并入账
	借贷方向错误	记账后		
	科目、方向均错	记账后		
	仅金额多记	记账后	红字更正法（二）	红字冲销多记金额
	仅金额少记	记账后	补充登记法	蓝字补填凭证并入账

职业能力训练

一、重点概念

账簿　　序时账簿　　分类账簿　　银行存款日记账　　总分类账簿

二、单项选择题

1. 记账后发现记账凭证上应借、应贷会计科目并无错误但所记金额大于应记金额，对此应采用（　　）更正。

A. 划线更正法　　　　　　　　　　B. 红字更正法

C. 挖补法　　　　　　　　　　　　D. 补充登记法

2. 对临时租入的固定资产，应在（　　）登记。

A. 日记账　　　　　　　　　　　　B. 总分类账

C. 明细分类账　　　　　　　　　　D. 备查账

3. 数量金额式明细账一般适用于（　　）。

A. "应付账款"账户　　　　　　　　B. "管理费用"账户

C. "原材料"账户　　　　　　　　　D. "无形资产"账户

4. 对于从银行提取现金的经济业务，登记现金日记账的依据是（　　）

A. 现金收款凭证　　　　　　　　　B. 银行存款收款凭证

C. 现金付款凭证　　　　　　　　　D. 银行存款付款凭证

5. 下列情况不可以用红色墨水记账的是（　　）。

A. 冲账的记账凭证，冲销错误记录

B. 在不设借贷等栏的多栏式账页中，登记减少数

C. 在三栏式账户的余额栏前，印明余额方向的，在余额栏内登记负数余额

D. 在三栏式账户的余额栏前，未印明余额方向的，在余额栏内登记负数余额

6. 能够总括反映企业经济业务增减变动的会计账簿是（   ）。

A. 总分类账   B. 两栏式账

C. 备查账   D. 序时账

7. 对账时，账账核对不包括（   ）。

A. 总账各账户的余额核对

B. 总账与明细账之间的核对

C. 总账与备查账之间的核对

D. 总账与日记账的核对

8. 登记账簿时，正确的做法是（   ）。

A. 文字或数字的书写必须占满格

B. 书写可以使用蓝黑墨水、圆珠笔或铅笔

C. 用红字冲销错误记录

D. 发生的空行、空页一定要补充书写

9. 下列说法不正确的是（   ）。

A. 凡需要结出余额的账户，结出余额后，应当在"借或贷"等栏内写明"借"或者"贷"等字样

B. 没有余额的账户，应当在"借或贷"等栏内写"－"，并在余额栏内用"0"表示

C. 库存现金日记账必须逐日结出余额

D. 银行存款日记账必须逐日结出余额

10. 按照（   ）可以把账簿分为序时账簿、分类账簿和备查账簿。

A. 账簿用途   B. 账页格式

C. 外型特征   D. 账簿的性质

三、多项选择题

1. 下列适合采用多栏式明细账格式核算的有（   ）。

A. 原材料   B. 制造费用

C. 生产成本   D. 库存商品

2. 对账工作包括（   ）。

A. 账簿记录与记账凭证核对

B. 总账与明细账核对

C. 总账与日记账核对

D. 现金日记账与库存现金核对

E. 财产物资保管账与实物核对

3. 账证核对指的是核对会计账簿记录与原始凭证、记账凭证的（　　）是否一致，记账方向是否相符。

A. 时间　　　　　　　　　　B. 凭证字号

C. 内容　　　　　　　　　　D. 金额

4. 下列原因导致的错账应该采用红字更正法的有（　　）。

A. 记账凭证没有错误，登记账簿时发生错误

B. 记账凭证的会计科目错误

C. 记账凭证的应借、应贷的会计科目没有错误，所记金额大于应记金额

D. 记账凭证的应借、应贷的会计科目没有错误，所记金额小于应记金额

5. 可采用三栏式明细分类账核算的是（　　）。

A. 库存商品　　　　　　　　B. 应收账款

C. 管理费用　　　　　　　　D. 实收资本

6. 出纳人员可以登记和保管的账簿是（　　）。

A. 库存现金日记账　　　　　B. 银行存款日记账

C. 库存现金总账　　　　　　D. 银行存款总账

7. 下列属于账实核对的是（　　）。

A. 库存现金日记账账面余额与现金实际库存数的核对

B. 银行存款日记账账面余额与银行对账单的核对

C. 财产物资明细账账面余额与财产物资实存数额的核对

D. 应收、应付款明细账账面余额与债务、债权单位核对

8. 下列属于序时账的是（　　）。

A. 库存现金日记账　　　　　B. 银行存款日记账

C. 应收账款明细账　　　　　D. 主营业务收入明细账

9. 下列需要划双红线的是（　　）。

A. 在"本月合计"下面

B. 在"本年累计"下面

C. 在 12 月末的"本年累计"下面

D. 在"本年合计"下面

10. 库存现金日记账属于（　　）。

A. 特种日记账　　　　　　　B. 普通日记账

C. 订本账　　　　　　　　　D. 活页账

四、判断题（正确的在括号内打"√"，错误的在括号内打"✕"）

1. 某会计人员根据记账凭证登记入账时，误将 500 元填写为 5000 元，而记账凭证无误，应用补充登记法予以更正。（　　）

2. 账簿按外表形式可以分为订本账、活页账和卡片账。（　　　）

3. 登记账簿的依据是会计报告。（　　　）

4. 现金日记账和银行存款日记账必须采用订本式账簿。（　　　）

5. 序时账簿可以用来登记全部经济业务，也可以用来登记某一类经济业务。（　　　）

6. 总分类账和明细分类账都是根据记账凭证逐笔登记的。（　　　）

7. 新旧账有关账户之间转记余额，不必编制记账凭证。（　　　）

8. 登记账簿要用蓝黑墨水或者碳素墨水书写，绝对不得使用圆珠笔或者铅笔书写。（　　　）

9. 企业的序时账簿和分类账簿必须采用订本式账簿。（　　　）

10. 期末对账时，也包括账证核对，即会计账簿记录与原始凭证、记账凭证的时间、凭证字号、内容、金额是否一致，记账方向是否相符。（　　　）

五、简答题

1. 简述会计账簿的分类及其运用？

2. 对账的内容有哪些？

2. 什么是结账？结账工作方法包括哪些内容？

3. 如何对错账进行更正？

六、实务练习

习题一

（一）目的

练习银行存款日记账和库存现金日记账的登记。

（二）资料

某企业201×年4月31日银行存款日记账的余额为300 000元；库存现金日记账的余额为3 000元。5月上旬发生下列银行存款和库存现金收付业务：

1. 1日，投资者投入现金25 000元，存入银行（银收501号）。

2. 1日，以银行存款10 000元归还短期借款（银付501号）。

3. 2日，以银行存款20 000元偿还应付账款（银付502号）。

4. 2日，以现金1000元存入银行（现付501号）。

5. 3日，职工报销差旅费800元（现付502号）。

6. 3日，从银行提取现金2000元备用（银付503号）。

7. 4日，收到应收账款50 000元存入银行（银收502号）。

8. 5日，以银行存款40 000元支付购买材料款（银付504号）。

9. 5日，以银行存款1000元支付购入材料运费（银付505号）。

10. 6日，从银行提取现金18 000元，准备发放工资（银付506号）。

11. 6 日，用现金 18 000 元发放职工工资（现付 503 号）。

12. 7 日，以银行存款支付本月水电费 1800 元（银付 507 号）。

13. 8 日，销售产品一批，货款 51 750 元存入银行（银收 503 号）。

14. 9 日，用银行存款支付销售费用 410 元（银付 508 号）。

15. 10 日，用银行存款缴纳企业所得税 3500 元（银付 509 号）。

（三）要求

登记银行存款日记账和库存现金日记账，并结出 10 日的累计余额。

习题二

（一）目的

练习错账的更正方法。

（二）资料

某公司 2018 年 5 月末查账时发现以下记录：

1. 5 月 5 日，销售部门员工报销差旅费 1500 元，用现金付讫，记账凭证中记录为：

借：销售费用	1500
贷：银行存款	1500

并登记入账。

2. 5 月 9 日，用银行存款支付所欠供货单位货款 7600 元，记账凭证记录为：

借：应付账款	7600
贷：银行存款	7600

登记账簿时，"银行存款"账户金额误记为 760 元。

3. 5 月 31 日，计提办公用固定资产折旧费用 4 100，记账凭证中记录为：

借：管理费用	410
贷：累计折旧	410

并登记入账。

（三）要求

判断上述凭证记录是否有错误？若有错误请予以更正。

项目九

开展财产清查

1. 认识财产清查的概念、种类、盘存制度。
2. 掌握货币资金、实物资产和往来款项的清查方法。
3. 编制"银行存款余额调节表"。
4. 熟悉财产清查结果的账务处理。

1. 能够正确清查货币资金、实物资产和往来款项。
2. 能够正确编制"银行存款余额调节表"。
3. 能够对财产清查的结果进行账务处理。

任务一　认识财产清查

财产清查是会计核算的基本方法之一。为了保证企业对外提供会计信息的质量，在期末编制财务会计报告之前，以及对企业财产进行清产核资、整体资产评估、企业经济体制改制、合资与合并、歇业、破产等时，都必须进行全面的或局部的、定期的或不定期的财产清查。

一、财产清查的概念

财产清查是指通过对各项财产物资的盘点或核对，查明其实有数与账存数是否相符的一种专门方法。企业财产清查的财产物资包括：货币资金、存货、固定资产、债权债务、有价证券等。

在会计核算中，对会计凭证和账簿的日常审核，进行账证核对和账账核对，只能保证账簿本身记录的正确性，不能保证账实相符。只有通过财产清查，查明账簿记录的结存数与各项财产物资的实存数是否真正相符，才能保证财产物资的安全完整。

在实际的会计核算中，由于一些主观或客观的原因，往往导致账簿记录与财产物资的实存数不相一致，即账实不符，造成这种现象的主要原因有：

1. 财产物资在运输、保管过程中，由于自然因素或其他条件的影响，而发生的数量或质量上的变化。

2. 在收发财产物资时，由于计量、计算、检验的不准确或型号、规格混淆，而发生的品种上、数量上、质量上或等级上的差错。

3. 在财产物资增减变动时，会计人员漏办或重办入账手续，或入账时在计算或登记上出现差错。

4. 在结算过程中，由于未达账项或拒付等原因而引起的银行与单位双方记录不符。

5. 由于管理不善或有关工作人员失职而造成财产物资的毁损、变质或短缺，以及货币资金、往来款项的差错。

6. 发生自然灾害的意外损失。

7. 由于不法分子贪污盗窃、营私舞弊等造成的财产物资损失。

另外，企业有下列情况之一的，也需要进行财产清查：

1. 企业在正常经营时，进行清产核资、年终核算、资产评估、合资合并、法人代表离任、发生经济案件等。

2. 企业经济体制改革或股权进行重大变更。

3. 企业章程规定营业期限届满，不再延期经营，或企业因经营不善，股东大会决议申请歇业。

4. 企业因不能清偿到期债务，被依法宣告破产等。

根据以上原因，必须对单位的各项财产物资进行全面或局部、定期或不定期地盘点或核对，从中发现财产物资在保管和记账过程中的问题。当账存数与实存数不相符时，应查明原因，追究责任，按有关规定作出处理。

小思考

哪些因素会造成各项财产物资账存数与实存数不一致？

二、财产清查的作用

（一）保证会计核算资料真实、正确和完整，为企业内外部提供准确的会计信息

通过财产清查，可以确定企业各项财产物资的实存数，将账存数与实存数

进行核对，查明各项财产物资是否账实相符，确定有关财产物资的盘盈、盘亏情况，并及时调整账面记录，使账簿记录的会计资料真实、正确和完整，为有关各方提供准确的会计信息。

（二）保护财产物资的安全、完整

通过财产清查，可以查明各项财产物资的保管是否符合规定，有无因保管不善造成的毁损、变质、贪污、盗窃和非法挪用等情况；其收发是否按照制度办理了必要的手续等。针对清查中发现的问题，及时采取措施，健全各种管理制度，保护企业财产物资的安全完整。

（三）挖掘财产物资潜力，加速资金周转

通过财产清查，可以查明企业各项财产物资的储备和使用情况，以便采取合理措施，提高物资的使用效率。对储备不足和不配套的，应予以补充和配套，确保生产需要；对超储、积压和呆滞的，应采取措施，及时处理，防止盲目采购和积压，充分挖掘财产物资潜力，提高财产物资的使用效率。

（四）保证财经纪律和结算纪律的执行

通过财产清查，可以检查企业各项资金的使用是否合理，是否符合党和国家的方针政策和法规；单位是否遵守国家的财经纪律和结算制度，有无错误、偏差和舞弊行为，以便及时采取措施，予以纠正，保证国家财经纪律和结算纪律的执行。

三、财产清查的种类

（一）按财产清查的对象和范围，分为全面清查和局部清查

1. 全面清查，是指对企业所有的财产物资进行盘点和核对。企业一般在年终决算、合资、合并、联营、整体资产评估、推行股份制、歇业、法人代表离任、破产及发生经济犯罪案件等情况下，需要进行全面清查。涉及的范围广，参加的部门人员多，工作量大。

2. 局部清查，是指企业根据管理需要或依据有关规定，对部分财产物资进行盘点和核对。其主要对象是流动性较强的财产物资。涉及范围小，清查内容少，参加的部门人员少，专业性较强。

（二）按财产清查的时间，分为定期清查和不定期清查

1. 定期清查，是指企业根据事先计划安排好的时间对财产物资进行的盘点和核对。清查对象根据实际需要确定，可以是全面清查，也可以是局部清查。清查的目的是为了保证会计资料的真实、正确、完整，通常是在年末、季末、月末结账前进行。

2. 不定期清查，是指企业根据实际需要临时对财产物资进行的盘点和核对。如对现金、银行存款、贵重物资和商品进行的突击性检查；更换财产物资

经管人员时对其经管的财产物资进行的清查等。其清查的对象也是根据实际需要确定的，可以是全面清查也可以是局部清查。目的主要在于分清责任、查明情况。

（三）按财产清查的执行单位，分为内部清查和外部清查

1. 内部清查，是指由企业自行组织清查工作小组进行的财产清查工作。一般多数的财产清查都属于内部清查。

2. 外部清查，是指由上级主管部门、审计部门、注册会计师或司法部门，根据国家有关规定或实际情况的需要，对企业进行的财产清查工作。如注册会计师对企业报表进行的审计；审计、司法部门对企业进行的清查工作等。

四、财产清查的盘存制度

单位对于财产物资的收入、发出、结存在账簿上的记录方法，可以采用实地盘存制和永续盘存制。

（一）实地盘存制

实地盘存制，是指企业平时只根据会计凭证在账簿中登记各种财产物资的增加数，不登记减少数，期末或结账时，通过对各项财产物资的盘点，确定其实存数，再推算出本期财产物资的减少数，并据以登记入账的一种管理制度。

本期减少数 = 期初结存 + 本期增加数 − 期末实存数

采用实地盘存制进行财产清查，优点是工作方法比较简单，工作量小；缺点是各项财产物资的减少数没有严密的手续，平时会计账簿中不能反映各项财产物资的减少数和结存数，不利于对财产物资进行监督，加强管理。推算出的财产物资减少数中既有生产经营正常消耗的，也有其他原因减少的。因此，这种清查方法，不能正确反映企业财产物资的实际结存情况，还容易掩盖管理中存在的各种问题，不利于财产物资的管理，不利于保护财产物资的安全与完整。所以，企业一般不采用这种盘存制度。只有那些平时确实无法记录财产物资减少数的单位才采用这种方法，如零售商店等。

例1 某企业甲材料本月的期初结存数量为2000公斤，单价为3.50元。该月份发生下列各项材料业务：

（1）3日，购进入库甲材料3000公斤，实际成本为10 500元；

（2）5日，生产领用甲材料1500公斤，实际成本为5250元；

（3）10日，购进入库甲材料2000公斤，实际成本为7000元；

（4）16日，生产领用甲材料1000公斤，实际成本为3500元；

（5）20日，生产领用甲材料2500公斤，实际成本为8750元；

（6）25日，购进入库甲材料1000公斤，实际成本为3500元。

假定本企业期末实地盘点甲材料的结存数为2000公斤，单价为3.50元，共

计 7000 元。根据实地盘存制，本企业本月甲材料明细账上的收入、发出和结存情况的记录，如表 9-1 所示。

表 9-1 原材料明细账

材料名称：甲材料

年		凭证	摘要	单位	收入		发出		结存	
月	日			（元）	数量	金额	数量	金额	数量	金额
×	1		期初余额	3.5					2000	7000
	3		购进	3.5	3000	10 500				
	10		购进	3.5	2000	7000				
	25		购进	3.5	1000	3500				
	31		生产领用				6000	21 000		
	31		本月发生额及余额	3.5	6000	21 000	6000	21 000	2000	7000

（二）永续盘存制

永续盘存制，是指企业各项财产物资的收发，平时都在有关的明细账中逐笔登记和汇总，反映其增加数和减少数，并随时在账簿中结算出各项财产物资的结存数的一种管理制度。

采用永续盘存制进行财产清查，优点是反映财产物资增减变动的会计核算手续严密，能够随时反映单位各项财产物资的增、减及结存情况，有利于加强会计监督，加强财产物资管理，保护企业各项财产物资的安全与完整。缺点是日常核算的工作量比较大，账存数与实存数常会发生不一致的情况。所以，企业采用永续盘存制时，需要对各项财产物资进行定期或不定期的清查，确保账实相符。总体来说这种盘存制度优点明显，对加强管理有利，企业一般均采用这种盘存制度。

例 2 仍以上例资料为例，采用永续盘存制，甲材料明细账上的收入、发出和结存情况的记录，如表 9-2。

表 9-2 原材料明细账

材料名称：甲材料

年		凭证		摘要	单位	收入		发出		结存	
月	日	字	号		（元）	数量	金额	数量	金额	数量	金额
×	1			初期余额	3.5					2 000	7 000
	3			购进	3.5	3 000	10 500			5 000	17 500

年		凭证		摘要	单位	收入		发出		结存	
月	日	字	号		（元）	数量	金额	数量	金额	数量	金额
	5			生产领用	3.5			1 500	5 250	3 500	12 250
	10			购进	3.5	2 000	7 000			5 500	19 250
	16			生产领用	3.5			1 000	3 500	4 500	15 750
	20			生产领用	3.5			2 500	8 750	2 000	7 000
	25			购进	3.5	1 000	3 500			3 000	10 500
	31			本月发生额及余额	3.5	6 000	21 000	5 000	17 500	3 000	10 500

任务二 财产清查的内容和方法

一、财产清查的准备

财产清查工作是一项复杂、细致、专业性较强的工作，特别是全面清查涉及的部门人员多，工作量大。因此，在财产清查之前，应充分做好各项准备工作，主要有以下方面：

（一）组织准备

为了使财产清查工作有组织、有计划、顺利地进行，应根据财产清查的实际需要，在财产清查之前组建财产清查的专门机构，制定好财产清查的工作计划，做好组织上的落实，确定清查的范围和步骤，配备清查人员。这些准备工作应由主要领导负责，会同财会、财产管理、财产使用等有关部门共同进行。

（二）业务准备

为了使财产清查能够顺利进行，在清查之前，应清理有关账目，登记齐全，核对清楚，使之账证相符、账账相符；有关经管人员应将其所保管的各种财产物资堆放整齐，挂上标签，标明品种、规格和结存数量，以便进行实物盘点；按照国家标准计量校正各种度量衡器具，减少误差；准备好各种空白的清查盘存报告表等。

二、财产清查的内容和方法

（一）实物资产的清查

实物资产包括固定资产、原材料、在产品、产成品、商品、低值易耗品、包装物等。对实物资产应从数量和质量两方面进行清查。由于实物资产的种类繁多，形态、体积、重量、价值、存放方式等不尽相同，因此，实物资产的清查方式也不同。通常采用实地盘点法和技术推算法两种方法。

实物盘点法是指对各项财产物资通过逐一清点，或者用计量器具来确定其实存数量的一种方法。这种方法适用范围较广泛，大部分财产物资的清查都采用这种方法。

技术推算法是指对各项财产物资按照一定的计算公式或者一定的标准，推算出其实物数量的一种方法。这种方法主要适用于大量成堆、价廉、难以逐一清点的财产物资，如对堆存的煤、沙、矿石等的清查。

实物清查的内容和方法具体如下：

1. 核对账簿，进行盘点，确定和检查财产物资的实有数量与质量情况。盘点时，清查人员与实物保管人员必须同时在场，并同时参加实地盘点工作，以便明确经济责任。

2. 填制"盘存单"。对盘点的结果要如实登记在"盘存单"上，并由盘点人员和实物保管人员签章，以明确经济责任。盘存单的一般格式如表9-3所示。它既是记录实物盘点结果的书面证明，又是反映材料物资实有数的原始证明。

表9-3 财产盘存单

单位名称　　　　　　　　　　　　　　盘点时间

财产类别　　　　　　　　　　　　　　存放地点　　　　　　　　　　　　编号

编号	名称	规格或型号	计量单位	数量	单价	金额	备 注

盘点人：（签章）　　　　　　　　　　　　　　　　实物保管人：（签章）

3. 编制"账存实存对比表"。根据"盘存单"记录和相应的材料物资账簿的记录情况编制"账存实存对比表"。其一般格式如表9-4所示。"账存实存对比表"是调整账簿记录的原始依据，是分析账存数和实存数发生差异的原因，也是确定经济责任的原始证明材料。

表 9-4　账存实存对比表

单位名称　　　　　　　　　　　　　　　　　　　　　　　　　　　　　　　　　　年　月　日

编号	类别及名称	计量单位	单位	实存		账存		差异				备注
				数量	金额	数量	金额	盘盈		盘亏		
								数量	金额	数量	金额	

主管人员：（签章）　　　　　　　　　　会计：（签章）　　　　　　　　　　制表：（签章）

（二）货币资金的清查

1. 现金和有价证券的清查。现金清查是指对单位的库存现金，通过实地盘点的方法，确定其实存数，再与库存现金日记账的账面余额进行核对，以查明其实际余缺的清查方法；有价证券主要包括国库券、公司债券、股票和其他金融债券等，其清查方法与现金相同。

库存现金的清查，应由财产清查人员和出纳人员共同负责，采用实地盘点法进行。其清查的内容和方法具体如下：

（1）在清查盘点前，由出纳人员先将现金收、付凭证全部登记库存现金日记账，结出余额。

（2）清查盘点时，由清查人员和出纳人员对现金进行逐张清点，与库存现金日记账的余额相核对，使库存现金的实存数与库存现金日记账相一致。如果发现余缺，必须会同出纳人员当场核实金额，以保证账实相符。此外，在清查时还应注意是否有挪用现金、白条或借条抵充库存、现金库存超过银行核定的现额、坐支现金等违反财经纪律的情况，发现这些情况，应立即加以纠正，将现金追回，并严肃处理。现金要求日结月清，平时由出纳人员自行清查，必要时可以突击抽查。

（3）清查盘点结束后，根据清查结果编制"库存现金盘点报告表"，由清查人员和出纳人员签名或盖章。其格式如表 9-5。

表 9-5   库存现金盘点报告表

单位：   年   月   日

币 别	实存金额	账存金额	对 比 结 果		备 注
			盘 盈	盘 亏	

盘点人：（签章）   出纳员：（签章）

2. 银行存款的清查。银行存款的清查，通常采用的是核对账目的方法。即将开户银行定期送来的对账单与本单位的银行存款日记账逐笔进行核对，以查明银行存款的收入、付出和结存是否正确，账实是否相符。其清查的内容和方法具体如下：

（1）检查、核对本单位的账簿记录。在与开户银行核对账目之前，先详细检查、核对本单位银行存款日记账的正确性和完整性，再与银行送来的对账单逐笔核对，确定双方记账的正确性。开户银行存款的对账单详细、完整地记录了单位银行存款的增加、减少和结余情况。

（2）确认未达账项。由于单位和开户银行办理结算手续和凭证传递的不一致，往往出现银行对账单存款余额与本单位银行存款账面余额不相符的情况，如果不是双方记账的错误，则主要是由"未达账项"造成的。

未达账项，是指由于单位和开户银行双方记账时间的不同，一方已经登记入账，而另一方因未接到有关凭证尚未登记入账的款项。单位与银行之间的未达账项，一般有以下四种情况：

第一，单位存入银行的款项，单位已登记入账增加了银行存款，而银行未收到通知，未登记入账以增加单位的存款。

第二，单位开出支票或其他支款凭证，单位已登记入账减少了银行存款，而银行未收到通知，未登记入账以减少单位的存款。

第三，银行代单位收进的款项，银行已登记入账，作为单位存款的增加，而单位未收到通知，因而未登记入账以增加存款。

第四，银行代单位支付的款项，银行已登记入账，作为单位存款的减少，而单位未收到通知，因而未登记入账以减少存款。

上述任何一种情况发生，都会使单位和银行双方的账面存款余额不一致。在第一、第四两种情况下，单位银行存款日记账余额大于开户银行对账单余额；在第二、第三两种情况下，单位银行存款日记账余额小于开户银行对账单余额。

在财产清查时出现未达账项，应查找出双方未达账项的金额，编制"银行存款余额调节表"予以调节。若调节后，双方余额相等，表明单位与开户银行的账目没有差错；若双方余额仍不相等，说明账簿记录有错误，应进一步查找原因，及时更正。现举例说明"银行存款余额调节表"的编制方法：

例3　某企业2018年6月末银行存款日记账的账面余额为70 000元，银行送来的对账单上的存款余额为74 000元，经核对后，发现有以下几项"未达账项"：

（1）6月28日，企业收到其他单位的转账支票一张金额3000元，已登记入账。因尚未到银行办理进账，银行没有入账；

（2）6月29日，企业开出转账支票一张金额1000元，企业已登记入账。因持票人尚未到银行办理转账手续，银行没有入账；

（3）6月29日，企业委托银行代收的外地销货款8000元，银行已登记入账，但企业未接到收款通知，因而企业尚未登记入账；

（4）6月29日，银行代企业支付的购货款2000元，银行已登记入账，但企业未接到付款通知，因而企业尚未登记入账。

根据以上资料，编制"银行存款余额调节表"（表9-6）如下：

表9-6　银行存款余额调节表

2012年6月30日

项　　目	金　　额	项　　目	金　　额
企业银行存款日记账的账面余额	70 000	银行对账单的存款余额	74 000
加：银行已收，企业未收的款项	8000	加：企业已收，银行未收的款项	3000
减：银行已付，企业未付的款项	2000	减：企业已付，银行未付的款项	1000
调节后的存款余额	76 000	调节后的存款余额	76 000

经过调节后，单位银行存款日记账与开户银行账户双方的余额是相等的，说明双方银行存款的账簿记录一致。如果调节后重新确立的余额，既不等于本单位银行存款的账面余额，也不等于开户银行的账面余额，则它是单位银行存款的实有数额。

上述银行存款的清查方法，也适用于银行借款的清查。在进行银行借款的清查时，还应查明是否按规定用途使用，是否按期归还。

需要指出的是，银行对账单和"银行存款余额调节表"不能作为原始凭证。"银行存款余额调节表"只是用来对账，不能将其作为会计核算的原始依据。对于未达账项，企业不能立即进行账务处理，需日后取得有关结算凭证后，再编制记账凭证，登记入账。

（三）往来款项的清查

往来款项的清查，主要包括对单位各种应收款、应付款、预收款、预付款等债权、债务的清查。其清查与银行存款清查相同，也是采用同对方核对账目的方法进行。具体内容和方法如下：

1. 检查、核对账簿记录。单位应将本单位的各项往来款项全部完整地登记入账簿，并对账簿记录依据的会计凭证进行逐笔核对，以保证账簿记录的正确性。

2. 编制往来款项对账单。单位依据本单位往来款项，逐户编制一式两联的对账单，送交对方单位进行核对，如对方单位核对无误，应在对账单上加盖公章后退回本单位；如对方单位发现数字不符，应在对账单上注明不符的原因后退回发出单位，或者另抄对账单退回，作为进一步核对的依据。本单位收到对方的回单后，对错误的账目应及时查找原因，按规定的手续和方法加以更正；核对时，如发现存在未达账项，本单位和对方单位都应采用调节账面余额的办法，确认往来款项是否相符。

3. 编制"往来款项清查结果报告表"，其一般格式如表9-7所示。

表9-7　往来款项清查结果报告表

总分类账户和 有关明细分类账户	账面结 存余额	对方结 存余额	清查结果		核对不符原因分析				备注
			核对相 符金额	核对不 符金额	未达账 项金额	有争议 款项	无法收 回款项	其他	

单位名称　　　　　　　　　　　　　　年　月　日
单位主管（签章）：　　　　　　　主管会计（签章）：　　　　　　　　清查人员（签章）：

在往来款项清查后，对于该收回的款项应设法及时收回；该归还的款项及时偿还；有争议的款项，没有收回希望的款项以及无法支付的款项，应及时采取措施，避免相互间的长期拖欠或发生坏账损失。

任务三　财产清查结果的处理

一、财产清查结果处理的要求

（一）财产清查的结果

财产清查的结果一般有四种情况：第一种情况是实存数等于账存数，即账实相符；第二种情况是实存数大于账存数，即盘盈；第三种情况是实存数小于账存数，即盘亏；第四种情况是实存数虽与账存数一致，但实存的财产物资有质量问题，不能按正常的财产物资使用，即毁损。对于第一种财产物资数量和质量都账实相符的情况，会计上不进行账务处理，对于后三种情况，即财产物资的盘盈、盘亏和毁损，都是财产清查处理的内容，会计上必须进行账务处理。

（二）财产清查结果处理的要求

通过财产清查发现财产物资管理和会计核算上的问题，必须以国家有关的政策、法令和制度为依据，严肃认真地做好清查结果的处理工作。其处理的一般要求如下：

1. 认真分析财产清查中盘盈、盘亏和毁损发生的原因，明确经济责任和法律责任，提出处理意见，并按规定程序如实上报，请有关部门审批处理。上级部门审批处理后，应严格执行审批处理意见。

2. 积极处理财产清查中多余、积压的财产物资，及时清理债权、债务等各种往来款项，并发现有关会计工作、管理工作、管理制度在实际工作中存在的问题。

3. 对财产清查中发现的各种问题，应认真总结经验教训，提出改进的具体措施，建立健全财产物资的管理制度，保护财产的安全与完整，提高经营管理水平。

4. 对财产清查中账实不符的情况和处理，应及时在有关账簿上进行反映，使其账实相符。在调整账簿记录时，应分为两个步骤进行：

第一步，将已查明属实的财产物资盘盈、盘亏或毁损的数字，根据有关原始凭证编制记账凭证，再据以登记有关账簿，调整账簿记录，使各项财产物资的实存数与账存数一致；

第二步，根据审批后的处理结果和决定，对账实不符的原因明确责任后，编制记账凭证，登记有关账簿，保证账簿记录的完整性和准确性。

二、财产清查结果的账务处理

财产清查中账实不符情况的处理，应通过设置"待处理财产损溢"账户进行。该账户为资产类账户，主要用以核算单位已经发生而尚待处理的各种财产物资的盘盈、盘亏和毁损情况。其借方记入各种财产物资的盘亏和毁损情况，以及转销的盘盈数额，贷方登记各种财产物资的盘盈情况，以及转销的盘亏和毁损数额。如果余额在借方，表示尚待处理的各种财产物资的净损失；如果余额在贷方，则表示尚待处理的各种财产物资的净收益。该账户下设置"待处理流动资产损溢"和"待处理固定资产损溢"两个明细分类账户，分别核算和监督财产清查中查明的流动资产和固定资产的盘盈、盘亏和毁损及其处理情况。

现举例说明财产清查结果的账务处理：

（一）库存现金清查结果的处理

例4　某企业在库存现金清查时，发现库存现金长款500元。

在核查、审批前，先根据"库存现金盘点报告表"编制会计分录如下：

借：库存现金　　　　　　　　　　　　　　　　　　　500

　　贷：待处理财产损溢——待处理流动资产损溢　　　　500

经核查，上述库存现金长款无法查明原因，报作营业外收入处理，编制如下会计分录：

借：待处理财产损溢——待处理流动资产损溢　　　　500

　　贷：营业外收入　　　　　　　　　　　　　　　　500

例 5　某企业在库存现金清查时，发现库存现金短款 200 元。

在核查、审批前，先根据"库存现金盘点报告表"编制会计分录如下：

借：待处理财产损溢——待处理流动资产损溢　　　　200

　　贷：库存现金　　　　　　　　　　　　　　　　　200

经核查，上述库存现金短款属于出纳员的责任，经批准应由其赔偿，编制如下会计分录：

借：其他应收款——××出纳　　　　　　　　　　　200

　　贷：待处理财产损溢——待处理流动资产损溢　　　200

（二）存货清查结果的处理

例 6　某企业在财产清查中，盘盈甲种材料一批，价值 1600 元。

在核查、审批前，先根据"账存实存对比表"编制会计分录如下：

借：原材料——甲　　　　　　　　　　　　　　　　1600

　　贷：待处理财产损溢——待处理流动资产损溢　　　1600

经核查该批盘盈材料属于计量不准所致，经批准作为冲减管理费用处理。应作如下会计分录：

借：待处理财产损溢——待处理流动资产损溢　　　1600

　　贷：管理费用　　　　　　　　　　　　　　　　1600

例 7　某企业在财产清查中，盘亏乙种材料 2200 元。

在核查、审批前，先根据"账存实存对比表"编制会计分录如下：

借：待处理财产损溢——待处理流动资产损溢　　　2200

　　贷：原材料——乙　　　　　　　　　　　　　　2200

经核查，该批盘亏材料中的 1500 元属于定额损耗，经批准列作管理费用；300 元属于超定额损耗，经批准由责任人负责赔偿；400 元为非常灾害造成，经批准列作营业外支出。应作如下会计分录：

借：管理费用　　　　　　　　　　　　　　　　　1500

　　其他应收款——责任人　　　　　　　　　　　　300

　　营业外支出　　　　　　　　　　　　　　　　　400

　　　贷：待处理财产损溢——待处理流动资产损溢　　　　　　2200

（三）固定资产清查结果的处理

例8　某企业在财产清查中发现有一台设备盘亏，原账面价值为3000元，已计提折旧1000元。

在核查、审批前，先根据"账存实存对比表"编制会计分录如下：

　　借：待处理财产损溢——待处理固定资产损溢　　　　　　2000
　　　　累计折旧　　　　　　　　　　　　　　　　　　　　1000
　　　贷：固定资产　　　　　　　　　　　　　　　　　　　3000

经批准，上述盘亏固定资产作为营业外支出处理。根据批准文件，应作如下会计分录：

　　借：营业外支出　　　　　　　　　　　　　　　　　　　2000
　　　贷：待处理财产损溢——待处理固定资产损溢　　　　　2000

（四）坏账损失的账务处理

企业发生的应收账款，可能因债务单位破产、倒闭等原因无法收回，在会计上称为坏账。由于坏账发生而导致的损失，称为坏账损失。

企业发生坏账，会计上不通过"待处理财产损溢"账户核算，而是根据规定，经批准后进行调整。主要有两种账务处理方法：

1. 直接转销法，是按照规定的手续审批后，列作管理费用，计入本期损益，同时应收账款减少。

例9　某企业查明无法收回的应收账款30 000元，向有关部门报批同意后列作坏账损失。编制会计分录为：

　　借：管理费用　　　　　　　　　　　　　　　　　　　30 000
　　　贷：应收账款　　　　　　　　　　　　　　　　　　30 000

2. 备抵法，是先按应收账款的一定比例提取坏账准备，一旦发生坏账，从坏账准备中冲减。如上一题，编制会计分录为：

　　借：坏账准备　　　　　　　　　　　　　　　　　　　30 000
　　　贷：应收账款　　　　　　　　　　　　　　　　　　30 000

小知识

确认为坏账，应符合下列条件之一：

（1）债务人破产，依据破产清偿程序进行清偿后，确实无法追回的部分。

（2）债务人死亡，无财产可供清偿，并且没有义务承担人，确实无法追回的部分。

（3）债务人逾期未履行偿债义务超过3年，确实不能收回的应收款。

（五）无法支付的应付账款的账务处理

例10   某企业在财产清查中发现长期无法支付的应付账款5800元，经查实对方单位已解散，经批准做销账处理，作如下会计分录：

借：应付账款   5800
　　贷：营业外收入   5800

小思考

企业年底财产清查时发现盘亏设备一台，原值10万元，已提取折旧6万元。经查实，是保管人员私自借于别人，并丢失。保管人员已做正常报废处理。请问：

（1）这台盘亏设备做正常报废处理是否符合会计制度的要求？

（2）企业应如何正确处理这台盘亏设备？

职业能力训练

一、重点概念

财产清查   实地盘存制   永续盘存制   未达账项

二、思考题

1. 概述实地盘存制与永续盘存制的优缺点和适用性。

2. 如何对银行存款进行清查？

3. 什么是未达账项？单位在哪些情况下会发生未达账项？

三、单选题

1. 一般来讲，单位撤销、合并、改变隶属关系时，应进行（   ）。

　A. 全面清查   B. 局部清查

　C. 账面清查   D. 实地盘点

2. 在盘点财产物资时，应将多余财产物资的盘点结果登记在（   ）上。

　A. 盘存单   B. 实存账存对照表

　C. 库存现金清查结果报告表   D. 对账单

3. 企业与银行对账时，应首先查明（   ）。

　A. 双方账面余额是否相符   B. 双方记账是否一致

　C. 有无未达账项   D. 有无错误

4. 材料清查盘点中盘盈的材料，在报经批准后，应该（   ）。

　A. 作营业外收入处理   B. 作其他业务收入处理

　C. 冲减当期管理费用   D. 冲减其他业务支出

5. 盘亏的固定资产，批准后，应借记（　　　）账户。

A. "待处理财产损溢"　　　　　　B. "营业外收入"

C. "累计折旧"　　　　　　　　　D. "营业外支出"

6. 对库存现金进行清查时，一般采用（　　　）。

A. 账面清查　　　　　　　　　　B. 实地盘点

C. 账账核对　　　　　　　　　　D. 账证核对

7. 技术推算盘点法通常用于（　　　）的盘点。

A. 固定资产　　　　　　　　　　B. 流动资产

C. 银行存款　　　　　　　　　　D. 大量成堆、难以逐一清点的物资

8. 企业对外埠存款的清查，应采用（　　　）方法。

A. 实地盘存制　　　　　　　　　B. 永续盘存制

C. 函证　　　　　　　　　　　　D. 均不对

9. 下列情况中，宜采用局部清查的是（　　　）。

A. 企业更换财产经管人员　　　　B. 企业清产核资

C. 年终决算前进行的清查　　　　D. 企业改制进行的清查

10. 待处理财产损溢账户的贷方登记的是（　　　）。

A. 企业盘盈、盘亏的财产物资数额

B. 企业报经批准后转销的盘盈、盘亏数额

C. 企业盘盈的财产物资数额，以及报经批准后转销的盘亏数额

D. 企业盘亏的财产物资数额，以及报经批准后转销的盘盈数额

四、多选题

1. 全面清查的时间一般有（　　　）。

A. 年末　　　　　　　　　　　　B. 月末

C. 开展清产核资时　　　　　　　D. 单位撤销、改变隶属关系时

2. 核对账目的方法适用于（　　　）。

A. 库存现金清查　　　　　　　　B. 固定资产清查

C. 银行存款清查　　　　　　　　D. 往来款项清查

3. 存货盘存制度一般有（　　　）。

A. 永续盘存制　　　　　　　　　B. 实地盘存制

C. 收付实现制　　　　　　　　　D. 权责发生制

4. 盘亏的财产物资，经批准后进行账务处理，可能涉及的借方账户有
（　　　）。

A. "管理费用"　　　　　　　　　B. "营业外支出"

C. "营业外收入"　　　　　　　　D. "其他应收款"

5. 关于库存现金的清查，下列说法正确的有（　　　）。

A. 库存现金应每日清点一次

B. 库存现金的清查应采用实地盘点法

C. 在清查中可以用借条、收据充抵库存现金

D. 根据盘点结果编制"现金盘点报告表"

6. 企业盘点库存现金时，应注意（　　　）。

A. 有无账实不符　　　　　　　B. 有无违反现金管理制度

C. 有无坐支现金　　　　　　　D. 库存现金是否超过限额

7. 企业与银行之间的未达账项，有以下几种情况（　　　）。

A. 银行代企业收进的款项，银行已登记入账，企业尚未入账

B. 银行代企业支付的款项，银行已登记入账，企业尚未入账

C. 企业支付的款项，企业已登记入账，银行尚未入账

D. 企业存入银行的款项，企业已登记入账，银行尚未入账

8. 以下属于财产清查范畴的有（　　　）。

A. 货币资金　　　　　　　　　B. 应付账款

C. 固定资产　　　　　　　　　D. 存货

9. 对于企业盘亏的固定资产，应按（　　　）分别记入"固定资产"和"累计折旧"账户。

A. 账面原值　　　　　　　　　B. 账面净值

C. 估计净值　　　　　　　　　D. 账面已提折旧

10. 财产清查的作用，体现在（　　　）。

A. 保证会计核算资料的真实、完整

B. 保护财产物资的安全、完整

C. 挖掘财产物资潜力，提高财产物资使用效率

D. 维护财经纪律，遵守结算制度

五、判断题(正确的在括号内打"√"，错误的在括号内打"×")

1. 财产清查就是对各种实物财产进行的清查盘点。（　　　）

2. 对于未达账项应编制"银行存款余额调节表"进行调节，同时将其编制记账凭证登记入账。（　　　）

3. "银行存款余额调节表"可以作为原始凭证。（　　　）

4. 现金和银行存款的清查均采用实地盘点的方法进行。（　　　）

5. 现金清查结束后，应填写"现金盘点报告表"，并由盘点人和出纳人签章。（　　　）

6. 进行财产清查时，发现账存数小于实存数，即为盘亏。（　　　）

7. 在永续盘存制下,财产清查的目的在于确定本期发生额。( )

8. 定期清查可以是全面清查,也可以是局部清查。( )

9. 对于库存现金的清查,通常采用实地盘点法。( )

10. 造成账实不符的原因,是工作上的差错。( )

六、实务练习

习题一

(一)目的

练习银行存款余额调节表的编制。

(二)资料

明达公司 2018 年 3 月 31 日银行存款日记账的余额为 85 000 元,开户银行对账单的存款余额为 87 000 元。经核实,有以下几项未达账项:

(1)企业开出现金支票一张 1500 元,已作减少银行存款入账,但持票人尚未去银行提取,银行尚未入账;

(2)企业于月末将收到的转账支票 6500 元存入银行,已作增加银行存款入账,而银行尚未入账;

(3)企业委托开户银行代收款 7800 元,银行已收到并入账,企业尚未接到收款通知,尚未入账;

(4)开户银行在企业的存款内扣除借款利息 800 元,并已作为减少企业存款入账,企业尚未接到转账通知,尚未入账。

(三)要求

根据上述未达账项,编制"银行存款余额调节表"。

习题二

(一)目的

练习财产清查的账务处理。

(二)资料

明达公司 2012 年 6 月进行财产清查时发生以下经济业务:

(1)30 日,进行现金清查时发现现金短款 180 元。

(2)经检查,上述现金短款属于出纳员的责任,应由其赔偿。

(3)30 日,盘亏机器设备一台,原值为 15 000 元,已提折旧 45 000 元。

(4)经批准,上述盘亏的机器设备作为企业的营业外支出。

(5)30 日,盘亏甲材料 100 千克,每千克 20 元;因火灾而毁损 A 商品 40 件,每件 100 元。

(6)经查明,盘亏的 100 千克甲材料中,60 千克属于定额损耗,作为管理费用;40 千克属于超定额损耗,由责任人负责赔偿。

（7）上述（5）中毁损的 A 商品，经与保险公司联系后，其同意赔偿损失金额 80%，其余 20% 经批准作为企业损失处理。

（8）30 日，盘盈乙材料 50 千克，每千克 40 元。

（9）经查明，上述盘盈的乙材料是材料收发过程中的正常盈余，冲抵管理费用。

（10）30 日，查明无法收回的应收账款 18 000 元，经上级部门批准后列作坏账损失。

（三）要求

根据上列资料编制会计分录。

习题三

（一）目的

练习实地盘存制的财产清查方法。

（二）资料

明达公司 2018 年 5 月 1 日库存甲种材料 85 000 件，价值 42 500 元，本月购进情况如下：

日　期	收入量
10 月 1 日	15 000 件
10 月 8 日	18 000 件
10 月 15 日	20 000 件
10 月 22 日	28 000 件
10 月 28 日	30 000 件

上述各批甲材料的单位成本均为每件 0.50 元。

该公司于 5 月 31 日实地盘存甲材料 45 000 件。

（三）要求

根据实地盘存制的财产清查方法，计算明达公司 5 月份甲材料的发出量（假设发出的甲材料均投入生产使用）。

项目十

编制财务会计报告

1. 了解财务会计报告的作用、种类和编制要求。
2. 掌握资产负债表、利润表的结构和编制方法。
3. 掌握现金流量表的概念和结构。

能力要求

1. 能够阅读和编制资产负债表和利润表。
2. 通过资产负债表、利润表和现金流量表，能够了解企业的财务状况、经营成果和现金流量等基本信息。

教学内容

任务一 认识财务会计报告

一、财务会计报告的概念

财务会计报告，是企业对外提供的，反映企业某一特定时期的财务状况、经营成果和现金流量等会计信息的文件。财务会计报告由会计报表、会计报表附注和财务情况说明书等构成。

会计报表，是以货币为计量单位，对企业财务状况、经营成果和现金流量的结构性表达。包括资产负债表、利润表、现金流量表、所有者权益变动表及相关附注。

会计报表附注是对会计报表的编制基础、编制依据、编制原则和方法及主要项目等所作的解释。

财务状况说明书是对单位一定会计期间内生产经营、资金周转和利润实现及其分配等情况的综合性说明，是财务会计报告的重要组成部分。

编制会计报表是会计核算的一种专门方法，也是会计核算程序的最后环节。在日常会计核算中，会计凭证和账簿反映的会计信息比较分散，为了便于会计信息使用者全面、综合地了解会计信息，必须将日常分散的会计资料加以归纳、汇总，在会计凭证和账簿的基础上，编制能够全面、系统、综合地反映单位一定时期财务状况和经营成果的财务会计报告。

二、财务会计报告的作用

编制财务会计报告是为了现有和潜在的投资者、债权人、政府以及企业自身经营管理等对会计信息的需要，其作用主要有：

（一）为投资者进行投资决策提供必要的信息资料

投资者关心的是投资的风险和报酬，他们需要了解企业的经营利润、资金的利用效果以及资金的支付等情况。财务会计报告可以为投资者提供完整、系统的会计信息资料，从而满足投资者进行决策的需要。

（二）为债权人提供企业资金运转、偿债能力和支付能力的信息资料

债权人关注的是企业能否按时偿还债务的本金和利息情况，而财务会计报表能够反映企业的财务状况、经营成果及其变动情况，从而使债权人根据企业财务会计报表，对企业的经营业绩、销售收入和市场占有率等作出判断，进而作出正确的信贷和赊销决策。

（三）为企业自身和职工提供必要的企业状况信息

企业自身的经营者通过财务会计报告，可以全面了解企业的财务状况和经营成果及其结构的合理性，认识企业的财务风险和资金运用能力，并对未来的经济活动进行预测，进一步挖掘潜力、加强管理、提高经济效益。

同时企业职工也非常关心企业的经营状况。企业经营状况好坏直接关系职工的就业机会、劳动报酬和福利。

（四）为政府管理部门提供对企业实施管理和监督的各项资料

通过财务会计报告，政府管理部门可以了解国有资产的使用、结存情况，掌握整个国民经济和各地区经济的发展状况，以便对国民经济的运行趋势作出准确的判断和决策，达到加强宏观经济管理，促进国民经济健康、协调、快速发展的目的。

（五）为财税部门检查监督企业的生产经营活动提供必要的信息资料

通过企业财务会计报告，国家财政部门可以检查监督企业是否合理节约使用资金、财务管理状况如何等情况；税务部门可以检查监督企业税收政策的执行情况等。

（六）为社会公众提供必要的信息资料

社会公众，其中有一部分将成为企业未来的投资者或债权人，他们也想了

解企业的发展状况。财务会计报告能为社会公众提供有关的信息，以便他们作出合理的投资决策。

三、会计报表的分类

（一）按会计报表反映的经济内容，分为：

1. 反映企业财务状况的会计报表，如资产负债表。

2. 反映企业经营成果的会计报表，如利润表表、利润分配表。

3. 反映企业财务状况变动情况的会计报表，如现金流量表。

4. 反映企业所有者权益变动情况的会计报表，如所有者权益变动表。

（二）按会计报表资金运动的形态，分为：

1. 静态报表，是反映企业一定时点的资产、负债和所有者权益情况的会计报表，如资产负债表。

2. 动态报表，是反映企业一定时期内经营成果及资金流动情况的会计报表，如利润表表、现金流量表、所有者权益变动表。

（三）按会计报表服务的对象，分为：

1. 对外会计报表，是企业向投资人、债权人、政府有关部门和社会公众报送的会计报表。主要有资产负债表、利润表、现金流量表和所有者权益变动表，其格式和内容由财政部统一规定。

2. 对内会计报表，是不对外公开，主要满足企业内部管理需要的会计报表，如期间费用表、商品产品成本表等。其内容由企业自行规定，但必须遵守会计核算的基本原则。

（四）按会计报表编报的时期，分为：

1. 年度会计报表，是指年度终了企业对外报送的会计报表。年报要求揭示完整、反映全面，企业向外报送的四种会计报表、利润分配表均是。

2. 半年度、季度会计报表，是指每半年或每季度终了企业对外报送的会计报表，又称为中期会计报表。主要是向外报送的四种会计报表中的资产负债表和利润表。

3. 月报表，是指月度终了企业对外报送的会计报表。月报要求简明扼要、及时准确，主要也是向外报送的四种会计报表中的资产负债表、利润表。

《企业会计制度》规定，月度会计报表在月份终了后 6 日内报送，季度会计报表在季度终了后 15 日内报送，半年度会计报表在年度中期结束后 60 日内报送，年度会计报表在年度终了后 4 个月内报送。

（五）按会计报表编报的单位，分为：

1. 单位会计报表，是指独立核算基层单位的会计报表。

2. 汇总会计报表，是指上级单位对所属单位汇总编制的会计报表。

（六）按会计报表编报的主体，分为：

1. 个别会计报表，是指在以母公司和子公司组成的具有控股关系的企业集团中，由母公司和子公司各自为主体分别单独编制的报表，分别反映母公司和子公司各自的财务状况和经营成果。

2. 合并会计报表，是指以母公司和子公司组成的企业集团为一个会计主体，由母公司编制反映企业集团财务状况和经营成果的会计报表。当企业对外投资占投资企业资本总额半数以上时，实质上拥有了被投资企业的控制权，即可以将被投资企业视为自己的子公司共同编制合并报表。

四、编制会计报表的要求

为了充分发挥会计报表的作用，保证会计报表的质量，编制会计报表应做到数字真实、计算准确、内容完整、报送及时。

（一）数字真实

会计报表各个项目的数据必须真实可靠，如实地反映企业的财务状况。在编制报表前要做到：按期结账、认真对账和进行财产清查，编制试算平衡表验算账目有无遗漏。会计报表必须根据登记完整、核对无误的账簿记录和其他核算资料，按一定的指标体系加工、整理、编制而成，各项指标和数据必须计算准确、真实可靠，做到表从账出，账表相符，切忌匡算估计，弄虚作假。

（二）内容完整

会计报表应当全面反映企业的财务状况和经营成果，反映企业经营活动的全貌。企业在编制会计报表时，必须按规定格式和内容进行填列，凡国家要求编制的会计报表，必须编制齐全，不得漏填、漏报。对应当填写的报表指标，无论表内项目还是补充资料，都必须填报齐全，如果某些项目暂无数据，则应当在金额栏划上横线。企业某些重要的会计事项，应当在报表附注中加以说明。

（三）编报及时

信息的特征是时效性。会计报表只有及时编制和报送，才能有利于会计报表使用者的使用。会计报表应在保证质量的前提下，在规定期限内编制完毕并如期报送，以满足报表使用者对会计报表资料的需要。因此，会计报表应当按规定的时间和程序及时编报。

（四）计算正确

会计报表上的有关数据指标，应当按照规定的统一口径计算填列，不得随意增加、减少和变更；凡需经过计算填列的数据指标，必须按照规定的统一公式计算填列。

任务二　编制资产负债表

一、资产负债表的概念和作用

资产负债表是反映企业在某一特定日期（月末、季末、半年末、年末）全部资产、负债和所有者权益情况的报表，又称为财务状况表，是反映静态状况的会计报表。企业应按月、季、半年、全年编制，对外报送。

资产负债表能够反映企业在某一特定日期资产、负债和所有者权益的全貌和所掌握的经济资源，债权人和投资者在企业所拥有的权益；并能通过不同时期资产负债表的纵向分析及同期项目横向比较，表述企业未来状况的发展趋势。

二、资产负债表的结构和内容

（一）资产负债表的结构

在我国资产负债表一般采用"账户式"结构，分为左右两方，左方列示资产各项目，右方列示负债及所有者权益各项目，根据"资产＝负债＋所有者权益"的会计平衡公式，表中左右两方总额相等。结构与格式见表10-2。

报表由表首、表身和表尾三部分组成：

表首是报表的标题，包括报表名称、编制单位、编制日期、报表编号和金额单位。

表身是报表的主体，它以"资产＝负债＋所有者权益"这一会计等式为基础，把资产与负债和所有者权益分为左右两方。

表尾主要包括附注资料及有关人员的签章。

（二）资产负债表的内容

1. 资产。资产项目按其流动性强弱顺序排列，如：①流动资产；②固定资产；③无形资产及递延资产、递延税项。其中流动资产按变现能力强弱依次排列，如：货币资金、短期投资、应收票据及存货等。

2. 负债。负债按偿还期的长短顺序排列，如：①流动负债；②长期负债；③递延税款。其中流动负债项目按债期不超过1年的项目先后排列，如：短期借款、应付票据、应付账款等。

3. 所有者权益。此类项目按其永久性程度高低排列，一般按实收资本、资本公积、盈余公积和未分配利润等项目分列。

三、资产负债表的编制方法

我国资产负债表中的资产项目按历史成本计价，不需要在编制资产负债表时重新确认有关资产价值。表中各项目设有"年初余额"和"期末余额"两栏。

（一）资产负债表"年初余额"栏各项数字，根据上年末资产负债表"期末余额"栏内各项数字填列

如果本年度资产负债表规定的各个项目名称和内容同上年度不相一致，应对上年年末资产负债表各项目的名称和数字按照本年度规定进行调整，填入报表中"年初余额"栏内。

（二）资产负债表"期末余额"栏各项数据的填列方法

1. 根据总账账户余额直接填列。如："应收票据""应收股利""短期借款""交易性金融资产""应交税费""其他应付款""应付职工薪酬"等，根据它们的总账账户余额直接填列。

2. 根据总账账户余额计算填列。主要有"货币资金"和"存货"，需要通过几个总账账户期末余额合并计算后方能填列。"货币资金"根据"库存现金""银行存款""其他货币资金"三个总账账户的期末余额合并计算后填列；"存货"根据"在途物资""原材料""低值易耗品""自制半成品""库存商品""包装物""生产成本"等账户的余额合计数，减去"存货跌价准备"等账户期末余额后的金额填列。

3. 根据明细账户余额分析填列。这主要是针对"应付账款""预付账款"和"应收账款""预收账款"四个项目。在实际核算中，有的企业不设"预付账款"和"预收账款"账户，而将预付和预收的款项分别计入"应付账款"账户借方和"应收账款"账户贷方。这时就不能单纯地以"应付账款"和"应收账款"的期末余额直接填列，而应根据各个明细账户具体分析填列。

4. 根据总账账户和明细账户余额分析填列。如："长期借款"项目，须根据"长期借款"期末余额减去"长期借款——1 年内到期的长期借款"明细账户余额后填列。

5. 根据账户余额减去备抵账户或加上附加账户后的净额填列。如："无形资产"项目，根据"无形资产"期末余额减去"无形资产减值准备"的净额填列。这类项目有"固定资产""在建工程""无形资产""长期股权投资""长期债权投资""应收账款"等。

（二）资产负债表编制方法举例

阳光工厂 2018 年 12 月 31 日有关科目余额见表 10-1。

表 10-1　科目余额表

2018 年 12 月 31 日　　　　　　　　　　　　　　　单位：元

科目名称	借方余额	科目名称	贷方余额
库存现金	1000	累计折旧	51 100
银行存款	200 000	短期借款	80 000
应收账款		应付账款	3 651
应收票据		应付职工薪酬	1680
应收股利		应交税费	19 754
应收利息		应付利息	2 127
其他应收款	560	实收资本	360 000
原材料	83 500	本年利润	67 110
生产成本	61 012	盈余公积	35 267
制造费用		利润分配	24 823
库存商品	55 000		
固定资产	225 000		
所得税费用	19 440		
合计	645 512	合计	645 512

要求：根据上述资料，编制该企业 2018 年 12 月 31 日的资产负债表，见表 10-2。

表 10-2　资产负债表　　　　　　　　　　　　　　**会企 01 表**

编制单位：阳光工厂　　　　　　2018 年 12 月 31 日　　　　　　　单位：元

资　产	期末余额	年初余额	负债和所有者权益（或股东权益）	期末余额	年初余额
流动资产			流动负债：		
货币资金	201 000		短期借款	80 000	
交易性金融资产			交易性金融负债		
应收票据			应付票据		
应收账款			应付账款	3 651	
其他应收款	560		预收账款		
预付账款			应付职工薪酬	1 680	
应收利息			应交税费	19 754	
应收股利			应付利息	2 127	

资　　产	期末余额	年初余额	负债和所有者权益（或股东权益）	期末余额	年初余额
存货	199 512		应付股利		
一年内非到期的流动资产			其他应付款		
其他流动资产			一年内到期的非流动负债		
流动资产合计	401 072		其他流动负债		
非流动资产			流动负债合计	107 212	
可供出售金融资产			非流动负债：		
持有至到期投资长期应收款			长期借款		
长期股权投资			应付债券		
投资性房地产			长期应付款		
固定资产	173 900		专项应付款		
在建工程			预计负债		
工程物资			递延所得税负债		
固定资产清理			其他非流动负债		
生产性生物资产			非流动负债合计		
油气资产			负债合计	107 212	
无形资产			所有者权益（或股东权益）：		
开发支出			实收资本（或股本）	360 000	
商誉			资本公积		
长期待摊费用			减：库存股		
递延所得税资产			盈余公积	35 267	
其他非流动资产			未分配利润	72 493	
非流动资产合计	173 900		所有者权益（或股东权益）合计	467 760	
资产总计	574 972		流动负债	574 972	

说明：

（1）货币资金 = "库存现金" + "银行存款" + "其他货币资金"

　　= 1000+ 200 000 = 201 000（元）。

（2）存货 = "原材料" + "库存商品" + "生产成本"

　　= 83 500+ 55 000 + 61 012 = 199 512（元）。

（3）未分配利润 = "本年利润" + "利润分配" − "所得税费用"

　　= 67 110+ 24 823 −19 440 = 72 493（元）。

（4）其余项目根据科目余额表中账户余额直接填列。

任务三 编制利润表

一、利润表的概念和作用

利润表是总括反映企业一定时期（月度、季度、半年度、年度）生产经营成果的会计报表，对外报送，是企业的动态会计报表。该表把一定时期的全部收入与全部支出进行配比，计算出企业一定时期的利润总额，再扣除所得税费用，计算出净利润。

利润表呈现的收入和费用等情况，能够反映企业一定时期的生产经营成果，考核企业利润计划的完成情况，分析利润构成、利润形成过程和利润增减变动原因及发展趋势等；有助于发现经营过程中存在的问题，采取改进措施，不断提高企业盈利水平；还可以通过分析企业获利能力，预测企业未来的盈利前景。

二、利润表的结构和内容

利润表一般采用"多步式"，是将当期收入和支出按一定的利润组成内容先后顺序排列，分解为多个步骤计算出利润总额和净利润。

报表由表首、正表两部分组成。其结构和内容见表10-4。

表首由报表名称、编制单位、编报时期、报表编号和金额单位组成。

正表部分为多步式格式。

利润计算有以下四个步骤：

1. 营业利润。营业利润 = 营业收入 - 营业成本 - 营业税金及附加 - 期间费用 - 资产减值损失 + 公允价值变动收益（-公允价值变动损失）+ 投资收益（-投资损失）。

2. 利润总额。利润总额 = 营业利润 +营业外收入 - 营业外支出。

3. 净利润。净利润 = 利润总额 - 所得税。

4. 每股收益：包括基本每股收益、稀释每股收益。

三、利润表的编制方法

利润表中设置有"本期金额"和"上期金额"两栏。"上期金额"栏反映各项目上年度的实际发生数，根据上年该期利润表的"本期金额"填列。"本期金额"栏反映各项目本期的实际发生数，除"基本每股收益""稀释每股收益"项目外，根据该月相关账户的发生额分析填列。在编制年度利润表时，如果上年利润表项目的名称和内容与本年度利润表不一致，应对上年度报表项目名称和数据按本年的规定进行调整，并按调整后数据填列在报表的"上期金额"栏中。其编制举例见表10-5。

某企业2018年9月末有关收入、成本、费用账户的发生额如表10-3，请编制该月份的利润表如表 10-4。

表 10-3 某企业 2018 年 9 月末各项费用发生额

账户名称	借方发生额	账户名称	贷方发生额
主营业务成本	375 000	主营业务收入	625 000
营业税金及附加	1000	营业外收入	25 000
销售费用	10 000	投资收益	15 750
管理费用	78 550		
财务费用	20 750		
资产减值损失	15 450		
营业外支出	9850		
所得税费用	56 298		

表 10-4 利润表

编制单位：某企业　　　　　　　　2018 年 9 月 30 日　　　　　　　　单位：元

项　　目	本期金额	上期金额
一、营业收入	625 000	
减：营业成本	375 000	
营业税金及附加	1000	
销售费用	10 000	
管理费用	78 550	
财务费用	20 750	
资产减值损失	15 450	
加：公允价值变动收益（损失以"-"号填列）	0	
投资收益（损失以"-"号填列）	15 750	
其中：对联营企业和合营企业的投资收益	0	
二、营业利润（亏损以"-"号填列）	140 000	
加：营业外收入	25 000	
减：营业外支出	9850	
其中：非流动资产处置损失	（略）	
三、利润总额（亏损总额以"-"号填列）	155 150	
减：所得税费用	56 298	
四、净利润（净亏损以"-"号填列）	98 852	

项　　目	本期金额	上期金额
五、每股收益：	（略）	
（一）基本每股收益		
（二）稀释每股收益		

任务四　认识现金流量表

一、现金流量表的概念

现金流量表是反映企业一定会计期间内现金和现金等价物流入和流出情况的会计报表，以现金为基础编制。

现金流量表是以现金为基础编制的，表中的"现金"是指库存现金、随时支付的银行存款、其他货币资金以及易于转化成现金的现金等价物。

企业在一定会计期间内现金和现金等价物的流入和流出是由多种原因形成的。如购买材料、上缴税金、支付职工工资等业务会发生现金流出；接受货币资金投资、销售产品收取货款、取得转让无形资产收入等，这时会发生现金流入。

为了更好地理解和运用现金流量表，应明确以下概念：

1. 现金，是指企业的库存现金及随时支付的银行存款、其他货币资金和易于转化成现金的现金等价物。

库存现金，是指企业持有可以随时用于支付的现金限额，与会计核算中"库存现金"账户包括的内容一致。

银行存款，是指企业存放在银行或其他金融机构可以随时用于支付的存款，与会计核算中"银行存款"账户包括的内容基本一致。不同之处在于，如果企业有存放在银行或其他金融机构不能随时用于支付的存款，例如不能随时支取的定期存款不作为现金流量表中的现金，而提前通知银行或其他金融机构可以随时支取的定期存款则作为现金流量表中的现金。

2. 现金等价物，是指企业持有的期限短、流动性强、易于转换为已知金额的现金、价值变动风险很小的投资。现金等价物的主要特点是流动性强，通常是指在 3 个月或更短时间到期或可以转换为现金的投资。

3. 其他货币资金，是指企业存放在银行或其他金融机构具有特定用途的资金，或在途中尚未收到的资金，如外埠存款、银行汇票存款、银行本票存款、信用证存款、信用卡存款、在途货币资金等。

4. 现金流量，是指企业现金和现金等价物流入和流出的数量。应注意的是，企业现金形式及现金和现金等价物之间的转换，不属于现金流量。

二、现金流量表的作用

1. 可以提供企业现金流量信息，对企业的整体财务状况作出客观评价

2. 通过现金流量，不仅可以了解企业目前的财务状况，还可以预测企业未来的发展状况。

3. 编制现金流量表，便于和国际惯例相协调。

可以说，现金流量表是一种全面反映企业一定会计期间内经营活动、投资活动和筹资活动情况的会计报表，为会计报表使用者提供企业一定会计期间内现金和现金等价物流入和流出的动态信息，以便报表使用者了解和评价企业的偿债能力和支付股利能力，分析企业投资和理财活动对经营成果和财务状况的影响，并据以预测企业获取现金的能力。

三、现金流量表的格式和内容

（一）现金流量表的格式

现金流量表按经济业务性质，将企业在一定会计期间内的现金流量分为经营活动、投资活动和筹资活动产生的现金流量三类，格式见表10-5。

表 10-5　现金流量表

编制单位：　　　　　　　　　　年度　　　　　　　　　　单位：元

项　　目	行　　次	金　　额
一、经营活动产生的现金流量		
销售产品、提供劳务收到的现金		
收到的税费返还		
收到的其他与经营活动有关的现金		
现金收入小计		
购买商品、接受劳务支付的现金		
支付给职工以及为职工支付的现金		
支付的各种税费		
支付的其他与经营活动有关的现金		
现金支出小计		
经营活动产生现金流量净额		
二、投资活动产生的现金流量		
收回投资所收到的现金		
分得股利或利润所收到的现金		
处理固定资产等长期资产而收回的现金净额		
现金收入小计		

续表

项　目	行　次	金　额
构建固定资产等长期资产所支付的现金		
现金支出小计		
投资活动产生的现金流量净额		
三、筹资活动产生的现金流量		
吸收投资所收到的现金		
借款所收到的现金		
收到的其他与筹资活动有关的现金		
现金收入小计		
偿还债务所支付的现金		
分配股利、利润和偿付利息所支付的现金		
现金支出小计		
筹资活动产生现金流量净额		
四、汇率变动对现金的影响		
五、现金及现金等价物净增加额		
加：期初现金及现金等价物余额		
六、期末现金及现金等价物余额		

（二）现金流量表的内容

1. 经营活动产生的现金流量。经营活动是指企业投资活动和筹资活动以外的所有交易和事项的活动。通过经营活动中的现金流入和流出量，可以说明企业经营活动对现金流入和流出量净额的影响。经营活动产生的现金流量包括：

（1）经营活动产生的现金流入，主要有出售产品、提供劳务等取得的现金收入。

（2）经营活动产生的现金流出，主要有购买材料、商品、支付劳动报酬等发生的现金支出。

2. 投资活动产生的现金流量。投资活动是指企业长期资产的购建和处置等活动。通过投资活动中的现金流入和流出量，可以反映企业投资获取现金流量的能力以及投资活动对现金流入和流出量净额的影响。投资活动产生的现金流量包括：

（1）投资活动产生的现金流入，主要有收回投资、出售固定资产净收益等。

（2）投资活动产生的现金流出，主要有对外投资、购置固定资产等。

3. 筹资活动产生的现金流量。筹资活动是指导致企业投资者权益、债务规模及构成发生变化的活动。通过筹资活动中的现金流入和流出量，可以反映企业筹资获取现金流量的能力以及筹资活动对现金流入和流出量净额的影响。筹资活动产生的现金流量包括：

（1）筹资活动产生的现金流入，主要有发行债券、取得借款、增加资本等。

（2）筹资活动产生的现金流出，主要有清偿债务、偿还借款、支付现金股利等。

四、现金流量表的编制方法

在编制现金流量表时，可以采用工作底稿法或 T 形账户法，也可以根据有关账户记录分析填列。

采用工作底稿法，就是设计一张工作底稿，将资产、负债以及所有者权益的期初余额过入工作底稿；根据发生的经济事项编制有关调整分录，再过入工作底稿，并结出资产、负债以及所有者权益的期末余额。根据对编制的调整分录的分析，编制出现金流量表。

采用 T 形账户法，就是以 T 形账户为手段，将企业一定会计期间涉及现金流量的所有业务，按编制要求在 T 形账户中予以反映，并通过分析每一项业务，编制出现金流量表。

有关现金流量表的具体编制过程，请参阅《财务会计》教材，本课程不予介绍。

职业能力训练

一、重点概念

财务会计报告　会计报表　资产负债表　利润表　现金流量表

二、判断题（正确的在括号内打"√"，错误的在括号内打"×"）

1. 我国资产负债表采用账户式结构，利润表采用多步式结构。（　　）

2. 我国资产负债表内有关资产的排列顺序依次是流动资产、长期投资、固定资产、无形资产和其他长期资产。（　　）

3. 资产负债表左方反映资产，右方反映负债，左右两边的金额应相等。（　　）

4. 在资产负债表中，"应收账款"项目应根据"应收账款"账户所属明细账户的借方余额合计填列。如果"预付账款"账户所属明细账户有借方余额的，也应包括在本账户内。（　　）

5. 资产负债表中"货币资金"项目，应根据"银行存款"账户的期末余额填列。（　　）

6. 利润表是反映企业一定期间经营成果的会计报表。（　　　）

7. 会计报表项目数据的直接来源是原始凭证和记账凭证。（　　　）

8. 资产负债表的"期末余额"栏各项目主要是根据总账或有关明细账本期发生额直接填列的。（　　　）

9. 资产负债表中"固定资产"项目，应根据"固定资产"账户余额减去"累计折旧""固定资产减值准备"等账户的期末余额后的金额填列。（　　　）

10. 在资产负债表中，"其他应收款"项目应根据"其他应收款"科目总账余额直接填列。（　　　）

11. 会计报表按其反映的内容，可以分为动态会计报表和静态会计报表，资产负债表是反映在某一时期企业财务状况的会计报表。（　　　）

12. 营业利润减去管理费用、销售费用、财务费用和所得税后得到净利润。（　　　）

三、单项选择题

1. 反映企业一定时期经营成果的报表是（　　　）。

A. 利润表　　　　　　　　　　B. 资产负债表

C. 财务状况变动表　　　　　　D. 现金流量表

2. 某企业 2016 年实现净利润 250 万元。当年提取盈余公积金 50 万元，其中，提取公益金 25 万元；应向投资者分配利润 180 万元。至上年末累计未分配利润 50 万元。问该企业 2016 年末累计未分配利润为（　　　）。

A. 20 万元　　　　　　　　　　B. 45 万元

C. 70 万元　　　　　　　　　　D. 250 万元

3. 下列选项中，属于静态报表的是（　　　）。

A. 资产负债表　　　　　　　　B. 利润表

C. 制造费用表　　　　　　　　D. 管理费用表

4. 资产负债表项目中，需根据若干个总账账户余额相减计算填列的是（　　　）项目。

A. 短期投资　　　　　　　　　B. 固定资产净值

C. 货币资金　　　　　　　　　D. 其他应收款

5. 资产负债表中资产项目的排列顺序是（　　　）。

A. 相关性大小　　　　　　　　B. 重要性大小

C. 可比性大小　　　　　　　　D. 流动性大小

6. 下列有关附注的说法，不正确的是（　　　）。

A. 附注是对未能在会计报表中列示项目的说明

B. 附注不属于财务会计报表的组成部分

C. 附注是对在会计报表中列示项目的描述或明细资料

D. 附注是财务会计报告的组成部分

7. 资产负债表中，"应收账款"项目应根据（　　）填列。

A. "应收账款"总分类账户所属各明细分类账户期末贷方余额合计数

B. "应收账款"总分类账户的期末余额

C. "应收账款"总分类账户所属各明细分类账户期末借方余额合计数

D. "应收账款"和"预收账款"总分类账户所属各明细分类账户期末借方余额合计数减去"坏账准备"账户中有关应收账款计提的坏账准备期末余额后的金额

8. 在资产负债表中，资产按照其流动性排列时，下列排列顺序正确的是（　　）。

A. 货币资金、交易性金融资产、存货、无形资产

B. 存货、无形资产、货币资金、交易性金融资产

C. 无形资产、货币资金、交易性金融资产、存货

D. 交易性金融资产、存货、无形资产、货币资金

9. 资产负债表中所有者权益部分是按照（　　）顺序排列的。

A. 实收资本、资本公积、盈余公积、未分配利润

B. 实收资本、盈余公积、资本公积、未分配利润

C. 资本公积、实收资本、盈余公积、未分配利润

D. 资本公积、实收资本、未分配利润、盈余公积

10. 某企业"应付账款"明细账期末余额情况如下：X 企业贷方余额为 200 000 元，Y 企业借方余额为 180 000 元，Z 企业贷方余额为 300 000 元。假如该企业"预付账款"明细账均为借方余额，则根据以上数据计算的反映在资产负债表上"应付账款"项目的数额为（　　）元。

A. 80 000　　　　　　　　　B. 680 000

C. 320 000　　　　　　　　D. 500 000

11. 按照会计报表反映的经济内容分类，资产负债表属于反映（　　）的报表。

A. 月报　　　　　　　　　　B. 某一特定日期财务状况

C. 经营成果　　　　　　　　D. 对外报表

12. 编制会计报表时，以"资产＝负债＋所有者权益"这一会计等式作为编制依据的会计报表是（　　）。

A. 利润表　　　　　　　　　B. 现金流量表

C. 所有者权益变动表　　　　D. 资产负债表

四、多项选择题

1. 会计报表按其反映的经济内容分为（　　）。

A. 反映财务成果的报表

B. 反映财务状况及其变动的报表

C. 反映成本、费用的报表

D. 动态会计报表

E. 静态会计报表

2. 下列会计报表中，（　　）为月度报表。

A. 资产负债表　　　　　　　　B. 科目汇总表

C. 利润表　　　　　　　　　　D. 财务状况变动表

E. 利润分配表

3. 利润表主要提供下列资料（　　）。

A. 企业一定时期内取得的全部收入和收益

B. 企业一定时期发生的全部费用和支出

C. 其他业务利润

D. 应交税金和已交税金

E. 对外投资总额

4. 资产负债表中，下列（　　）项目须根据有关总账的余额加、减计算填列。

A. 货币资金　　　　　　　　　B. 应交税费

C. 存货　　　　　　　　　　　D. 未分配利润

E. 资本公积

5. 利润分配表是根据（　　）填列。

A. "本年利润"账户期末余额

B. "利润分配"账户期末余额

C. "利润分配"账户借方、贷方发生额

D. "利润分配"账户期初余额

E. "本年利润"账户及"利润分配"账户的有关记录

6. 会计报表附注的主要内容有（　　）。

A. 采用的主要会计处理方法

B. 会计处理方法变更的情况、原因和影响

C. 非经营性项目的说明

D. 会计报表重要项目的明细资料

E. 会计处理核算程序

7. 下列属于利润表提供的信息有（　　　）。

A. 企业的利润或亏损总额　　　B. 营业利润

C. 实现的营业收入　　　　　　D. 发生的营业成本

8. 利润表中的"营业收入"项目填列的依据有（　　　）。

A. "其他业务收入"发生额　　　B. "本年利润"发生额

C. "投资收益"发生额　　　　　D. "主营业务收入"发生额

9. 以下资产负债表项目中，直接根据总分类账户余额填列的有（　　　）。

A. 实收资本　　　　　　　　　B. 资本公积

C. 短期借款　　　　　　　　　D. 应交税费

10. 下列项目中，列示在资产负债表右方的有（　　　）。

A. 非流动负债　　　　　　　　B. 非流动资产

C. 流动负债　　　　　　　　　D. 所有者权益

11. 资产负债表的"存货"项目应根据（　　　）等总账科目余额的合计数填列。

A. 原材料　　　　　　　　　　B. 库存商品

C. 生产成本　　　　　　　　　D. 库存现金

12. 以下项目中，会影响营业利润计算的有（　　　）。

A. 营业税金及附加　　　　　　B. 营业外收入

C. 营业成本　　　　　　　　　D. 销售费用

五、简答题

1. 简述财务会计报告的组成。

2. 会计报表的编制应遵循哪些基本要求？

3. 如何编制利润表？描述多步式利润表的编制方法。

六、实务练习

练习一

（一）目的

练习资产负债表的编制。

（二）资料

飞宇公司 2018 年 12 月 31 日有关账户余额表如下：

账户名称	借方余额	贷方余额	账户名称	借方余额	贷方余额
现金	60 000		短期借款		235 000
银行存款	200 000		应付票据		320 000

其他货币资金	205 000		应付账款		500 000
交易性金融资产	25 000		预收账款		20 000
应收票据	35 000		应付职工薪酬		135 000
应收股利	35 000		应付股利		120 000
应收利息	10 000		应交税费		45 000
应收账款	306 000		其他应付款		35 000
坏账准备		6 000	长期借款		450 000
预付账款	60 000		实收资本		1 500 000
其他应收款	10 000		资本公积		79 000
原材料	350 000		盈余公积		206 000
库存商品	165 000		利润分配		125 000
生产成本	185 000				
可供出售金融资产	350 000				
长期股权投资	240 000				
长期股权投资减值准备		20 000			
固定资产	2 000 000				
累计折旧		650 000			
在建工程	120 000				
无形资产	90 000				
	4 446 000	676 000			3 770 000

（三）要求

完成飞宇公司 2018 年 12 月末资产负债表的编制。

资产负债表　　　　　　　　　　　　　　　　　　　　　　　**会企 01 表**

编制单位：飞宇公司　　　　　　　　　　2018 年 12 月 31 日　　　　　　　　　　单位：元

资　　　产	期末余额	年初余额	负债和所有者权益（或股东权益）	期末余额	年初余额
流动资产			流动负债		
货币资金			短期借款		
交易性金融资产			交易性金融负债		
应收票据			应付票据		
应收账款			应付账款		

			预收账款		
其他应收款			预收账款		
预付账款			应付职工薪酬		
应收利息			应交税费		
应收股利			应付利息		
存货			应付股利		
一年内非到期的流动资产			其他应付款		
其他流动资产			一年内到期的非流动负债		
流动资产合计			其他流动负债		
非流动资产			流动负债合计		
可供出售金融资产			非流动负债：		
持有至到期投资长期应收款			长期借款		
长期股权投资			应付债券		
投资性房地产			长期应付款		
固定资产			专项应付款		
在建工程			预计负债		
工程物资			递延所得税负债		
固定资产清理			其他非流动负债		
生产性生物资产			非流动负债合计		
油气资产			负债合计		
无形资产			所有者权益（或股东权益）：		
开发支出			实收资本（或股本）		
商誉			资本公积		
长期待摊费用			减：库存股		
递延所得税资产			盈余公积		
其他非流动资产			未分配利润		
非流动资产合计			所有者权益（或股东权益）合计		
资产总计			负债和所有者权益总计		

练习二

（一）目的

练习利润表的编制。

（二）资料

光明公司 2018 年 12 月末利润表部分数据如下：

利　润　表

2018 年 12 月 31 日

项　　目	行次	本月数	本年累计数
一、营业收入		80 000	
减：营业成本		（A）	
营业税金及附加		2000	
销售费用		7000	
管理费用		4000	
财务费用		2000	
资产减值损失		0	
加：投资收益（损失以"－"号填列）		7000	
公允价值变动收益（损失以"－"号填列）		0	
二、营业利润（亏损以"－"号填列）		42 000	
减：营业外支出		12 000	
其中：非流动资产处置损失		0	
加：营业外收入		18 000	
三、利润总额（亏损总额以"－"号填列）		（B）	
减：所得税费用		16 170	
四、净利润（净亏损以"－"号填列）		（C）	
五、每股收益：			
（一）基本每股收益			
（二）稀释每股收益			

（三）要求

完成光明公司 2018 年 12 月利润表的编制（空缺数字计算请列出计算过程，本年累计数略）。

项目十一

选择账务处理程序

1. 了解账务处理程序的概念、要求、种类。
2. 掌握记账凭证账务处理程序、科目汇总表账务处理程序和汇总记账凭证账务处理程序的步骤、优缺点和适用范围。

能力要求

1. 能够针对不同企业特点选择相应科学的账务处理程序。
2. 能够运用记账凭证账务处理程序、科目汇总表账务处理程序和汇总记账凭证账务处理程序进行会计核算。
3. 能够编制科目汇总表和汇总记账凭证。

教学内容

任务一　认识账务处理程序

一、账务处理程序的概念

账务处理程序也称会计核算形式，是指在会计循环中，将原始凭证、记账凭证、会计账簿、会计报表有机结合的方法和步骤。具体是指对会计数据的记录、归类、汇总、呈报的步骤和方法。是从原始凭证的整理、汇总到记账凭证的填制、审核，到日记账、明细账和总账的登记，再到会计报表编制的过程和方法。

在会计核算中，会计凭证、会计账簿和会计报表三者之间不是彼此孤立的，而是按照一定的形式相互结合，形成一个完整的体系，是会计日常核算工作中最主要的三种核算方法。不同的会计主体为了更好地反映和监督所发生的经济业务，在应用会计凭证、会计账簿、会计报表时会依据自身的具体情况设计凭证、账簿的种类、格式，从而形成了不同的会计账务处理程序。

科学合理地组织会计核算账务处理程序，有利于规范会计工作流程、减少不必要的核算环节、提高会计核算的工作效率和会计信息质量、降低会计核算成本、发挥会计的监督职能。

二、账务处理程序的意义

确定科学合理的账务处理程序不仅对于整个会计核算工作具有十分重要的意义，而且也是会计部门和会计人员的一项重要工作。其具体意义体现在以下几个方面：

（一）有利于规范会计核算组织工作

科学合理的账务处理程序使会计机构和会计人员在进行会计核算工作时有序可循，促进责任分工，从而有条不紊地处理好各环节的工作。

（二）有利于提高会计核算工作的质量

科学合理的账务处理程序不仅为会计部门及时、高效地对外提供真实、可靠、完整的会计信息提供了保证，而且也减轻了会计人员的工作量，降低核算成本。

（三）有利于发挥会计核算工作的作用

科学合理的账务处理程序能够提高会计核算工作质量、提高工作效率、降低核算成本，促进企业加强经营管理，提高经济效益，充分发挥会计核算工作的作用。

三、选择账务处理程序的基本要求

各单位应结合本单位的实际情况，选用适当的、符合自身要求的会计核算账务处理程序。

1. 在充分考虑本单位行业特点、自身规模、经济业务的繁易程度、企业内部管理特征的基础上，建立适宜的会计核算账务处理程序。

2. 账务处理程序要能够满足本单位对会计信息正确性、及时性和完整性的要求，能够为企业掌握经营成果、财务状况以及现金流量提供有用的数据信息，满足本单位各部门和国家宏观经济管理对会计信息的需要。

3. 账务处理程序的建立应简易便捷，降低企业成本。企业账务处理程序的建立应省去一些复杂程序，建立简便易行的核算流程。在保证质量的前提下节约人力、物力、财力，提高会计核算效率，释放劳动力，为企业提供优质的会计信息。

四、会计账务处理程序的种类

在我国，常用的账务处理程序主要有以下三种：

1. 记账凭证账务处理程序。

2. 科目汇总表账务处理程序。

3. 汇总记账凭证账务处理程序。

上述账务处理程序总体上看是相似的，即都是在经济业务发生或完成后，依据相关的原始凭证或原始凭证汇总表填制记账凭证，然后根据记账凭证或原始凭证登记账簿，最后根据账簿记录编制会计报表。其中记账凭证账务处理程序是最基本的一种，其他账务处理程序都是在此基础上的发展。各种账务处理程序的根本区别，在于登记总账的依据和步骤不同。

任务二　记账凭证账务处理程序

一、记账凭证账务处理程序的概念

记账凭证账务处理程序，是根据经济业务发生后的原始凭证或原始凭证汇总表编制记账凭证，根据记账凭证登记总分类账，再根据总分类账编制会计报表的账务处理程序。特点是直接根据记账凭证登记总分类账。

二、记账凭证账务处理程序的凭证、账簿设置

记账凭证账务处理程序下，记账凭证可以采用通用记账凭证，也可以采用收款凭证、付款凭证、转账凭证三种。设置的会计账簿有：库存现金日记账、银行存款日记账、总分类账和明细分类账。其中库存现金日记账、银行存款日记账、总分类账一般采用三栏式；明细分类账示业务特点和管理需要，采用三栏式、数量金额式或多栏式。

三、记账凭证账务处理程序的步骤

1. 根据原始凭证或汇总原始凭证编制记账凭证。记账凭证包括收款凭证、付款凭证和转账凭证。

2. 根据现金收、付款凭证和银行存款收、付款凭证登记相应的库存现金日记账和银行存款日记账。

3. 根据记账凭证、汇总记账凭证逐笔登记各种明细分类账。

4. 根据记账凭证逐笔登记总分类账。

5. 期末，将库存现金日记账、银行存款日记账和各种明细分类账与总分类账相互核对相符。

6. 期末，根据核对无误的总分类账和明细分类账记录编制会计报表。

记账凭证账务处理程序的基本流程如下图 11-1 所示。

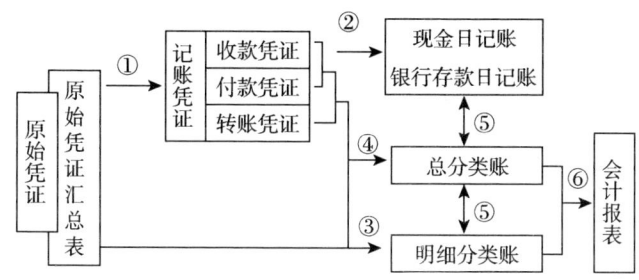

图 11-1 记账凭证账务处理程序流程图

四、记账凭证账务处理程序的优缺点及适用范围

记账凭证账务处理程序下，总分类账的填列是直接根据记账凭证填制的，不需要对总分类账进行汇总，因此，总分类账是记账凭证内容的直接反映，其内容详实、具体，通过总分类账可以较为全面地了解企业经济业务的动态，便于理解和掌握账户之间的关系，同时对于日后查账工作也能提供充分的信息数据，为查账工作带来便捷。

因为总分类账是根据记账凭证直接逐笔填列的，在填列总分类账前没有汇总数据，总分类账反映的是记账凭证的明细，这给填制总分类账带来较大的工作量，而且耗用多，预留账页多少难以把握。因此记账凭证账务处理程序更偏向于适应规模较小、经济业务量较少的单位。

任务三 科目汇总表账务处理程序

一、科目汇总表账务处理程序的概念

科目汇总表账务处理程序，是经济业务发生时根据原始凭证填制记账凭证，根据记账凭证编制科目汇总表，根据科目汇总表登记总分类账，再根据总分类账编制会计报表的账务处理程序。其基本特点是，定期将全部记账凭证编制成科目汇总表，然后根据科目汇总表汇总登记总分类账。

采用科目汇总表账务处理程序，需要将一定时期内的全部记账凭证按收款凭证、付款凭证、转账凭证加以归类，汇总编制科目汇总表。

二、科目汇总表账务处理程序的凭证、账簿设置

科目汇总表是根据一定时期的全部记账凭证，按各个账户的借、贷方归类，计算出各总账科目的借方发生额和贷方发生额，填入科目汇总表。各单位可根据本单位业务量大小决定科目汇总表编制的时间，可以 1 天、3 天、5 天、10 天等编写一次。目前，科目汇总表的格式主要有两种，具体如表 11-1、11-2 所示。

表 11-1　科目汇总表（格式一）

年　月　日　~　日　　　　　　　　　　　　　　　第　号

会计科目	本期发生额		记账凭证起讫号数
	借　方	贷　方	
合　　计			

表 11-2　科目汇总表（格式二）

年　月　　　　　　　　　　　　　　　　　　　　第　号

会计科目	账页	11~10 日		11~20 日		21~31 日		本月合计	
		借方	贷方	借方	贷方	借方	贷方	借方	贷方
合计									

三、科目汇总表账务处理程序的步骤

1. 根据原始凭证或原始凭证汇总表填制收款凭证、付款凭证和转账凭证。

2. 根据收款凭证、付款凭证逐笔登记库存现金日记账和银行存款日记账。

3. 根据原始凭证、原始凭证汇总表和各种记账凭证登记明细分类账。

4. 根据各种记账凭证编制科目汇总表。

5. 根据科目汇总表登记总分类账。

6. 期末，将库存现金日记账、银行存款日记账和明细分类账与有关总分类账核对相符。

7. 期末，根据总分类账和明细分类账记录，编制会计报表。

科目汇总表会计核算程序的基本流程如图 11-2 所示。

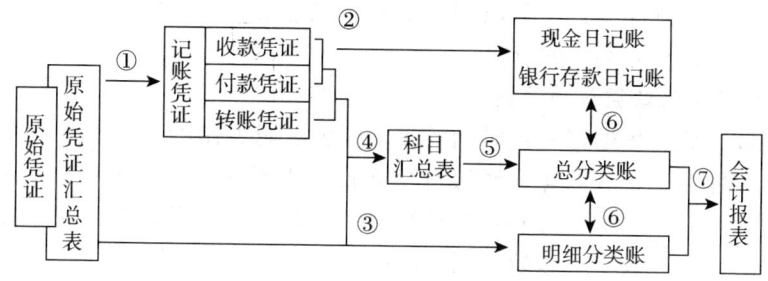

图 11-2　会计核算程序基本流程图

四、科目汇总表账务处理程序的优缺点及适用范围

（一）优点

1. 这种会计核算程序是依据科目汇总表登记总分类账，大大减少了登记总账的工作量。

2. 可以利用科目汇总表进行试算平衡，能够及时发现记账中的错误，并加以纠正，确保会计核算资料的有效性。

3. 科目汇总表编制比较简单，会计核算程序便于掌握运用。

（二）缺点

1. 在科目汇总表账务处理程序下，要根据记账凭证编制科目汇总表，根据科目汇总表登记总分类账，因此增加了编制科目汇总表的工作量。

2. 科目汇总表账务处理程序是依据科目汇总表登记总分类账，而科目汇总表和总分类账中，不反映账户的对应关系，因而总账不能反映经济业务的来龙去脉，不便查对账目。如果发生账目的漏记、重记，则比较难以查找。

（三）适用范围

一般适用于经营规模较大，经济业务较多，凭证数量大的单位。

任务四　汇总记账凭证账务处理程序

一、汇总记账凭证账务处理程序的概念

汇总记账凭证账务处理程序，是指在经济业务发生时，根据原始凭证或汇总原始凭证编制记账凭证，定期根据记账凭证编制汇总收款凭证、汇总付款凭证和汇总转账凭证，最后根据汇总记账凭证登记总分类账的一种会计核算程序。其基本特点是，定期将全部记账凭证编制成汇总记账凭证，然后根据汇总记账凭证汇总登记总分类账。

二、汇总记账凭证账务处理程序的凭证、账簿设置

采用汇总记账凭证账务处理程序，其凭证、账簿的种类与格式基本上与记

账凭证账务处理程序相同，只需增设汇总收款凭证、汇总付款凭证和汇总转账凭证，作为登记总分类账的依据。

（一）汇总收款凭证的编制

汇总收款凭证是根据一定时期的收款凭证汇总编制的。由于收款凭证按借方科目分为库存现金收款凭证和银行存款收款凭证两种，因此汇总收款凭证也分为汇总库存现金收款凭证和汇总银行存款收款凭证两种。汇总现金收款凭证按借方科目"库存现金"设置，汇总银行存款收款凭证按借方科目"银行存款"设置。具体格式如表11-3、11-4所示。

表11-3　汇总收款凭证

借方科目：库存现金　　　　　　　　　年　月　　　　　　　　　字第　号

贷方科目	金　额				总账页数	
	1~10日	11~20日	21~31日	合　计	借　方	贷　方
合　计						

表11-4　汇总收款凭证

借方科目：银行存款　　　　　　　　　年　月　　　　　　　　　字第　号

贷方科目	金　额				总账页数	
	1~10日	11~20日	21~31日	合　计	借　方	贷　方
合　计						

（二）汇总付款凭证的编制

汇总付款凭证是根据一定时期的付款凭证汇总编制的。由于付款凭证按贷方科目分为库存现金付款凭证和银行存款付款凭证两种，因此汇总付款凭证也分为汇总库存现金付款凭证和汇总银行存款付款凭证两种。汇总库存现金付款凭证按贷方科目"库存现金"设置，汇总银行存款付款凭证按贷方科目"银行存款"设置。具体格式如表11-5、11-6所示。

表 11-5　汇总付款凭证

贷方科目：库存现金　　　　　　　　　　年　月　　　　　　　　　　字第　号

借方科目	金　　额				总账页数	
	1～10 日	11～20 日	21～31 日	合　计	借　方	贷　方
合　计						

表 11-6　汇总付款凭证

贷方科目：银行存款　　　　　　　　　　年　月　　　　　　　　　　字第　号

借方科目	金　　额				总账页数	
	1～10 日	11～20 日	21～31 日	合　计	借　方	贷　方
合　计						

（三）汇总转账凭证的编制

汇总转账凭证是根据一定时期的转账凭证汇总编制的。由于转账凭证涉及的借方、贷方科目比较多，为了统一起见，汇总转账凭证按贷方科目设置，按与之对应的借方科目分类汇总，具体格式如表 11-7 所示。

表 11-7　汇总转账凭证

贷方科目：　　　　　　　　　　　　　　年　月　　　　　　　　　　字第　号

借方科目	金　　额				总账页数	
	1～10 日	11～20 日	21～31 日	合　计	借　方	贷　方
合　计						

三、汇总记账凭证账务处理程序的步骤

1. 根据原始凭证或原始凭证汇总表编制收款凭证、付款凭证和转账凭证。

2. 根据收款凭证、付款凭证及所附原始凭证，逐笔登记库存现金日记账和银行存款日记账。

3. 根据收款凭证、付款凭证和转账凭证及所附的原始凭证（或原始凭证汇总表）逐笔登记各种明细分类账。

4. 根据收款凭证、付款凭证和转账凭证编制相应的汇总收款凭证、汇总付款凭证和汇总转账凭证。

5. 根据汇总记账凭证登记总分类账。

6. 月末，将库存现金日记账、银行存款日记账和各种明细分类账与总分类账核对相符。

7. 期末，根据总分类账和明细分类账编制会计报表。

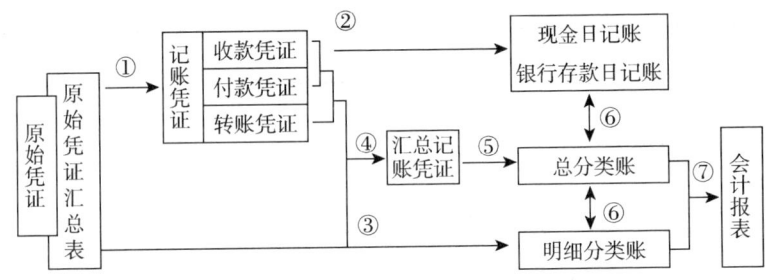

图 11-3　汇总记账凭证账务处理程序图

四、汇总记账凭证账务处理程序的优缺点及适用范围

（一）优点

1. 在汇总记账凭证账务处理程序下，可以根据汇总记账凭证上有关账户的汇总发生额，在月份当中或月末一次性登记总账，大大减少了登记总账的工作量。

2. 汇总记账凭证是采用按会计科目对应关系进行分类汇总的方法汇总的，因此，在汇总记账凭证上能够清晰地反映账户之间的对应关系，便于分析检查经济活动的发生情况。

（二）缺点

1. 定期编制汇总记账凭证的工作量较大，而且在编制汇总记账凭证的过程中可能产生汇总错误。由于汇总记账凭证本身不能体现有关数字之间的平衡关系，因此出现汇总错误会很难发现。

2. 按每一贷方科目编制汇总转账凭证不考虑经济业务的性质，不利于会计核算的分工。

（三）适用范围

汇总记账凭证账务处理程序具有能够清晰地反映账户之间的对应关系、减轻登记总账工作量的优点，因此这种账务处理程序适用于规模较大、经济业务较多的单位。

小思考

1. 如果你是一个企业的财务负责人，你会根据哪些因素选择适合你单位需要的账务处理程序？

2. 在不同的账务处理程序下，总分类账登记的依据是否相同？

职业能力训练

一、重点概念

账务处理程序 记账凭证账务处理程序 科目汇总表账务处理程序 汇总记账凭证账务处理程序

二、单项选择题

1. 采用科目汇总表账务处理程序，（　　）是其登记总账的直接依据。

A. 汇总记账凭证　　　　　　　　　B. 科目汇总表

C. 记账凭证　　　　　　　　　　　D. 原始凭证

2. 常见的三种账务处理程序中会计报表是根据（　　）资料编制的。

A. 日记账、总账和明细账　　　　　B. 日记账和明细分类账

C. 明细账和总分类账　　　　　　　D. 日记账和总分类账

3. 以下项目中，属于科目汇总表账务处理程序缺点的是（　　）。

A. 增加了会计核算的处理程序

B. 增加了登记总分类账的工作量

C. 不便于检查核对账目

D. 不便于进行试算平衡

4. 在各种不同账务处理程序中，不能作为登记总账依据的是（　　）。

A. 记账凭证　　　　　　　　　　　B. 汇总记账凭证

C. 汇总原始凭证　　　　　　　　　D. 科目汇总表

5. 科目汇总表是依据（　　）编制的。

A. 记账凭证　　　　　　　　　　　B. 原始凭证

C. 原始凭证汇总表　　　　　　　　D. 各种总账

6. 下列属于记账凭证账务处理程序优点的是（　　）。

A. 总分类账反映经济业务较详细

B. 减轻了登记总分类账的工作量

C. 有利于会计核算的日常分工

D. 便于核对账目和进行试算平衡

7. 汇总记账凭证是依据（　　）编制的。

A. 记账凭证
B. 原始凭证

C. 原始凭证汇总表
D. 各种总账

8. （　　）账务处理程序是最基本的一种账务处理程序。

A. 日记总账
B. 汇总记账凭证

C. 科目汇总表
D. 记账凭证

9. 下列属于记账凭证核算程序主要缺点的是（　　）。

A. 不能体现账户的对应关系
B. 不便于会计合理分工

C. 方法不易掌握
D. 登记总账的工作量较大

10. 汇总记账凭证账务处理程序与科目汇总表账务处理程序的相同点是（　　）。

A. 登记总账的依据相同

B. 记账凭证的汇总方法相同

C. 保持了账户间的对应关系

D. 简化了登记总分类账的工作量

三、多项选择题

1. 对于汇总记账凭证账务处理程序，下列说法错误的有（　　）。

A. 登记总账的工作量大

B. 不能体现账户之间的对应关系

C. 明细账与总账无法核对

D. 当转账凭证较多时，汇总转账凭证的编制工作量较大

2. 各种会计账务处理程序下，登记明细账的依据可能有（　　）。

A. 原始凭证
B. 汇总原始凭证

C. 记账凭证
D. 汇总记账凭证

3. 下列不属于科目汇总表账务处理程序优点的有（　　）。

A. 便于反映各账户间的对应关系

B. 便于进行试算平衡

C. 便于检查核对账目

D. 简化登记总账的工作量

4. 下列项目中，属于科学、合理地选择适用于本单位的账务处理程序的意义有（　　）。

A. 有利于会计工作程序的规范化

B. 有利于增强会计信息可靠性

C. 有利于提高会计信息的质量

D. 有利于保证会计信息的及时性

5. 在我国，常用的账务处理程序主要有（　　　）。

A. 记账凭证账务处理程序

B. 汇总记账凭证账务处理程序

C. 多栏式日记账账务处理程序

D. 科目汇总表账务处理程序

6. 以下属于记账凭证账务处理程序优点的有（　　　）。

A. 简单明了、易于理解

B. 总分类账可较详细地记录经济业务发生情况

C. 便于进行会计科目的试算平衡

D. 减轻了登记总分类账的工作量

7. 在常见的账务处理程序中，共同的账务处理工作有（　　　）。

A. 均应填制和取得原始凭证　　　　　B. 均应编制记账凭证

C. 均应填制汇总记账凭证　　　　　　D. 均应设置和登记总账

8. 在不同的账务处理程序下，登记总账的依据可以有（　　　）。

A. 记账凭证　　　　　　　　　　　　B. 汇总记账凭证

C. 科目汇总表　　　　　　　　　　　D. 汇总原始凭证

9. 账务处理程序也叫会计核算程序，它是指（　　　）相结合的方式。

A. 会计凭证　　　　　　　　　　　　B. 会计账簿

C. 会计报表　　　　　　　　　　　　D. 会计科目

10. 各种账务处理程序的相同之处是（　　　）。

A. 根据原始凭证编制汇总原始凭证

B. 根据原始凭证、汇总原始凭证和记账凭证，登记各种明细分类账

C. 根据收款凭证和付款凭证登记现金、银行存款日记账

D. 根据总账和明细账编制会计报表

四．判断题（正确的在括号内打"√"，错误的在括号内打"╳"）

1. 汇总记账凭证账务处理程序既能保持账户的对应关系，又能减轻登记总分类账的工作量。（　　　）

2. 科目汇总表不仅可以起到试算平衡的作用，还可以反映账户之间的对应关系。（　　　）

3. 汇总记账凭证账务处理程序的缺点在于保持账户之间的对应关系。（　　　）

4. 记账凭证账务处理程序的特点是直接根据记账凭证逐笔登记总分类账，是最基本的账务处理程序。（　　　）

5. 库存现金日记账和银行存款日记账不论在何种账务处理程序下，都是根据收款凭证和付款凭证逐日逐笔按顺序登记的。（　　）

6. 科目汇总表账务处理程序能科学地反映账户的对应关系，且便于账目核对。（　　）

7. 汇总记账凭证账务处理程序和科目汇总表账务处理程序都适用于经济业务较多的单位。（　　）

8. 科目汇总表可以每汇总一次编制一张，也可以按月汇总一次，每月编制一张。（　　）

9. 在不同的账务处理程序中，登记总账的依据相同。（　　）

10. 科目汇总表账务处理程序不能反映各科目的对应关系，不便于查对账目，但汇总记账凭证账务处理程序可以克服科目汇总表账务处理程序的这个缺点。（　　）

项目十二

管理会计档案、明确会计法规

学习目标

1. 掌握各种会计档案的种类、保管及销毁。
2. 明确会计法律制度的构成与内容。

能力要求

1. 能够掌握会计档案的管理要求。
2. 能够运用会计法规规范会计工作。

教学内容

任务一　管理会计档案

一、会计档案的概念和内容

（一）会计档案的概念

会计档案是指会计凭证、会计账簿和财务会计报告等会计核算专业资料，是记录和反映各单位经济业务发生情况的重要史料和证据，是机关团体和企事业单位在其日常经营活动的会计处理过程中形成的，并按照规定保存备查的会计信息载体，以及其他有关财务会计工作应予以集中保管的财务成本计划、重要的经济合同等文件资料。属于单位的重要经济档案，是检查单位过去经济活动的重要依据，也是国家档案的重要组成部分。各单位的会计部门对会计档案必须高度重视、严加保管。大中型企业应建立会计档案室，小型企业应有会计档案柜并指定专人负责。对会计档案应建立严密的保管制度，妥善管理，不得丢失、损坏、抽换或任意销毁。

（二）会计档案的内容

1. 会计凭证。主要有外来原始凭证、自制原始凭证、记账凭证、汇总凭证和其他会计凭证。

2. 会计账簿。主要有总账、明细账、日记账、其他账簿等。

3. 财务会计报告。主要有月度、季度、年度账务报告等。

4. 其他会计资料。包括银行存款余额调节表、银行对账单、会计档案移交清册、会计档案保管清册、会计档案销毁清册、其他应当保存的会计核算专业资料等。

二、会计档案的管理

（一）会计档案的归档

各单位每年形成的会计档案，都应由财务会计部门按照归档的要求，负责整理立卷，装订成册。

当年形成的会计档案，在会计年度终了后，可暂由本单位财务会计部门保管一年。期满之后，原则上应由财务会计部门编制移交清册，移交本单位的档案管理部门统一保管。未设立档案机构的，应当在本单位财务会计部门内部指定专人保管。

（二）会计档案的查阅

各单位保存的会计档案不得借出。如有特殊需要，经本单位负责人批准，可以提供查阅或者复制，并办理登记手续。查阅或者复制会计档案的人员，严禁在会计档案上涂画、拆封和抽换。

（三）会计档案的移交

单位之间交接会计档案的，交接双方应当办理会计档案交接手续。移交会计档案的单位应当编制会计档案移交清册，列明应当移交的会计档案名称、卷号、册数、起止年度档案编号、应保管期限、已保管期限等内容。交接会计档案时，交接双方应当按照会计档案移交清册所列内容逐项交接，并由交接双方的单位负责人负责监交。交接完毕后，交接双方经办人和监交人应当在会计档案移交清册上签名或者盖章。移交至本单位档案机构保管的会计档案原则上应当保持原卷册的封装。个别需要拆封重新整理的，档案机构应当会同会计机构和经办人员共同拆封整理以分清责任。

（四）会计档案保管期限

根据其特点，会计档案的保管期限，分为永久、定期两类。永久档案即长期保管、不可以销毁的档案；定期档案根据保管期分为 3 年、5 年、10 年、15 年、25 年 5 类。会计档案的保管期限，从会计年度终了后的第一天算起。表12-1 列出主要会计档案的保管期限，其他各类会计档案的具体保管期限按照

《会计档案管理办法》规定执行。

表 12-1　会计档案保管期限表

序号	档案名称	保管期限（年）	备　注
一	会计凭证类		
1.	原始凭证	15	
2.	记账凭证	15	
3.	汇总凭证	15	
二	会计账簿类		
4.	总账	15	包括日记总账
5.	明细账	15	
6.	日记账	15	库存现金与银行存款日记账保管 25 年
7.	固定资产卡片		固定资产清理后保管 5 年
8.	辅助账簿		
三	账务报告类		
9.	月、季度财务报告	3	包括文字分析
10.	年度财务报告（决算）	永久	包括文字分析
四	其他类		
11.	会计移交清册	15	
12.	会计档案保管清册	永久	
13.	会计档案销毁清册	永久	
14.	银行存款余额调节表	5	
15.	银行对账单	5	

（五）会计档案的销毁

会计档案保管期满需要销毁的，由本单位档案机构提出销毁意见，编制会计档案销毁清册。单位负责人应当在会计档案销毁清册上签署意见。

销毁会计档案时，应由单位档案机构和会计机构共同派员监销。监销人在销毁会计档案前，应当按照会计档案销毁清册所列内容清点核对所要销毁的会计档案。销毁后。应当在销毁清册上签名盖章，并将监销情况报告本单位负责人。

对于保管期满但未结清的债权债务原始凭证和涉及其他未了事项的原始凭证不得销毁，应单独抽出立卷，由档案部门保管到未了事项完结时为止。单独抽出立卷的会计档案应当在会计档案销毁清册和会计档案保管清册中列明。

任务二　明确会计法规

会计法，是以处理会计事务各种经济关系为调整对象的法律规范的总称。会计法，有广义和狭义之分。广义的会计法是指国家权力机关和行政机关制定的各种会计法规性文件的总称，包括会计法律、会计行政法规、国家统一的会计制度、地方性会计法规等。狭义的会计法仅是指国家最高权力机关通过一定的立法程序，颁发施行的会计法律。《中华人民共和国会计法》就是狭义的会计法。会计法主要包括总则，会计核算，公司、企业会计核算的特别规定，会计监督，会计机构和会计人员，法律责任及附则等内容。

一、会计法律制度

会计法律制度是指国家权力机关和行政机关制定的各种有关会计工作的规范性文件总称。

（一）会计法律

会计法律是指由全国人民代表大会及其常委会经过一定立法程序制定的有关会计工作的法律。如《会计法》《注册会计师法》。

（二）会计行政法规

会计行政法规是指由国务院制定并发布，或者国务院有关部门拟订并经国务院批准发布，调整经济生活中某些方面会计关系的法律规范。如国务院发布的《总会计师条例》。

（三）会计部门规章

会计部门规章是指国务院财政部门根据《会计法》制定的关于会计核算、会计监督、会计机构和会计人员以及会计工作管理方面的规定、办法、细则、通知、制度等规范性文件。如 2006 年 2 月 15 日财政部发布的《企业会计准则》、2001 年 2 月 20 日财政部第 10 号令发布的《财政部门实施会计监督办法》、财政部与国家档案局联合发布的《会计档案管理办法》等。

（四）地方性会计法规

地方性会计法规是指省、自治区、直辖市人民代表大会及其常委会在与会计法律、会计行政法规不相抵触的前提下制定的地方性会计法规。

二、会计工作管理体制

会计工作管理体制是划分会计管理工作职责权限关系的制度，具体包括会计工作管理组织形式、管理权限划分、管理机构设置等内容。

（一）会计工作的主管部门

国务院财政部主管全国会计工作，县级以上地方各级人民政府财政部门管理本行政区域内的会计工作。

（二）会计制度的制定权限

国家统一的会计制度由国务院财政部根据《会计法》制定并公布。国务院有关部门对会计核算和会计监督有特殊要求的行业，依照《会计法》和国家统一的会计制度制定具体办法或者补充规定，报国务院财政部审核批准。中国人民解放军总后勤部可以依照《会计法》和国家统一的会计制度制定军队实施国家统一的会计制度的具体办法，报国务院财政部备案。

（三）单位内部的会计工作管理

单位负责人负责单位内部的会计工作管理，应当保证会计机构、会计人员依法履行职责，不得授意、指使、强令会计机构和会计人员违法办理会计事项，对本单位的会计工作和会计资料的真实性、完整性负责。单位负责人是指单位法定代表人或者法律、行政法规规定代表单位行使职权的主要负责人。

三、会计监督

会计监督是会计的基本职能之一，是我国经济监督体系的重要组成部分。加强会计监督，最有效的措施是建立会计监督体系。《会计法》规定了我国三位一体的会计监督体系：单位内部会计监督、政府监督和社会监督。

（一）单位内部会计监督

1. 单位内部会计监督，是指为了保护单位资产的安全、完整，保证其经营活动符合国家法律、法规和内部有关管理制度，提高经营管理水平和效率，而在单位内部采取的一系列相互制约、相互监督的制度和方法。

2. 单位内部会计监督的主体是各单位的会计机构和会计人员。内部会计监督的对象是单位的经济活动。

3. 单位内部会计监督制度的基本要求有：①记账人员与经济业务事项或会计事项的审批人员、经办人员、财物保管人员的职责权限应当明确，并相互分离、相互制约。②重大对外投资、资产处置、资金调度和其他重要经济业务事项的决策和执行的相互监督、相互制约的程序应当明确。③财产清查的范围、期限和组织程序应当明确。④对会计资料定期进行内部审计的办法和程序应当明确。

4. 会计机构和会计人员在单位内部会计监督中的职权：①对违反《会计法》和国家统一会计制度规定的会计事项，有权拒绝办理或者按照职权予以纠正。②发现会计账簿记录与实物、款项及有关资料不相符的，按照国家统一会计制度的规定有权自行处理的，应当及时处理；无权处理的，应当立即向单位负责人报告，请求查明原因，做出处理。

（二）会计工作的政府监督

1. 会计工作的政府监督主要是指财政部门代表国家对单位和单位中相关人

员的会计行为实施的监督检查，以及对发现的违法会计行为实施的行政处罚，是一种外部监督。

2. 会计工作的政府监督主体是县级以上人民政府财政部门，他们是各单位会计工作的监督检查部门，对各单位会计工作行使监督权，对违法会计行为实施行政处罚。审计、税务、人民银行、证券监管、保险监管等部门依照有关法律、行政法规规定的职责和权限，可以对有关单位的会计资料实施监督检查。如《税收征收管理法》规定，税务机关有权检查纳税人的账簿、记账凭证、报表和有关资料。

3. 财政部门实施会计监督检查的对象是会计行为，并对发现的有违法会计行为的单位和个人实施行政处罚。违法会计行为是指公民、法人和其他组织违反《会计法》和其他有关法律、行政法规、国家统一的会计制度的行为。

财政部门对各单位下列事项实施监督：

（1）是否依法设置会计账簿。

（2）会计凭证、会计账簿、财务会计报告和其他会计资料是否真实、完整。

（3）会计核算是否符合《会计法》和国家统一的会计制度的规定。

（4）从事会计工作的人员是否具备会计从业资格。

此外，国务院财政部门和省、自治区、直辖市人民政府财政部门，依法对注册会计师、会计师事务所和注册会计师协会进行监督、指导。财政部门对会计师事务所出具审计报告的程序和内容进行监督。

（三）会计工作的社会监督

1. 会计工作的社会监督主要是指由注册会计师及其所在的会计师事务所依法对委托单位的经济活动进行的审计、鉴证的一种监督制度。此外，单位和个人检举违反《会计法》和国家统一的会计制度规定的行为，也属于会计工作社会监督的范畴。

2. 注册会计师及其所在的会计师事务所依法承办下列审计业务：①审查企业财务会计报告，出具审计报告。②验证企业资本，出具验资报告。③办理企业合并、分立、清算事宜中的审计业务，出具有关报告。④法律、行政法规规定的其他审计业务。

小知识

代理记账

1. 代理记账是指从事代理记账业务的社会中介机构接受委托人的委托办理会计业务。委托人是指委托代理记账机构办理会计业务的单位。

2. 代理记账的业务范围：

（1）委托人提供的原始凭证和其他资料，按照国家统一会计制度的规定进行会计核算，包括审核原始凭证、填制记账凭证、登记会计账簿、编制财务会计报告等。

（2）对外提供财务会计报告。代理记账机构为委托人编制的财务会计报告，经代理记账机构负责人和委托人签名并盖章后，按照有关法律、行政法规和国家统一的会计制度的规定对外提供。

（3）向税务机关提供税务资料。

（4）委托人委托的其他会计业务。

3. 委托代理记账的委托人义务：

（1）对本单位发生的经济业务事项，填制或取得符合国家统一会计制度规定的原始凭证。

（2）配备专人负责日常货币收支和保管。

（3）及时向代理记账机构提供真实、完整的原始凭证和其他相关资料。

（4）对于代理记账机构退回的要求按照国家统一会计制度规定进行更正、补充的原始凭证，应当及时予以更正、补充。

4. 代理记账机构及其从业人员的义务：

（1）按照委托合同办理代理记账业务，遵守有关法律、行政法规和国家统一的会计制度规定。

（2）对在执行业务中知悉的商业秘密应当保密。

（3）对委托人示意其做出不当的会计处理，提供不实的会计资料，以及其他不符合法律、行政法规和国家统一的会计制度规定的要求，应当拒绝。

（4）对委托人提出的有关会计处理原则问题应当予以解释。

小思考

1. 实践中，常有会计人员看人办事的情况，"官大办的快，官小办的慢，无官拖着办"。这反映了一个什么样的现象？

2. 如果你是一名会计人员，如何理解"有所为，有所不为"这句话？

职业能力训练

一、重点概念

会计档案 会计法 会计准则

二、单项选择题

1. 根据《会计基础工作规范》规定，下列各项中，不属于会计工作岗位的是（　　）。

  A. 会计电算化岗位　　　　　　　B. 单位内部审计岗位

  C. 总会计师岗位　　　　　　　　D. 会计档案管理岗位

2. 根据《会计基础工作规范》规定，一般会计人员办理交接手续，应当由（　　）监交。

  A. 会计机构负责人　　　　　　　B. 单位负责人

  C. 审计机构负责人　　　　　　　D. 其他会计人员

3. 根据票据法的规定，商业汇票的提示付款期限为自汇票到期日起（　　）日内。

  A. 5　　　　　　B. 10　　　　　　C. 15　　　　　　D. 30

4. 根据《代理记账管理办法》规定，代理记账机构中主管代理记账业务的负责人应具有（　　）以上专业技术职务资格。

  A. 助理会计师　　　　　　　　　B. 会计师

  C. 高级会计师　　　　　　　　　D. 注册会计师

5. 下列各项中，不属于流转税类的税种是（　　）。

  A. 土地增值税　　　　　　　　　B. 增值税

  C. 消费税　　　　　　　　　　　D. 营业税

6. 根据《发票管理办法》规定，已开具的发票存根联和发票登记簿应当保存（　　）。

  A. 2 年　　　　B. 3 年　　　　　C. 4 年　　　　　D. 5 年

7. 会计职业道德与会计法律制度的性质不同，这是因为（　　）。

  A. 会计法律制度是具体的、明确的，而会计职业道德缺乏具体性、准确性

  B. 会计法律制度具有很强的客观性，而会计职业道德具有很强的主观性

  C. 会计法律制度具有很强的他律性，而会计职业道德具有很强的自律性

  D. 会计法律制度具有很强的自律性，而会计职业道德具有很强的他律性

8. 根据《会计基础工作规范》规定，一般会计人员办理交接手续，应当由（　　）。

  A. 会计机构负责人　　　　　　　B. 单位负责人

  C. 审计机构负责人　　　　　　　D. 其他会计人员

三、多项选择题

1. 国家统一的会计制度是指国务院财政部门根据《会计法》制定的关于（　　）的制度。

  A. 会计核算　　　　　　　　　　B. 会计监督

  C. 会计机构和会计人员　　　　　D. 会计工作管理

2. 在我国会计工作管理制度中，财务部门履行的会计行政管理职责主要有（　　）。

A. 会计准则制度的制定和组织实施　　B. 会计人员选拔任用

C. 会计专业人才评价　　　　　　　　D. 会计监督检查

3. 会计资料是会计核算过程中形成的，记录和反映实际发生的经济业务事项的资料，包括（　　）等会计核算专业资料。

A. 会计凭证　　　　　　　　　　　　B. 会计账簿

C. 财务会计报告　　　　　　　　　　D. 单位会计规章制度

4. 根据《企业财务会计报告条例》规定，会计期间分为（　　）。

A. 年度　　　　　　　　　　　　　　B. 半年度

C. 季度　　　　　　　　　　　　　　D. 月度

5. 根据《会计基础工作规范》规定，单位内部会计监督的主体是各单位的（　　）。

A. 会计机构　　　　　　　　　　　　B. 审计机构

C. 会计人员　　　　　　　　　　　　D. 审计人员

6. 根据《会计法》规定，财务部门实施会计监督检查的内容包括（　　）。

A. 对单位依法设置会计账簿的检查

B. 对单位会计资料真实性，完整性的检查

C. 对单位内部审计情况的检查

D. 对单位会计人员从业资格和任职资格的检查

7. 根据《注册会计师法》规定，会计师事务所可依法承办的审计业务包括（　　）。

A. 审查企业财务会计报告，出具审计报告

B. 验证企业资本，出具验资报告

C. 办理企业合并、分立、清算事宜中的审计业务，出具有关报告

D. 审查从事会计工作的人员是否具备从业资格

8. 根据《会计基础工作规范》规定，单位负责人的直系亲属不得担任本单位的（　　）。

A. 会计机构负责人　　　　　　　　　B. 会计主管人

C. 审计人员　　　　　　　　　　　　D. 出纳人员

9. 税收的作用表现在（　　）。

A. 税收是国家组织财政收入的主要形式

B. 税收是国家调控经济运行的重要手段

C. 税收是具有维护国家政权的作用

D. 税收是国际经济交往中维护国家利益的可靠保证

10. 关于发票特征的表述，下列各项中，正确的有（　　　）。

A. 发票具有合法性　　　　　　　B. 发票具有真实性

C. 发票具有可转让性　　　　　　D. 发票具有共享性

四、判断题(正确的在括号内打"√"，错误的在括号内打"×")

1. 会计资料的真实性和完整性，是会计资料最基本的质量要求。（　　）

2. 会计工作的政府监督是一种外部监督，主要是指财政部门代表国家对各单位和单位中有关人员的会计行为实施的监督检查。（　　）

3. 根据《代理记账管理办法》规定，委托人对代理记账机构在委托合同约定范围内的行为承担责任，代理记账机构只对其专职从业人员的业务活动承担责任，对其兼职从业人员的业务活动可以不承担责任。（　　）

4. 根据《票据法》规定，银行汇票的提示付款期限自出票日起 30 天，持票人超过期限提示付款的，代理付款人不予受理。（　　）

5. 根据《账户管理办法》规定，存款人因日常经营活动的资金收付及其工资、奖金和现金的支取，可以申请开立一般存款账户。（　　）

6. 伪造会计资料，是指使用涂改、挖补等手段改变会计凭证和会计账簿的真实内容，以歪曲事实真相的行为。（　　）

7. 根据《票据法》规定，汇票被拒绝付款或超过提示付款期限的，不得再背书转让；背书转让的，由背书人和被背书人连带承担票据责任。（　　）

8. 增值税专用发票只限于增值税一般纳税人和增值税小规模纳税人领购使用，其他纳税人不得领购使用。（　　）

9. 会计法律制度是会计职业道德的最高要求，也是对会计职业道德的重要补充。（　　）

10. 会计职业道德依靠会计人员的自觉性，并依靠社会舆论和良心来实现，基本上是非强制执行的。（　　）

附　录

中华人民共和国会计法

第一章　总　则

第一条　为了规范会计行为，保证会计资料真实、完整，加强经济管理和财务管理，提高经济效益，维护社会主义市场经济秩序，制定本法。

第二条　国家机关、社会团体、公司、企业、事业单位和其他组织（以下统称单位）必须依照本法办理会计事务。

第三条　各单位必须依法设置会计账簿，并保证其真实、完整。

第四条　单位负责人对本单位的会计工作和会计资料的真实性、完整性负责。

第五条　会计机构、会计人员依照本法规定进行会计核算，实行会计监督。

任何单位或者个人不得以任何方式授意、指使、强令会计机构、会计人员伪造、变造会计凭证、会计账簿和其他会计资料，提供虚假财务会计报告。

任何单位或者个人不得对依法履行职责、抵制违反本法规定行为的会计人员实行打击报复。

第六条　对认真执行本法，忠于职守，坚持原则，做出显著成绩的会计人员，给予精神的或者物质的奖励。

第七条　国务院财政部门主管全国的会计工作。

县级以上地方各级人民政府财政部门管理本行政区域内的会计工作。

第八条　国家实行统一的会计制度。国家统一的会计制度由国务院财政部门根据本法制定并公布。

国务院有关部门可以依照本法和国家统一的会计制度制定对会计核算和会计监督有特殊要求的行业实施国家统一的会计制度的具体办法或者补充规定，

报国务院财政部门审核批准。

中国人民解放军总后勤部可以依照本法和国家统一的会计制度制定军队实施国家统一的会计制度的具体办法，报国务院财政部门备案。

第二章 会计核算

第九条 各单位必须根据实际发生的经济业务事项进行会计核算，填制会计凭证，登记会计账簿，编制财务会计报告。

任何单位不得以虚假的经济业务事项或者资料进行会计核算。

第十条 下列经济业务事项，应当办理会计手续，进行会计核算：

（一）款项和有价证券的收付；

（二）财物的收发、增减和使用；

（三）债权债务的发生和结算；

（四）资本、基金的增减；

（五）收入、支出、费用、成本的计算；

（六）财务成果的计算和处理；

（七）需要办理会计手续、进行会计核算的其他事项。

第十一条 会计年度自公历 1 月 1 日起至 12 月 31 日止。

第十二条 会计核算以人民币为记账本位币。

业务收支以人民币以外的货币为主的单位，可以选定其中一种货币作为记账本位币，但是编报的财务会计报告应当折算为人民币。

第十三条 会计凭证、会计账簿、财务会计报告和其他会计资料，必须符合国家统一的会计制度的规定。

使用电子计算机进行会计核算的，其软件及其生成的会计凭证、会计账簿、财务会计报告和其他会计资料，也必须符合国家统一的会计制度的规定。

任何单位和个人不得伪造、变造会计凭证、会计账簿及其他会计资料，不得提供虚假的财务会计报告。

第十四条 会计凭证包括原始凭证和记账凭证。

办理本法第十条所列的经济业务事项，必须填制或者取得原始凭证并及时送交会计机构。

会计机构、会计人员必须按照国家统一的会计制度的规定对原始凭证进行审核，对不真实、不合法的原始凭证有权不予接受，并向单位负责人报告；对记载不准确、不完整的原始凭证予以退回，并要求按照国家统一的会计制度的规定更正、补充。

原始凭证记载的各项内容均不得涂改；原始凭证有错误的，应当由出具单位重开或者更正，更正处应当加盖出具单位印章。原始凭证金额有错误的，应当由出具单位重开，不得在原始凭证上更正。

记账凭证应当根据经过审核的原始凭证及有关资料编制。

第十五条 会计账簿登记，必须以经过审核的会计凭证为依据，并符合有关法律、行政法规和国家统一的会计制度的规定。

会计账簿包括总账、明细账、日记账和其他辅助性账簿。会计账簿应当按照连续编号的页码顺序登记。会计账簿记录发生错误或者隔页、缺号、跳行的，应当按照国家统一的会计制度规定的方法更正，并由会计人员和会计机构负责人（会计主管人员）在更正处盖章。

使用电子计算机进行会计核算的，其会计账簿的登记、更正，应当符合国家统一的会计制度的规定。

第十六条 各单位发生的各项经济业务事项应当在依法设置的会计账簿上统一登记、核算，不得违反本法和国家统一的会计制度的规定私设会计账簿登记、核算。

第十七条 各单位应当定期将会计账簿记录与实物、款项及有关资料相互核对，保证会计账簿记录与实物及款项的实有数额相符、会计账簿记录与会计凭证的有关内容相符、会计账簿之间相对应的记录相符、会计账簿记录与会计报表的有关内容相符。

第十八条 各单位采用的会计处理方法，前后各期应当一致，不得随意变更；确有必要变更的，应当按照国家统一的会计制度的规定变更，并将变更的原因、情况及影响在财务会计报告中说明。

第十九条 单位提供的担保、未决诉讼等或有事项，应当按照国家统一的会计制度的规定，在财务会计报告中予以说明。

第二十条 财务会计报告应当根据经过审核的会计账簿记录和有关资料编制，并符合本法和国家统一的会计制度关于财务会计报告的编制要求、提供对象和提供期限的规定；其他法律、行政法规另有规定的，从其规定。

财务会计报告由会计报表、会计报表附注和财务情况说明书组成。向不同的会计资料使用者提供的财务会计报告，其编制依据应当一致。有关法律、行政法规规定会计报表、会计报表附注和财务情况说明书须经注册会计师审计的，注册会计师及其所在的会计师事务所出具的审计报告应当随同财务会计报告一并提供。

第二十一条 财务会计报告应当由单位负责人和主管会计工作的负责人、会计机构负责人（会计主管人员）签名并盖章；设置总会计师的单位，还须由总会计师签名并盖章。

单位负责人应当保证财务会计报告真实、完整。

第二十二条　会计记录的文字应当使用中文。在民族自治地方，会计记录可以同时使用当地通用的一种民族文字。在中华人民共和国境内的外商投资企业、外国企业和其他外国组织的会计记录可以同时使用一种外国文字。

第二十三条　各单位对会计凭证、会计账簿、财务会计报告和其他会计资料应当建立档案，妥善保管。会计档案的保管期限和销毁办法，由国务院财政部门会同有关部门制定。

第三章　公司、企业会计核算的特别规定

第二十四条　公司、企业进行会计核算，除应当遵守本法第二章的规定外，还应当遵守本章规定。

第二十五条　公司、企业必须根据实际发生的经济业务事项，按照国家统一的会计制度的规定确认、计量和记录资产、负债、所有者权益、收入、费用、成本和利润。

第二十六条　公司、企业进行会计核算不得有下列行为：

（一）随意改变资产、负债、所有者权益的确认标准或者计量方法，虚列、多列、不列或者少列资产、负债、所有者权益；

（二）虚列或者隐瞒收入，推迟或者提前确认收入；

（三）随意改变费用、成本的确认标准或者计量方法，虚列、多列、不列或者少列费用、成本；

（四）随意调整利润的计算、分配方法，编造虚假利润或者隐瞒利润；

（五）违反国家统一的会计制度规定的其他行为。

第四章　会计监督

第二十七条　各单位应当建立、健全本单位内部会计监督制度。单位内部会计监督制度应当符合下列要求：

（一）记账人员与经济业务事项和会计事项的审批人员、经办人员、财物保管人员的职责权限应当明确，并相互分离、相互制约；

（二）重大对外投资、资产处置、资金调度和其他重要经济业务事项的决策和执行的相互监督、相互制约程序应当明确；

（三）财产清查的范围、期限和组织程序应当明确；

（四）对会计资料定期进行内部审计的办法和程序应当明确。

第二十八条　单位负责人应当保证会计机构、会计人员依法履行职责，不得授意、指使、强令会计机构、会计人员违法办理会计事项。

会计机构、会计人员对违反本法和国家统一的会计制度规定的会计事项，有权拒绝办理或者按照职权予以纠正。

第二十九条　会计机构、会计人员发现会计账簿记录与实物、款项及有关资料不相符的，按照国家统一的会计制度的规定有权自行处理的，应当及时处理；无权处理的，应当立即向单位负责人报告，请求查明原因，作出处理。

第三十条　任何单位和个人对违反本法和国家统一的会计制度规定的行为，有权检举。收到检举的部门有权处理的，应当依法按照职责分工及时处理；无权处理的，应当及时移送有权处理的部门处理。收到检举的部门、负责处理的部门应当为检举人保密，不得将检举人姓名和检举材料转给被检举单位和被检举人个人。

第三十一条　有关法律、行政法规规定，须经注册会计师进行审计的单位，应当向受委托的会计师事务所如实提供会计凭证、会计账簿、财务会计报告和其他会计资料以及有关情况。

任何单位或者个人不得以任何方式要求或者示意注册会计师及其所在的会计师事务所出具不实或者不当的审计报告。

财政部门有权对会计师事务所出具审计报告的程序和内容进行监督。

第三十二条　财政部门对各单位的下列情况实施监督：

（一）是否依法设置会计账簿；

（二）会计凭证、会计账簿、财务会计报告和其他会计资料是否真实、完整；

（三）会计核算是否符合本法和国家统一的会计制度的规定；

（四）从事会计工作的人员是否具备专业能力、遵守职业道德。

在对前款第（二）项所列事项实施监督，发现重大违法嫌疑时，国务院财政部门及其派出机构可以向与被监督单位有经济业务往来的单位和被监督单位开立账户的金融机构查询有关情况，有关单位和金融机构应当给予支持。

第三十三条　财政、审计、税务、人民银行、证券监管、保险监管等部门应当依照有关法律、行政法规规定的职责，对有关单位的会计资料实施监督检查。

前款所列监督检查部门对有关单位的会计资料依法实施监督检查后，应当出具检查结论。有关监督检查部门已经作出的检查结论能够满足其他监督检查部门履行本部门职责需要的，其他监督检查部门应当加以利用，避免重复查账。

第三十四条　依法对有关单位的会计资料实施监督检查的部门及其工作人员对在监督检查中知悉的国家秘密和商业秘密负有保密义务。

第三十五条　各单位必须依照有关法律、行政法规的规定，接受有关监督检查部门依法实施的监督检查，如实提供会计凭证、会计账簿、财务会计报告和其他会计资料以及有关情况，不得拒绝、隐匿、谎报。

第五章 会计机构和会计人员

第三十六条 各单位应当根据会计业务的需要，设置会计机构，或者在有关机构中设置会计人员并指定会计主管人员；不具备设置条件的，应当委托经批准设立从事会计代理记账业务的中介机构代理记账。

国有的和国有资产占控股地位或者主导地位的大、中型企业必须设置总会计师。总会计师的任职资格、任免程序、职责权限由国务院规定 。

第三十七条 会计机构内部应当建立稽核制度。

出纳人员不得兼任稽核、会计档案保管和收入、支出、费用、债权债务账目的登记工作。

第三十八条 会计人员应当具备从事会计工作所需要的专业能力。

担任单位会计机构负责人（会计主管人员）的，应当具备会计师以上专业技术职务资格或者从事会计工作三年以上经历。

本法所称会计人员的范围由国务院财政部门规定。

第三十九条 会计人员应当遵守职业道德，提高业务素质。对会计人员的教育和培训工作应当加强。

第四十条 因有提供虚假财务会计报告，做假账，隐匿或者故意销毁会计凭证、会计账簿、财务会计报告，贪污，挪用公款，职务侵占等与会计职务有关的违法行为被依法追究刑事责任的人员，不得再从事会计工作。

第四十一条 会计人员调动工作或者离职，必须与接管人员办清交接手续。

一般会计人员办理交接手续，由会计机构负责人（会计主管人员）监交；会计机构负责人（会计主管人员）办理交接手续，由单位负责人监交，必要时主管单位可以派人会同监交。

第六章 法律责任

第四十二条 违反本法规定，有下列行为之一的，由县级以上人民政府财政部门责令限期改正，可以对单位并处 3000 元以上 5 万元以下的罚款；对其直接负责的主管人员和其他直接责任人员，可以处 2000 元以上 2 万元以下的罚款；属于国家工作人员的，还应当由其所在单位或者有关单位依法给予行政处分：

（一）不依法设置会计账簿的；

（二）私设会计账簿的；

（三）未按照规定填制、取得原始凭证或者填制、取得的原始凭证不符合规定的；

（四）以未经审核的会计凭证为依据登记会计账簿或者登记会计账簿不符合规定的；

（五）随意变更会计处理方法的；

（六）向不同的会计资料使用者提供的财务会计报告编制依据不一致的；

（七）未按照规定使用会计记录文字或者记账本位币的；

（八）未按照规定保管会计资料，致使会计资料毁损、灭失的；

（九）未按照规定建立并实施单位内部会计监督制度或者拒绝依法实施的监督或者不如实提供有关会计资料及有关情况的；

（十）任用会计人员不符合本法规定的。

有前款所列行为之一，构成犯罪的，依法追究刑事责任。

会计人员有第一款所列行为之一，情节严重的，5 年内不得从事会计工作。

有关法律对第一款所列行为的处罚另有规定的，依照有关法律的规定办理。

第四十三条 伪造、变造会计凭证、会计账簿，编制虚假财务会计报告，构成犯罪的，依法追究刑事责任。

有前款行为，尚不构成犯罪的，由县级以上人民政府财政部门予以通报，可以对单位并处 5000 元以上 10 万元以下的罚款；对其直接负责的主管人员和其他直接责任人员，可以处 3000 元以上 5 万元以下的罚款；属于国家工作人员的，还应当由其所在单位或者有关单位依法给予撤职直至开除的行政处分；其中的会计人员，5 年内不得从事会计工作。

第四十四条 隐匿或者故意销毁依法应当保存的会计凭证、会计账簿、财务会计报告，构成犯罪的，依法追究刑事责任。

有前款行为，尚不构成犯罪的，由县级以上人民政府财政部门予以通报，可以对单位并处 5000 元以上 10 万元以下的罚款；对其直接负责的主管人员和其他直接责任人员，可以处 3000 元以上 5 万元以下的罚款；属于国家工作人员的，还应当由其所在单位或者有关单位依法给予撤职直至开除的行政处分；其中的会计人员，5 年内不得从事会计工作。

第四十五条 授意、指使、强令会计机构、会计人员及其他人员伪造、变造会计凭证、会计账簿，编制虚假财务会计报告或者隐匿、故意销毁依法应当保存的会计凭证、会计账簿、财务会计报告，构成犯罪的，依法追究刑事责任；尚不构成犯罪的，可以处 5000 元以上 5 万元以下的罚款；属于国家工作人员的，还应当由其所在单位或者有关单位依法给予降级、撤职、开除的行政处分。

第四十六条 单位负责人对依法履行职责、抵制违反本法规定行为的会计人员以降级、撤职、调离工作岗位、解聘或者开除等方式实行打击报复，构成犯罪的，依法追究刑事责任；尚不构成犯罪的，由其所在单位或者有关单位依法给予行政处分。对受打击报复的会计人员，应当恢复其名誉和原有职务、级别。

第四十七条 财政部门及有关行政部门的工作人员在实施监督管理中滥用职权、玩忽职守、徇私舞弊或者泄露国家秘密、商业秘密，构成犯罪的，依法追究刑事责任；尚不构成犯罪的，依法给予行政处分。

第四十八条 违反本法第三十条规定，将检举人姓名和检举材料转给被检举单位和被检举人个人的，由所在单位或者有关单位依法给予行政处分。

第四十九条 违反本法规定，同时违反其他法律规定的，由有关部门在各自职权范围内依法进行处罚。

第七章 附则

第五十条 本法下列用语的含义：

单位负责人，是指单位法定代表人或者法律、行政法规规定代表单位行使职权的主要负责人。

国家统一的会计制度，是指国务院财政部门根据本法制定的关于会计核算、会计监督、会计机构和会计人员以及会计工作管理的制度。

第五十一条 个体工商户会计管理的具体办法，由国务院财政部门根据本法的原则另行规定。

第五十二条 本法自 2000 年 7 月 1 日起施行。

2018 年会计专业技术资格考试《初级会计实务》
真题（一）

一、单项选择题（本类题共 24 小题，每小题 1.5 分，共 36 分。每小题备选答案中，只有一个符合题意的正确答案。多选、错选、不选均不得分。请使用计算机鼠标在计算机答题界面上点击试题答案备选选项前的按钮"〇"作答）

1. 下列各项中，属于投资活动现金流量的是（   ）。

A. 吸收投资需要的现金 B. 处置无形资产收回的现金净额

C. 支付的所得税 D. 偿还债务支付的现金

2. 某企业持有的一次还本、分期付息的持有至到期债券投资，期末确认应收未收的利息应借记的会计科目是（   ）。

A. 投资收益 B. 其他应收款

C. 持有至到期投资——应计利息 D. 应收利息

3. 甲公司从证券市场购入乙公司股票 50 000 股，划分为交易性金融资产。甲公司为此支付价款 105 万元，其中包含已宣告但尚未发放的现金股利 1 万元，另支付相关交易费用 0.5 万元（不考虑增值税），不考虑其他因素，甲公司该投资的入账金额为 （ ） 万元。

 A. 104   B. 105.5   C. 105   D. 104.5

4. 下列各项中，关于产品成本计算品种法的表述正确的是 （ ）。

 A. 成本计算期与财务报告期不一致 B. 以产品品种作为成本计算对象

 C. 以产品批别作为成本计算对象 D. 广泛适用于小批或单件生产的企业

5. 某企业对生产设备进行改良，发生资本化支出共计 45 万元，被替换旧部件的账面价值为 10 万元，该设备原价为 500 万元，已计提折旧 300 万元，不考虑其他因素。该设备改良后的入账价值为 （ ） 万元。

 A. 245   B. 235   C. 200   D. 190

6. 下列各项中，应计入营业外支出的是 （ ）。

 A. 合同违约金   B. 法律诉讼费

 C. 出租无形资产的摊销额   D. 广告宣传费

7. 企业未设置"预付账款"科目，发生预付货款业务时应借记的会计科目是 （ ）。

 A. 预收账款   B. 其他应付款

 C. 应收账款   D. 应付账款

8. 2016 年 1 月 1 日，某企业开始自行研究开发一套软件，研究阶段发生支出 30 万元，开发阶段发生支出 125 万元。开发阶段的支出均满足资本化条件，4 月 15 日，该软件开发成功并依法申请了专利。支付相关手续费 1 万元，不考虑其他因素，该项无形资产的入账价值为 （ ） 万元。

 A. 126   B. 155   C. 125   D. 156

9. 下列各项中，关于股份公司溢价发行股票的相关会计处理表述正确的是 （ ）。

 A. 发行股票溢价计入盈余公积

 B. 发行股票相关的手续费计入股本

 C. 发行股票相关的手续费应从溢价中抵扣

 D. 发行股票取得的款项全部计入股本

10. 事业单位在期末应将财政补助收入和对应的财政补助支出进行结转，涉及的会计科目是 （ ）。

 A. 非财政补助结转   B. 财政补助结转

 C. 事业结余   D. 财政补助结余

11. 下列各项中，关于企业无法查明原因的现金溢余，经批准后会计处理表述正确的是（　　）。

　　A. 冲减财务费用　　　　　　　　　B. 计入其他应付款

　　C. 冲减管理费用　　　　　　　　　D. 计入营业外收入

12. 某公司年初未分配利润为 1000 万元，当年实现净利润 500 万元，按 10%提取法定盈余公积，5%提取任意盈余公积，宣告发放现金股利 100 万元，不考虑其他因素，该公司年末未分配利润为（　　）万元。

　　A. 1 450　　　　　B. 1 475　　　　　C. 1 325　　　　　D. 1 400

13. 2016 年某企业取得债券投资利息收入 15 万元，其中国债利息收入 5 万元，全年税前利润总额为 150 万元，所得税税率为 25%，不考虑其他因素，2016 年该企业的净利润为（　　）万元。

　　A. 112. 5　　　　　B. 113. 75　　　　　C. 116. 75　　　　　D. 111. 25

14. 2015 年 7 月 1 日，某公司按面值发行 3 年期，到期一次还本付息的公司债券，该债券面值总额为 10 万元，票面年利率为 4%（不计复利），不考虑相关税费，2016 年 12 月 31 日该应付债券的账面价值为（　　）万元。

　　A. 10　　　　　B. 102　　　　　C. 10. 4　　　　　D. 10. 6

15. 企业将作为存货的房地产转换为采用公允价值模式计量的投资性房地产，转换公允价值低于其账面价值的差额应计入的会计科目是（　　）。

　　A. 营业外支出　　　　　　　　　　B. 公允价值变动损益

　　C. 资本公积　　　　　　　　　　　D. 其他综合收益

16. 下列各项中，应计入企业管理费用的是（　　）。

　　A. 收回应收账款发生的现金折扣

　　B. 处置无形资产净损失

　　C. 生产车间机器设备的折旧费

　　D. 生产车间发生的排污费

17. 2016 年 1 月 1 日，甲公司支付价款 2050 万元购入乙公司同日发行的 5 年期公司债券，将其划分为可供出售金融资产，另支付交易费用 30 万元（不考虑增值税），债券面值总额 2000 万元，票面年利率为 5%，债券利息于每年年初支付，不考虑其他因素，甲公司该投资的入账价值为（　　）万元。

　　A. 2000　　　　　B. 2030　　　　　C. 2050　　　　　D. 2080

18. 企业采用成本法核算长期股权投资，持有投资期间被投资企业宣告发放现金股利时，下列各项中，会计处理结果正确的是（　　）。

　　A. 冲减长期股权投资成本

　　B. 确认营业外收入

C. 增加长期股权投资成本

D. 确认投资收益

19. 企业将自有房屋无偿提供给本企业行政管理人员使用，下列各项中，关于计提房屋折旧的会计处理表述正确的是（　　）。

A. 借记"其他业务成本"科目，贷记"累计折旧"科目

B. 借记"其他应收款"科目，贷记"累计折旧"科目

C. 借记"营业外支出"科目，贷记"累计折旧"科目

D. 借记"管理费用"科目，贷记"应付职工薪酬"科目，同时借记"应付职工薪酬"科目，贷记"累计折旧"科目

20. 甲企业为增值税小规模纳税人，本月采购原材料 2060 千克，每千克 50元（含增值税），运输途中的合理损耗为 60 千克，入库前的挑选整理费用为500 元，企业该批原材料的入账价值为（　　）元。

A. 100 500　　　　B. 103 500　　　　C. 103 000　　　　D. 106 500

21. 2016 年 1 月 1 日，某企业向银行借入资金 600 000 元，期限为 6 个月，年利率为 5%，借款利息分月计提，季末交付，本金到期一次归还，下列各项中，2016 年 6 月 30 日，该企业交付借款利息的会计处理正确的是（　　）

A. 借：财务费用　　　　　　　　　　　　　　5000
　　　应付利息　　　　　　　　　　　　　　2500
　　　　贷：银行存款　　　　　　　　　　　　　　7500

B. 借：财务费用　　　　　　　　　　　　　　7500
　　　　贷：银行存款　　　　　　　　　　　　　　7500

C. 借：应付利息　　　　　　　　　　　　　　5000
　　　　贷：银行存款　　　　　　　　　　　　　　5000

D. 借：财务费用　　　　　　　　　　　　　　2500
　　　应付利息　　　　　　　　　　　　　　5000
　　　　贷：银行存款　　　　　　　　　　　　　　7500

22. 下列各项中，应根据相关总账科目的余额直接在资产负债表中填列的是（　　）。

A. 应付账款　　　　　　　　　　B. 固定资产

C. 长期借款　　　　　　　　　　D. 短期借款

23. 某企业本月投产甲产品 50 件，乙产品 100 件，生产甲、乙两种产品共耗用材料 4500 千克，每千克 20 元，每件甲、乙产品材料消耗定额分别为 50 千克和 15 千克，按材料定额消耗量比例分配材料费用，甲产品分配的材料费用为（　　）元。

A. 50 000   B. 30 000   C. 33 750   D. 56 250

24. 企业为采购存货签发银行承兑汇票而支付的手续费应计入（   ）。

A. 管理费用   B. 财务费用

C. 营业外支出   D. 采购存货成本

二、多项选择题（本类题共 12 小题，每小题 2 分，共 24 分。每小题备选答案中，有两个或两个以上符合题意的正确答案。多选、少选、错选、不选均不得分。请使用计算机鼠标在计算机答题界面上点击试题答案备选项前的按钮"□"作答。）

1. 下列各项中，应计入销售费用的有（   ）。

A. 预计产品质量保证损失

B. 销售产品为购货方代垫的运费

C. 结转随同产品出售不单独计价的包装物成本

D. 专设销售机构固定资产折旧费

2. 下列各项中，资产的净损失报经批准应计入管理费用的有（   ）。

A. 火灾事故造成的库存商品毁损

B. 自然灾害造成的包装物毁损

C. 属于一般经营损失的原材料毁损

D. 无法查明原因的现金短缺

3. 下列各项中，应计入工业企业其他业务成本的有（   ）。

A. 结转销售原材料的成本

B. 结转销售商品的成本

C. 出租固定资产的折旧金额

D. 结转随同产品出售单独计价的包装物成本

4. 下列各项中，属于工业企业营业收入的有（   ）。

A. 债权投资的利息收入

B. 出租无形资产的租金收入

C. 销售产品取得的收入

D. 出售无形资产的净收益

5. 下列事业单位会计科目中，年末结账后应无余额的有（   ）。

A. 事业收入   B. 事业结余

C. 事业支出   D. 事业基金

6. 下列各项中，属于企业流动资产的有（   ）。

A. 为交易目的而持有的资产

B. 预计自资产负债表日起一年内变现的资产

C. 自资产负债表日起一年内清偿负债的能力不受限制的现金

D. 预计在一个正常企业周期中变现的资产

7. 下列各项中，应计入加工收回后直接出售的委托加工物资成本的有（　　　）。

A. 由受托方代收缴的消费税

B. 支付委托加工的往返运输费

C. 实际耗用的原材料费用

D. 支付的加工费

8. 下列各项中，应计入长期应付款的有（　　　）。

A. 应付租入包装的租金

B. 以具有融资性质的分期付款方式购入固定资产的应付款项

C. 因债权人单位撤销而无法支付的应付账款

D. 应付融资租入固定资产的租赁费

9. 下列各项中，应计入资本公积的有（　　　）。

A. 注销的库存股账面余额低于所冲减股本的差额

B. 投资者超额缴入的资本

C. 交易性金融资产发生的公允价值变动

D. 溢价发行股票，超出股票面值的溢价收入

10. 下列各项中，引起现金流量表中"现金及现金等价物净增加额"项目金额变动的有（　　　）。

A. 以银行存款支付职工工资、奖金、津贴

B. 收到出租资产的租金收入存入银行

C. 库存现金存入银行

D. 以货币资金购买 3 个月内到期的国债

11. 下列各项中，引起权益法下长期股权投资账面价值增加的有（　　　）。

A. 持有期间被投资单位可供出售金融资产（股票）公允价值增加

B. 持有期间被投资单位实际发放现金股利

C. 持有期间被投资单位实现净利润

D. 计提长期股权投资减值准备

12. 某企业为生产多种产品的制造企业，下列各项中，通过"制造费用"科目核算的有（　　　）。

A. 车间房屋和机器设备的折旧费

B. 支付用于产品生产的材料费

C. 生产工人的工资和福利费

D. 季节性停工损失

三、判断题（本类题共 10 小题，每小题 1 分，共 10 分。请判断每小题的表述是否正确。每小题答题正确的得 1 分，答题错误的扣 0.5 分，不答题的不得分也不扣分，本类题最低得分为零分。请使用计算机鼠标在计算机答题界面上点击试题答案备选项前的按钮"○"作答。）

1. 月末货到单未到的入库材料应按暂估价入账，并于下月初用红字冲回。（　　）

2. 除投资合同或协议约定价值不公允的以外，企业接受投资者作为资本投入的固定资产，应按投资合同或协议的约定价值确定其入账价值。（　　）

3. 资产负债表日，企业应按持有至到期投资摊余成本和实际利率计算债券利息收入并确认投资收益。（　　）

4. 企业采用顺序分配法分配辅助生产费用时，受益多的辅助生产车间先分配，受益少的辅助生产车间后分配。（　　）

5. 已确认销售收入的售出商品发生销售折让，且不属于资产负债表日后事项的，企业应在销售折让发生时冲减当期销售商品收入。（　　）

6. 企业债权投资获得的利息收入属于让渡资产使用权收入。（　　）

7. 企业生产车间发生的固定资产日常维修费，应作为制造费用核算计入产品成本。（　　）

8. 所有者权益变动表是反映企业当期所有者权益各构成部分增减变动情况的报表。（　　）

9. 企业代扣代缴的个人所得税，不通过"应交税费"科目进行核算。（　　）

10. 利润表中"所得税费用"项目的本期金额等于当期所得税，而不应考虑递延所得税。（　　）

四、不定项选择题（本类题共 15 小题，每小题 2 分，共 30 分。每小题备选答案中，有一个或一个以上符合题意的正确答案，每小题全部选对得满分，少选得相应分值，多选、错选、不选均不得分。请使用计算机鼠标在计算机答题界面上点击试题答案备选项前的按钮"□"作答。）

（一）

甲公司为增值税一般纳税人，适用的增值税税率为 17%，2014 年度至 2016 年度发生有关业务资料如下：

(1) 2014 年 1 月 1 日，为建造一条生产线筹措资金，从银行取得借款 500 万元，期限为 1 年。合同年利率为 6%，到期一次还本付息。所借款项已存入银行。

(2) 2014 年 1 月 1 日，采用出包方式建造该生产线，支付工程款 500

万元。

（3）2014 年 6 月 1 日，获得非关联方捐赠 168 万元，款项已存入银行。当日支付生产线工程余款 316.66 万元，取得增值税专用发票注明的价款 698 万元，增值税税额 118.66 万元。

（4）2014 年 12 月 1 日，生产线工程完工，达到预定可使用状态。甲公司为了使操作人员能够迅速使用该设备，支付专业人员培训费取得增值税专用发票注明的价款 10 万元，增值税税额 0.6 万元。甲公司预计该生产线可以使用 5年。预计净残值为 2 万元。采用年数总和法计提折旧。

（5）2014 年 12 月 31 日，甲公司归还银行借款本息（甲公司每月计提利息）。

（6）2016 年 6 月 20 日，该生产线因自然灾害损毁，其账面价值为 373.2万元，残料作价 5 万元验收入库。甲公司自行清理，以银行存款支付清理费用 3万元（不考虑增值税）。经保险公司核定赔偿损失 200 万元，赔款尚未收到。

要求：

根据上述资料，不考虑其他因素，分析回答下列小题。（答案中的金额单位用万元表示）（2017 年改编）

1. 根据资料（1）和（5），下列各项中会计处理表述正确的是（　　　）。

A. 2014 年 1 月 1 日取得借款时，应贷记"短期借款"科目 500 万元

B. 2014 年 1 月 31 日计提借款利息时，应借记"财务费用"科目 2.5 万元

C. 2014 年 12 月 31 日归还借款时，应借记"短期借款"科目 500 万元

D. 2014 年 1 月 31 日计提借款利息时，应贷记"应付利息"科目 2.5 万元

2. 根据资料（2）至（3），下列各项中，甲公司会计处理表述正确的是（　　　）。

A. 6 月 1 日取得捐助款时，借记"银行存款"科目 168 万元

B. 1 月 1 日支付工程款时，借记"在建工程"科目 500 万元

C. 6 月 1 日取得捐赠款时，贷记"营业外收入"科目 168 万元

D. 1 月 1 日支付工程款时，借记"预付账款"科目 500 万元

3. 根据资料（1）至（4），甲公司该生产线的入账价值是（　　　）万元。

A. 816.66　　B. 698　　C. 708　　D. 817.26

4. 根据资料（1）至（4），下列各项中，关于该生产线计提折旧的表述正确的是（　　　）。

A. 自 2015 年 1 月起计提折旧

B. 自 2014 年 12 月起计提折旧

C. 2015 年计提折旧金额 232 万元

D. 2016 年计提折旧金额为 92.8 万元

5. 根据资料（6），下列各项中，关于固定资产毁损的会计处理的表述正确的是（　　）。

A. 确定应由保险公司理赔的损失时，借记"应收账款"科目 200 万元

B. 残料入库时，借记"原材料"科目 5 万元

C. 将毁损的生产线转入清理时，借记"固定资产清理"科目 373.2 万元

D. 结转毁损的生产线净损失时，借记"营业外支出—非常损失"科目 171.2 万元

（二）

甲公司为一家制造企业，适用的增值税税率为 17%，商品销售全部符合收入确认条件，销售成本月末一次结转，M 产品的单位成本为 80 元。2016 年 7 月该公司发生下列业务：

（1）1 日，向乙公司销售 M 产品 8 000 件，开具的增值税专用发票上注明的价款为 80 万元，增值税税额为 13.6 万元。商品当日已发出，甲公司上月已预收乙公司 30 万货款，余款于当日收讫并存入银行。

（2）3 日，与丙公司签订一份劳务合同，期限为 9 个月，合同总收入 225 万元（不含增值税），已预收 135 万元，该项劳务交易结果能够可靠估计，甲公司采用完工百分比确认劳务收入。完工进度按照已发生成本占估计总成本的比例确定。截至 7 月 31 日已发生成本 32 万元，预计完成该合同义务还将发生成本 128 万。

（3）5 日，采用托收承付方式向丁公司销售 M 产品 7500 件，开具的增值税专用发票上注明的价款为 75 万元，增值税税额为 12.75 万元。销售合同中规定的现金折扣条件为 2/10、1/20、N/30，10 日，收到丁公司支付的款项存入银行，计算现金折扣不考虑增值税。

（4）6 日，按照与戊公司签订的租赁合同，以经营租赁方式将上月初取得的一台拟自用的生产设备出租给戊公司。31 日收取当月租金 2 万元（不含增值税）存入银行。该设备原价 60 万元，预计净残值为零，采用年限平均法按 10 年计提折旧，未计提减值准备。

要求：根据上述资料，不考虑其他因素，分析回答下列小题。（答案中的全部单位用万元表示）

（2017 年）

1. 根据资料（1），下列各项中，甲公司会计处理正确的是（　　）。

A. 借：银行存款　　　　　　　　　　　　　　　　30

　　贷：主营业务收入　　　　　　　　　　　　　25.64

	应交税费—应交增值税（销项税额）	4.36

B. 借：银行存款　　　　　　　　　　　　　　　63.6

　　贷：主营业务收入　　　　　　　　　　　　54.36

　　　　应交税费—应交增值税（销项税额）　　9.24

C. 上月收到预收货款时

　　借：银行存款　　　　　　　　　　　　　　　30

　　　贷：预收账款　　　　　　　　　　　　　　30

D. 1 日发出商品收到余款时

　　借：预收账款　　　　　　　　　　　　　　　30

　　　　银行存款　　　　　　　　　　　　　　63.6

　　　贷：主营业务收入　　　　　　　　　　　　80

　　　　　应交税费—应交增值税（销项税额）　13.6

2. 根据资料（2），2016 年 7 月甲公司应确认的劳务收入是（　　）万元。

A. 45　　　　　　B. 225　　　　　　　C. 32　　　　　　D. 135

3. 根据资料（3），下列各项中，关于甲公司会计处理结果表述正确的是（　　）。

A. 5 日，确认营业收入 75 万元

B. 10 日，确认财务费用 1.5 万元

C. 5 日，确认营业收入 73.5 万元

D. 10 日，确认财务费用 0.75 万元

4. 根据资料（4），下列各项中，关于甲公司会计处理结果表述正确的是（　　）。

A. 当月出租设备计提折旧确认制造费用 6 万元

B. 当月出租设备计提折旧确认其他业务成本 0.5 万元

C. 当月收取租金确认营业外收入 2 万元

D. 当月收取租金确认其他业务收入 2 万元

5. 根据资料（1）至（4），2016 年 7 月甲公司利润表中下列项目本期金额计算结果正确的是（　　）。

A. 营业收入为 202 万元　　　　　　B. 营业收入为 200 万元

C. 营业成本为 156 万元　　　　　　D. 营业成本为 156.5 万元

（三）

甲公司是生产多种产品的制造企业，为增值税一般纳税人，适用的增值税税率为 17%，原材料采用实际成本核算，材料发出成本采用月末一次加权平均法计算，2016 年 12 月 1 日，M 材料库存数量为 500 千克，每千克实际成本为

200 元，该公司 12 月份发生有关存货业务如下：

（1）2 日，以面值为 250 000 元的银行汇票购买 M 材料 800 千克，每千克不含增值税购买价格为 250 元，价款共计 200 000 元，增值税专用发票上注明的增值税税额为 34 000 元，由销货方代垫运杂费 3000 元（不考虑增值税）。材料验收入库，银行汇票多余款项通过银行退回并已收妥。

（2）10 日，收到乙公司作为资本投入的 M 材料 3000 千克，并验收入库，同时收到乙公司开具的增值税发票，投资合同约定该批材料不含增值税价格为 600 000 元（与公允价值相同），允许抵扣的增值税税额为 102 000 元，乙公司在甲公司注册资本中享有份额的金额为 580 000 元。

（3）31 日，发料凭证汇总表中列明 M 材料的耗用情况如下，生产产品领用 1600 千克，车间管理部门领用 300 千克，行政管理部门领用 200 千克，销售部门领用 100 千克。

（4）31 日，财产清查中盘亏 M 材料的成本为 15 000 元，确认应转出增值税进项税额为 2550 元，经查属于材料保管人员过失造成的，按规定由其赔偿 6000 元，其他损失由公司承担，款项尚未收到。

要求：依据上述材料，不考虑其他因素，分析回答下列小题。（答案中的金额单位用元表示，计算结果出现小数的，保留小数点后两位小数）

1. 资料（1），下列各项中，甲公司会计处理正确的是（　　）。

A. 退回银行汇票的多余款项时：
　　借：银行存款　　　　　　　　　　　　　　13 000
　　　　贷：其他货币资金　　　　　　　　　　　　　13 000

B. 用银行汇票购买材料时：
　　借：原材料　　　　　　　　　　　　　　203 000
　　　　应交税费——应交增值税　　　　　　34 000
　　　　贷：银行存款　　　　　　　　　　　　　237 000

C. 申请签发银行汇票时：
　　借：其他货币资金　　　　　　　　　　　250 000
　　　　贷：银行存款　　　　　　　　　　　　　250 000

D. 用银行汇票购买材料时：
　　借：原材料　　　　　　　　　　　　　　203 000
　　　　应交税费—应交增值税　　　　　　　34 000
　　　　贷：其他货币资金　　　　　　　　　　　237 000

2. 根据资料（2），下列各项中，甲公司会计处理结果正确的是（　　）。

A. "资本公积"科目贷方登记 122 000 元

B. "原材料"科目借方登记 600 000 元

C. "应交税费"科目借方登记 102 000 元

D. "实收资本"科目贷方登记 702 000 元

3. 根据资料（1）至（2），甲公司当月发出 M 材料平均单价是（　　）元。

A. 205. 35　　　　 B. 210　　　　　 C. 209. 3　　　　　 D. 204. 65

4. 根据资料（3），下列各项中，甲公司会计处理表述正确的是（　　）。

A. 车间管理部门领用的材料计入制造费用

B. 生产产品领用的材料计入生产成本

C. 销售部门领用的材料计入销售费用

D. 行政管理部门领用的材料计入管理费用

5. 根据资料（4），下列各项中，甲公司会计处理正确的是（　　）。

A. 应收账款增加 6000 元　　　　　　 B. 原材料减少 15 000 元

C. 其他应收款增加 6000 元　　　　　 D. 管理费用增加 15 000 元

2018 年会计专业技术资格考试《初级会计实务》
真题（一）参考答案

一、单项选择题

1.【答案】B

【解析】选项 A、D 属于筹资活动产生的现金流量；选项 C 属于经营活动产生的现金流量。

2.【答案】D

【解析】一次还本、分期付息的债券利息，应计入应收利息科目核算：

借：应收利息

持有至到期投资——利息调整（差额，可能在贷方）

　　贷：投资收益

3.【答案】C

【解析】该交易性金融资产的入账金额为 105 万元。

4.【答案】B

【解析】品种法，适用于单步骤、大量生产的企业，如发电、供水、采掘等企业，选项 D 错误。品种法计算成本的主要特点一是成本核算对象是产品品种，选项 B 正确，选项 C 错误。二是品种法下一般定期（每月月末）计算产品成本，产品成本计算期与财务报告期一致，选项 A 错误。三是月末一般不需要将生产费用在完工产品与在产品之间进行分配。

5.【答案】B

【解析】设备改良后的入账价值＝45－10＋500－300＝235（万元）。

6.【答案】A

【解析】选项 B 计入管理费用；选项 C 计入其他业务成本；选项 D 计入销售费。

7.【答案】D

【解析】企业未设置"预付账款"科目，发生预付货款业务时应借记的会计科目是"应付账款"科目。

8.【答案】A

【解析】无形资产的入账价值＝125＋1＝126（万元）。

9.【答案】C

【解析】股份公司溢价发行股票的会计处理为

借：银行存款

　　贷：股本

　　　　资本公积—股本溢价

发行股票的溢价计入资本公积，选项 A 错误；发行股票相关的手续费，冲减资本公积—股本溢价；无溢价或溢价金额不足以抵扣的，应将不足抵扣的部分依次冲减盈余公积和未分配利润，选项 B 错误；发行股票取得的款项计入银行存款等，股票的面值计入股本核算，选项 D 错误。

10.【答案】B

【解析】事业单位在期末应将财政补助收入和对应的财政补助支出进行结转，结转到财政补助结转科目核算。

11.【答案】D

【解析】企业无法查明原因的现金溢余，报经批准后计入营业外收入：

借：待处理财产损溢

　　贷：营业外收入

12.【答案】C

【解析】该公司年末未分配利润＝1000＋500－500×（10%＋5%）－100＝1325。

13.【答案】B

【解析】2016 年该企业的净利润＝150－（150－5）×25%＝113.75（万元）。

14.【答案】D

【解析】债券为到期一次还本付息债券，计提的利息计入应付债券的账面价值，2016 年 12 月 31 日该应付债券的账面价值＝10＋10×4%×1.5（2015 年 7 月 1 日至 2016 年 12 月 31 日）＝10.6（万元）。

15.【答案】B

【解析】企业将作为存货的房地产转换为采用公允价值模式计量的投资性房地产，转换日公允价值低于其账面价值的差额应借记"公允价值变动损益"科目。

16. 【答案】D

【解析】选项 A 计入财务费用；选项 B 计入营业外支出；选项 C 计入制造费用。

17. 【答案】D

【解析】该债券作为可供出售金融资产核算，所以其入账价值 = 2050 + 30 = 2080（万元）。

18. 【答案】D

【解析】采用成本法核算的长期股权投资，持有期间被投资单位宣告发放现金股利时，投资单位应：

借：应收股利

　　贷：投资收益

19. 【答案】D

【解析】企业将自有房屋无偿提供给本企业行政管理人员使用，在计提折旧时：

借：管理费用　　　　　　　　　借：应付职工薪酬

　　贷：应付职工薪酬　　　　　　　贷：累计折旧

20. 【答案】B

【解析】增值税小规模纳税人不考虑增值税抵扣问题，运输途中的合理损耗计入采购原材料的成本，甲企业该批原材料的入账价值 = 2060×50 + 500 = 103 500（元）。

21. 【答案】D

【解析】借款利息分月计提，按季支付；2016 年 6 月 30 日支付利息时：

借：应付利息 5000　（600 000×5%/12×2）

　　财务费用 2500　（600 000×5%/12）

　　贷：银行存款 7500

22. 【答案】D

【解析】选项 A，根据"应付账款"和"预付账款"科目所述的明细科目的期末贷方余额合计数填列；选项 B，根据科目余额减去备抵科目净额填列；选项 C，根据总账科目和明细账科目余额分析计算填列。

23. 【答案】D

【解析】甲产品应分配的材料费用 = 4500×20/（50×50 + 100×15）×50×50 =

56 250（元）。

24.【答案】B

【解析】签发银行承兑汇票而支付的手续费应计入财务费用。

二、多项选择题

1.【答案】ACD

【解析】选项B，销售产品为购货单位代垫的运费，计入应收账款。

2.【答案】ACD

【解析】自然灾害造成的包装物毁损，计入营业外支出。

3.【答案】ACD

【解析】选项B，结转销售商品的成本计入主营业务成本。

4.【答案】BC

【解析】选项A计入投资收益；选项B计入其他业务收入；选项C计入主营业务收入；选项D计入营业外收入；选项BC属于工业企业的营业收入。

5.【答案】ABC

【解析】选项AC，期末结转至事业结余；选项B，期末结转至非财政补助结余分配，期末无余额。

6.【答案】ABCD

【解析】流动资产是指预计在一个正常营业周期中变现、出售或耗用，或者主要为交易目的而持有，或者预计在资产负债表日起1年内（含1年）变现的资产，或者自资产负债表日起1年内交换其他资产或清偿负债的能力不受限制的现金或现金等价物。

7.【答案】ABCD

【解析】委托加工物资收回后直接出售，应将材料费用、加工费、运输费以及受托方代收代缴的消费税计入委托加工物资的成本核算。

8.【答案】BD

【解析】长期应付款核算企业融资租入固定资产和以分期付款方式购入固定资产时应付的款项及偿还情况。选项A计入其他应付款；选项C计入营业外收入。

9.【答案】ABD

【解析】选项C计入公允价值变动损益。

10.【答案】AB

【解析】选项C、D属于现金及现金等价物内部的增减变动，不影响现金及现金等价物的净增加额。

11.【答案】AC

【解析】选项 A，投资方应做账务处理：

借：长期股权投资——其他综合收益

　　贷：其他综合收益

选项 C，投资方应做账务处理：

借：长期股权投资——损益调整

　　贷：投资收益

12.【答案】AD

【解析】选项 B、C 计入生产成本。

三、判断题

1.【答案】√

2.【答案】√

3.【答案】√

4.【答案】×

【解析】企业采用顺序分配法分配辅助生产费用时，受益少的辅助生产车间先分配，受益多的辅助生产车间后分配

5.【答案】√

6.【答案】√

7.【答案】×

【解析】企业生产车间发生的固定资产日常维修费，应计入管理费用。

8.【答案】√

9.【答案】×

【解析】企业代扣代缴的个人所得税，通过"应交税费——应交个人所得税"科目进行核算。

10.【答案】×

【解析】企业根据会计准则的规定，计算确定的当期所得税和递延所得税之和，即为应从当期利润总额中扣除的所得税费用。

四、不定项选择题

（一）【答案】1. ABCD；2. ABC；3. B；4. ACD；5. BCD

【解析】

1. 2014 年 1 月 1 日取得借款时：

借：银行存款　　　　　　　　　　　　　　　　　　500

　　贷：短期借款　　　　　　　　　　　　　　　　　500

2014 年 1 月 31 日计提短期借款利息时：

借：财务费用　　　　　　　　　　2.5（500×6%/12）

　　贷：应付利息　　　　　　　　　　　　　　　　　　　2.5
2014 年 12 月 31 日归还短期借款时：
　　借：短期借款　　　　　　　　　　　　　　　　　　　500
　　　　应付利息　　　　　　　　　　　　　　　　　　　27.5
　　　　财务费用　　　　　　　　　　　　　　　　　　　2.5
　　　　贷：银行存款　　　　　　　　　　　　　　　　　530
　　2. 1 月 1 日支付工程款：
　　借：在建工程　　　　　　　　　　　　　　　　　　　500
　　　　贷：银行存款　　　　　　　　　　　　　　　　　500
6 月 1 日支付工程余款：
　　借：在建工程　　　　　　　　　　　　　　　　　　　316.66
　　　　贷：银行存款　　　　　　　　　　　　　　　　　316.66
　　3. 该生产线的入账价值 698 万元，支付专业人员培训费在发生时计入当期损益。
　　4. 2014 年 12 月 31 日固定资产达到预定可使用状态，应从 2015 年 1 月 1 日开始计提折旧，2015 年应计提折旧额＝（698-2）×5/15＝232（万元）。
　　5. 固定资产毁损的账务处理：
2016 年应计提折旧额 ＝（698-2）×4/15×6/12＝92.8 万元
　　借：固定资产清理　　　　　　　　　　　　　　　　　373.2
　　　　累计折旧　　　　　　　　　324.8（232+92.8）
　　　　贷：固定资产　　　　　　　　　　　　　　　　　698
　　借：原材料　　　　　　　　　　　　　　　　　　　　5
　　　　贷：固定资产清理　　　　　　　　　　　　　　　5
　　借：固定资产清理　　　　　　　　　　　　　　　　　3
　　　　贷：银行存款　　　　　　　　　　　　　　　　　3
　　借：其他应收款　　　　　　　　　　　　　　　　　　200
　　　　贷：固定资产清理　　　　　　　　　　　　　　　200
　　借：营业外支出—非常损失　　　　　　　　　　　　　171.2
　　　　贷：固定资产清理　　　　　　　　　　　　　　　171.2
　　（二）
　　【答案】1. CD；2. A；3. AB；4. BD；5. AD
　　【解析】
　　1. 上月收到预收货款时：
　　借：银行存款　　　　　　　　　　　　　　　　　　　30

贷：预收账款	30

　　　向乙公司销售商品并收到余款的账务处理：

借：预收账款	30
银行存款	63.6
贷：主营业务收入	80
应交税费—应交增值税（销项税额）	13.6

月末结转成本时：

借：主营业务成本	64
贷：库存商品	64

　　2. 截止 7 月 31 日的完工进度 = 32/（32+128）×100% = 20%；应确认的劳务收入 = 225×20% = 45（万元）。

　　3.5 日向丁公司销售 M 产品时：

借：应收账款	87.75
贷：主营业务收入	75
应交税费—应交增值税（销项税额）	12.75

月末结转成本时：

借：主营业务成本	60
贷：库存商品	60

10 日收到款项时：

借：银行存款	86.25
财务费用	1.5（75×2%）
贷：应收账款	87.75

　　4. 31 日出租设备收取租金时，确认其他业务收入 2 万元，计提折旧计入其他业务成本 = 60/10/12 = 0.5（万元）。

　　5. 2016 年 7 月利润表项目中：营业收入 = 80（资料 1）+45（资料 2）+75（资料 3）+2（资料 4）= 202（万元）；营业成本 – 64（资料 1）+32（资料 2）+60（资料 3）+0.5（资料 4）= 156.5（万元）。

　　（三）【答案】1. ACD；2. ABC；3. B；4. ABCD；5. BC

　　【解析】

　　1.2 日购入 M 材料时：

借：原材料 203 000

　　应交税费—应交增值税（进项税额）34 000

　　银行存款 13 000

　贷：其他货币资金 250 000

2.10 日接受投入 M 材料时：

借：原材料 600 000

应交税费—应交增值税（进项税额） 102 000

贷：实收资本 580 000

资本公积—资本溢价 122 000

3. 甲公司采用月末一次加权平均法核算，月末发出 M 材料的平均单价 =（500×200+203 000+600 000）/（500+800+3 000）= 210（元/千克）。

4.31 日，核算发出材料成本时：

借：生产成本 336 000（1 600×210）

制造费用 63 000（300×210）

管理费用 42 000（200×210）

销售费用 21 000（100×210）

贷：原材料 462 000（2 200×210）

5.31 日，盘亏 M 材料时：

借：待处理财产损溢 17 550

贷：原材料 15 000

应交税费—应交增值税（进项税额转出） 2550

报经批准处理后：

借：管理费用 11 550

其他应收款 6000

贷：待处理财产损溢 17 550

2018 年会计专业技术资格考试《初级会计实务》
真题（二）

一、**单项选择题**（本类题共 24 小题，每小题 1.5 分，共 36 分，每小题备选答案中，只有一个符合题意的正确答案。多选、错选、不选均不得分。）

1. 2017 年 12 月 31 日，某企业进行现金清查，发现库存现金短款 200 元。经批准，应由出纳员赔偿 80 元，其余 120 元无法查明原因，由企业承担损失。不考虑其他因素，该业务对企业当期营业利润的影响金额为（   ）元。

A. 0 B. 120 C. 80 D. 200

2. 2018 年 12 月 20 日，某企业销售商品开出的增值税专用发票上注明的价款为 100 万元，增值税税额为 17 万元，全部款项已收存银行。该商品的成本为 80 万元，该月核算相应的跌价准备金额为 5 万元。不考虑其他因素，该业务使企业 2018 年 12 月营业利润增加（　　）万元。

A. 20　　　　　B. 25　　　　　C. 30　　　　　D. 15

3. 下列关于收入表述不正确的是（　　）。

A. 企业在商品销售后如能够继续对其实施有效控制，则不应确认收入

B. 企业销售商品相关的已发生或将发生的成本不能可靠计量，但已收到价款的，应按照已收到的价款确认收入

C. 企业在资产负债表日提供劳务交易结果能够可靠估计的，应采用完工百分比法确认提供劳务收入

D. 企业采用交款提货方式销售商品，通常应在开出发票账单并收到货款时确认收入

4. 甲公司有供电和供水两个辅助生产车间，2018 年 1 月供电车间供电 80 000 度，费用 120 000 元，供水车间供水 5000 吨，费用 36 000 元，供电车间耗用水 200 吨，供水车间耗用电 600 度，甲公司采用直接分配法进行核算，2018 年 1 月供水车间分配率是（　　）。

A. 7.375　　　　B. 7.625　　　　C. 7.2　　　　D. 7.5

5. 下列各项中，有关应付职工薪酬说法正确的是（　　）。

A. 为职工支付的住房公积金属于职工薪酬

B. 自产产品与外购产品发放给职工不属于职工薪酬

C. 因解除与职工的劳动关系给予的补偿不属于职工薪酬

D. 给员工买的商业保险不属于职工薪酬

6. 下列各项中，事业单位报经批准对现金短缺的会计处理正确的是（　　）。

A. 借记"事业支出"科目，贷记"库存现金"科目

B. 借记"其他支出"科目，贷记"库存现金"科目

C. 借记"经营支出"科目，贷记"库存现金"科目

D. 借记"事业收入"科目，贷记"库存现金"科目

7. 下列各项中，不应计入财务费用的是（　　）。

A. 银行承兑汇票的手续费

B. 发行股票的手续费

C. 外币应收账款的汇兑损失

D. 销售商品的现金折扣

8. 下列各项中，应计入销售费用的是（　　）。

A. 商标法权案发生的诉讼费

B. 行政管理部门负担的工会经费

C. 专设销售机构固定资产的折旧费

D. 向中介机构支付的咨询费

9. 下列各项中，应计入企业管理费用的是（　　）。

A. 收回应收账款发生的现金折扣

B. 处置无形资产净损失

C. 生产车间机器设备的折旧费

D. 生产车间发生的排污费

10. 某工业企业下设供水、供电两个辅助生产车间，采用交互分配法进行辅助生产费用的分配。2017 年 4 月，供电车间交互分配前实际发生的生产费用为 100 000 元，应负担供水车间的水费为 20 000 元；供电总量为 500 000 千瓦时（其中：供水车间耗用 100 000 千瓦时，基本生产车间耗用 200 000 千瓦时，行政管理部门耗用 200 000 千瓦时）。供电车间 2017 年 4 月第二次交互分配电费的总成本为（　　）元。

A. 120 000　　　　B. 20 000　　　　C. 100 000　　　　D. 620 000

11. 下列各项中，属于"其他应付款"科目核算范围的是（　　）。

A. 应付经营租赁固定资产的租金

B. 应付供应商的货款

C. 应付给职工的薪酬

D. 应付供应商代垫的运杂费

12. 下列各项中，采用支付手续费方式委托代销商品，委托方支付的手续费应借记的会计科目（　　）。

A. 其他业务成本　　　　　　　B. 管理费用

C. 销售费用　　　　　　　　　D. 主营业务成本

13. 下列各项中属于账账核对的是（　　）。

A. 各项财产物资明细账与财产物资的实有数额定期核对

B. 银行存款日记账余额与银行对账单余额核对

C. 总账账户借方发生额合计与其有关明细账账户借方发生额合计的核对

D. 各种应收、应付账款明细账账面余额与有关债权、债务单位的账目余额相核对

14. 下列各项中，应确认为其他业务收入的是（　　）。

A. 银行存款利息收入　　　　　B. 转让商标使用权收入

C. 接受现金捐赠收入　　　　　D. 现金股利收入

15. 下列各项中，不影响净利润的是（　　）。

A. 其他综合收益的税后净额　　B. 转回已计提的存货跌价准备

C. 出租包装物的摊销额　　　　　　　　D. 计算确认应交的房产税

16. 2017 年 1 月 1 日，甲公司租用一层写字楼作为办公场所，租赁期限为 3 年，每年 12 月 31 日支付租金 10 万元，共支付 3 年。该租金有年金的特点属于（　　）。

A. 普通年金　　　　　　　　　　　　　B. 即付年金

C. 递延年金　　　　　　　　　　　　　D. 永续年金

17. 下列关于企业计提固定资产折旧会计处理的表述中，不正确的是（　　）。

A. 对管理部门使用的固定资产计提的折旧应计入管理费用

B. 对财务部门使用的固定资产计提的折旧应计入财务费用

C. 对生产车间使用的固定资产计提的折旧应计入制造费用

D. 对专设销售机构使用的固定资产计提的折旧应计入销售费用

18. 企业售出商品如果发生销售退回，下列说法中不正确的是（　　）。

A. 发出商品时不满足收入确认条件的，发生销售退回时应当增加库存商品，减少发出商品

B. 发出商品时满足收入确认条件的，发生销售退回时应当冲减收入实现月份的收入及成本等（非资产负债表日后事项）

C. 发出商品时增值税纳税义务如果已经发生，应当确认应交税费——应交增值税（销项税额）

D. 发出商品时满足收入确认条件的，发生销售退回时应当冲减退回当月的收入及成本等（非资产负债表日后事项）

19. 销售库存商品，收到价款 240 万元，该商品成本 170 万元，已提存货跌价准备 35 万元，应结转销售成本（　　）万元。

A. 135　　　　　B. 170　　　　　C. 205　　　　　D. 240

20. 某企业盈余公积年初余额为 50 万元，本年利润总额为 600 万元，所得税费用为 150 万元，按净利润的 10% 提取法定盈余公积，并将盈余公积 10 万元转增资本。该企业盈余公积年末余额为（　　）万元。

A. 40　　　　　B. 85　　　　　C. 95　　　　　D. 110

21. 某企业对生产设备进行改良，该设备原价为 500 万元，已计提折旧 300 万元，更新改造发生资本化支出共计 45 万元，被替换旧部件的价值为 10 万元，不考虑其他因素，该设备改良后的入账价值为（　　）万元。

A. 245　　　　　B. 235　　　　　C. 200　　　　　D. 90

22. 下列各项中，会引起企业期末存货账面价值发生变动的是（　　）。

A. 商品已发出但不符合收入确认条件

B. 将半成品移送至下一生产车间

C. 已收到材料至月末仍未收到发票账单

D. 已收到发票账单并付款但月末尚未收到材料

23. 下列各项中，关于企业无形资产表述不正确的是（　　）。

A. 使用寿命不确定的无形资产不应摊销

B. 研究阶段和开发阶段的支出应全部计入无形资产成本

C. 无形资产应当按照成本进行初始计量

D. 出租无形资产的摊销额应计入其他业务成本

24. 永发公司 2018 年年初未分配利润借方余额为 500 万元，当年实现利润总额 800 万元，企业所得税税率为 25%，假定年初亏损可用税前利润弥补。不考虑其他相关因素，永发公司当年年末未分配利润的余额为（　　）万元。

A. 300　　　　　B. 275　　　　　C. 225　　　　　D. 725

二、多项选择题（本类题共 12 小题，每小题 2 分，共 24 分。每小题备选答案中，有两个或两个以上符合题意的正确答案。多选、少选、错选、不选均不得分）

25. 下列各项中，关于收入确认表述正确的有（　　）。

A. 已确认收入的商品发生销售退回，除属于资产负债表日后事项外，一般应在发生时冲减当期销售收入

B. 采用托收承付方式销售商品，应在发出商品时确认收入

C. 销售折让发生在收入确认之前，销售收入应按扣除销售折让后的金额确认

D. 采用预收款方式销售商品，应在款项全部收妥时确认收入

26. 目前企业常用的成本计算方法有（　　）。

A. 品种法　　　　　　　　　B. 分批法

C. 分步法　　　　　　　　　D. 分组法

27. 下列各项中，计算废品净损失应考虑的因素有（　　）。

A. 应收的过失人赔偿款　　　　B. 不可修复废品的生产成本

C. 可修复废品的生产成本　　　D. 可修复废品的修复费用

28. 某事业单位以银行存款购入 3 年期国债，支付投资价款 100 万元，则下列会计处理正确的有（　　）。

A. 借：长期投资　　　　　　　　　　　　　　　　100

　　　贷：银行存款　　　　　　　　　　　　　　　　　100

B. 借：事业基金　　　　　　　　　　　　　　　　100

　　　贷：非流动资产基金——长期投资　　　　　　　　　100

C. 借：事业基金　　　　　　　　　　　　　100
　　　贷：银行存款　　　　　　　　　　　　　　100
D. 借：长期投资　　　　　　　　　　　　　100
　　　贷：非流动资产基金——长期投资　　　　　100

29. 下列各项中，应通过应交税费核算的有（　　）。
A. 城镇土地使用税　　　　　　B. 印花税
C. 耕地占用税　　　　　　　　D. 个人所得税

30. 下列各项中，应通过"其他货币资金"科目核算的有（　　）。
A. 银行汇票存款　　　　　　　B. 信用卡存款
C. 外埠存款　　　　　　　　　D. 存出投资款

31. 下列各项中，影响利润表"营业成本"项目金额的有（　　）。
A. 出租非专利技术的摊销额
B. 销售原材料的成本
C. 经营出租固定的折旧
D. 出售商品的成本

32. 下列各项中关于要素费用的归集和分配，表述正确的有（　　）。
A. 不满一个工作日的停工，一般不计算停工损失
B. 实行"三包"企业在产品出售后发现的废品应包括在废品损失内
C. 辅助生产成本采用计划成本分配，实际发生的费用与按计划成本分配转出的费用之间的差额应当全部计入当期损益
D. 制造费用分配的生产工人工资比例法适用于各种产品机械化程度较高的企业

33. 下列各项中，影响企业资产负债表日存货可变现净值的有（　　）。
A. 存货的账面价值
B. 销售存货过程中估计的销售费用及相关税费
C. 存货的估计售价
D. 存货至完工估计将要发生的成本

34. 下列各项中，属于制造企业制造费用分配方法的有（　　）。
A. 生产工人工时比例法
B. 交互分配法
C. 机器工时比例法
D. 生产工人工资比例法

35. 下列各项中，会影响管理费用的有（　　）。
A. 现金的盘亏

B. 由管理不善造成的存货盘亏

C. 固定资产盘亏的净损失

D. 现金盘点的净收益

36. 下列各项中，关于产品成本计算品种法的特点表述正确的有（　　　）。

A. 不定期计算产品成本

B. 适用于单步骤，大量生产的企业

C. 期末在产品数量较少时，完工产品与在产品之间分配生产费用

D. 以产品品种作为成本核算的对象

三、判断题（本类题共 10 小题，每小题 1 分，共 10 分。每小题答题正确的得 1 分，答题错误的倒扣 0.5 分，不答题的不得分也不倒扣分。本类题最低得分零分。）

37. 企业向投资者宣告发放现金股利，应在宣告时确认为费用。（　　　）

38. 资产负债表中"开发支出"项目应根据"研发支出"科目中所属的"资本化支出"明细科目期末余额填列。（　　　）

39. 明细分类账可依据记账凭证、原始凭证、汇总原始凭证或汇总记账凭证逐笔或定期汇总登记。（　　　）

40. 利润表中"所得税费用"项目的本期金额等于当期所得税，而不应考虑递延所得税。（　　　）

41. 让渡资产使用权一次性收入手续费且提供后续服务的，应在合同或协议规定的有效期内分期确认收入。（　　　）

42. 出售无形资产的利得计入当期损益。（　　　）

43. 委托加工的物资收回后用于连续生产的，应将受托方代收代缴的消费税计入委托加工物资的成本。（　　　）

44. 发电、供水、采掘等单步骤大量生产的企业宜采用品种法计算产品成本。（　　　）

45. 企业采用计划成本对材料进行日常核算，应按月分摊发出材料应负担的成本差异，不应在季末或年末一次计算分摊。（　　　）

46. 专门用于生产某产品的无形资产，其所包含的经济利益通过所生产的产品实现的，该无形资产的摊销额应计入产品成本。（　　　）

四、不定项选择题（本类题共 15 小题，每小题 2 分，共 30 分，每小题备选答案中，有一个或一个以上符合题意的正确答案。每小题全部选对得满分，少选得相应分值，多选、错选、不选均不得分）

【案例一】

甲企业为增值税一般纳税人，适用的增值税税率为17%，该企业生产主要耗用一种原材料，该材料按计划成本进行日常核算，计划单位成本为每千克20元，2018年6月初，该企业"银行存款"科目余额为300 000元，"原材料"和"材料成本差异"科目的借方余额分别为30 000元和6152元，6月份发生如下经济业务：

（1）5日，从乙公司购入材料5000千克，增值税专用发票上注明的销售价格为90 000元，增值税税额为15 300元，全部款项已用银行存款支付，材料尚未到达。

（2）8日，从乙公司购入的材料到达，验收入库时发现短缺50千克，经查明，短缺为运输途中合理损耗，按实际数量入库。

（3）10日，从丙公司购入材料3000千克，增值税专用发票上注明的销售价格为57 000元，增值税税额为9690元，材料已验收入库并且全部款项以银行存款支付。

（4）15日，从丁公司购入材料4000千克，增值税专用发票上注明的销售价格为88 000元，增值税税额为14 960元，材料已验收入库，款项尚未支付。

（5）6月份，甲企业领用材料的计划成本总计为84 000元。

要求：根据上述资料，假定不考虑其他因素，分析回答下列小题。（答案中的金额单位用元表示）

47. 根据资料（1），下列各项中，甲企业向乙公司购入材料的会计处理结果正确的是（　　　）。

A. 原材料增加90 000元　　　　　B. 材料采购增加90 000元

C. 原材料增加100 000元　　　　　D. 应交税费增加15 300元

48. 根据资料（2），2018年度甲企业的会计处理结果正确的是（　　　）。

A. 发生节约差异9000元　　　　　B. 发生超支差异9000元

C. 原材料增加100 000元　　　　　D. 原材料增加99 000元

49. 根据材料（3），下列各项中，甲企业会计处理正确的是（　　　）。

A. 借：原材料　　　　　　　　　　　　　　　　60 000

　　　贷：材料采购　　　　　　　　　　　　　　　　60 000

B. 借：原材料　　　　　　　　　　　　　　　　60 000

　　　应交税费——应交增值税（进项税额）　　10 200

　　　贷：应付账款　　　　　　　　　　　　　　　　70 200

C. 借：材料采购　　　　　　　　　　　　　　　57 000

　　　应交税费——应交增值税（进项税额）　　9690

贷：银行存款　　　　　　　　　　　　　　　　　66 690

D. 借：材料采购　　　　　　　　　　　　　　　　3000

　　　贷：材料成本差异　　　　　　　　　　　　　　3000

50. 根据期初资料和资料（1）至（4），甲企业"原材料"科目借方余额为 26 9000 元，下列关于材料成本差异的表述正确的是（　　　）。

A. 当月材料成本差异率为 3.77%

B. "材料成本差异"科目的借方发生额为 8000 元

C. 当月材料成本差异率为 0.8%

D. "材料成本差异"科目的贷方发生额为 19 000 元

51. 根据期初资料和资料（1）至（5），2018 年 6 月 30 日甲企业相关会计科目期末余额计算结果正确的是（　　　）。

A. "银行存款"科目为 26 050 元

B. "原材料"科目为 153 000 元

C. "原材料"科目为 186 480 元

D. "银行存款"科目为 128 010 元

【案例二】

2018 年，甲有限责任公司发生有关经济业务如下：

（1）1 月 10 日，接收乙公司作为资本投入的 M 非专利技术，投资合同约定价值为 300 万元（与公允价值一致），增值税进项税额为 51 万元（由投资方支付税款，并提供或开具增值税专用发票），该出资在甲公司注册资本中享有份额的金额为 250 万元。合同规定 M 非专利技术的受益年限为 10 年。该非专利技术用于行政管理，采用直线法进行摊销。

（2）1 月 15 日，开始自行研发一项 N 专利技术，1 月至 4 月发生不符合资本化条件的研究支出 320 万元，5 月至 10 月共发生开发支出 800 万元，其中符合资本化条件的支出为 600 万元。10 月 31 日，N 专利技术达到预定用途，并直接用于产品的生产，其有效期为 10 年，采用直线法进行摊销。

（3）11 月 5 日，为宣传应用 N 专利技术生产的新产品，以银行存款支付广告宣传费，取得增值税专用发票注明的价款 10 万元，增值税 0.6 万元。

（4）12 月 26 日，为使用公司经营战略调整，将 M 非专利技术出售，开具增值税专用价款 260 万元，增值税税额 15.6 万元款项存入银行。该非专利技术已计提摊销额 27.5 万元。

未计提资产减值准备。

要求：根据上述资料，不考虑其他因素，分析回答下列小题。（答案中的金额单位用万元表示）

52. 根据资料（1），下列各项中，关于接受 M 非专利技术作为资本投入的会计处理表述正确的是（　　）。

A. 确认盈余公积 50 万元

B. 确认无形资产 300 万元

C. 确认实收资本 250 万元

D. 确认资本公积 101 万元

53. 根据资料（2），下列各项中，甲公司 N 专利技术会计处理正确的是（　　）。

A. 无形资产按月摊销时：

借：制造费用　　　　　　　　　　　　　　　　5

　　贷：累计摊销　　　　　　　　　　　　　　　　5

B. 无形资产按月摊销时：

借：管理费用　　　　　　　　　　　　　　　　5

　　贷：累计摊销　　　　　　　　　　　　　　　　5

C. 10 月 31 日，研发活动结束确认无形资产时：

借：无形资产　　　　　　　　　　　　　　　600

　　贷：研发支出——资本化支出　　　　　　　　600

D. 10 月 31 日，研发活动结束确认无形资产时：

借：无形资产　　　　　　　　　　　　　　　800

　　贷：研发支出——资本化支出　　　　　　　　800

54. 根据资料（3），下列各项中，支付广告宣传费对甲公司财务状况和经营成果的影响是（　　）。

A. 管理费用增加 10.6 万元

B. 无形资产增加 10.6 万元

C. 营业利润减少 10.6 万元

D. 销售费用增加 10.6 万元

55. 根据资料（1）和（4），下列各项中，关于甲公司出售 M 非专利技术对当期损益影响表述正确的是（　　）。

A. 其他业务成本增加 12.5 万元

B. 营业利润减少 12.5 万元

C. 营业外支出增加 12.5 万元

D. 利润总额减少 12.5 万元

56. 根据资料（1）至（4），上述业务对该公司 2018 年度管理费用的影响金额是（　　）。

A. 27.5   B. 42.5   C. 550   D. 40

【案例三】

某企业为单步骤简单生产企业，设有一个基本生产车间，连续大量生产甲、乙两种产品，采用品种法计算产品成本。另设有一个供电车间，为全厂提供供电服务，供电车间的费用全部通过"生产成本—辅助生产成本"归集核算。2018 年 12 月份有关成本费用资料如下：

（1）12 月份发出材料情况如下：基本成产车间领用材料 2400 千克，每千克实际成本 40 元，共同用于生产甲、乙产品各 200 件，甲产品材料消耗定额为 6 千克，乙产品材料消耗定额为 4 千克，材料成本按照定额消耗量比例进行分配；车间管理部门领用 50 千克，供电车间领用 100 千克。

（2）12 月份应付职工薪酬情况如下：基本生产车间生产工人薪酬 150 000 元，车间管理人员薪酬 30 000 元，供电车间工人薪酬 40 000 元，企业行政管理人员薪酬 28 000 元，生产工人薪酬按生产工时比例在甲、乙产品间进行分配，本月甲产品生产工时 4000 小时，乙产品生产工时 16 000 小时。

（3）12 月份计提固定资产折旧费如下：基本生产车间生产设备折旧费 32 000 元，供电车间设备折旧费 11 000 元，企业行政管理部门管理设备折旧费 4000 元。

（4）12 月份银行存款支付其他费用支出如下：基本生产车间办公费 24 000 元，供电车间办公费 12 000 元。

（5）12 月份供电车间对外提供劳务情况如下：基本生产车间 45 000 度，企业行政管理部门 5000 度，供电车间的辅助生产费用月末采用直接分配法对外分配。

（6）甲产品月初、月末无在产品。月初乙在产品直接材料成本为 27 600 元，本月完工产品 180 件，月末在产品 40。乙产品直接材料成本采用约当产量法在月末完工产品和在产品之间分配，原材料在生产开始时一次投入。

要求：根据上述资料，不考虑其他因素，分析回答下列小题。

57. 根据资料（1），12 月份甲、乙产品应分配的材料费用正确的是（ ）。

A. 甲产品 1440

C. 乙产品 960

B. 甲产品 57 600

D. 乙产品 38 400

58. 根据资料（2），12 月份甲、乙产品应分配的职工薪酬正确的是（ ）。

A. 甲产品 36 000

C. 乙产品 144 000

B. 甲产品 30 000

D. 乙产品 120 000

59. 根据资料（2），12 月份分配职工薪酬，下列各项表述正确的是（　　）。

A. 生产成本增加 150 000

B. 应付职工薪酬增加 248 000

C. 制造费用增加 30 000

D. 辅助生产成本增加 40 000

60. 根据资料（1）至（5），12 月份基本生产车间归集的制造费用是（　　）元。

A. 88 000　　　　　　　　　　B. 138 400

C. 144 700　　　　　　　　　　D. 148 300

61. 根据资料（1）至（6），本月乙产品完工产品的直接材料成本是（　　）元。

A. 31 418. 18　　　　　　　　B. 38 400

C. 54 000　　　　　　　　　　D. 59 400

2018 年会计专业技术资格考试《初级会计实务》
真题（二）参考答案

1.【答案】B

【解析】本题考核现金的清查。企业发生现金短缺，在报经批准处理前：

借：待处理财产损溢　　　　　　　　　　　　　　　200

　　贷：库存现金　　　　　　　　　　　　　　　　200

报经批准处理后：

借：管理费用　　　　　　　　　　　　　　　　　　120

　　其他应收款　　　　　　　　　　　　　　　　　80

　　贷：待处理财产损溢　　　　　　　　　　　　　200

无法查明原因的现金短缺 120 元计入管理费用，减少企业的营业利润。

2.【答案】B

【解析】营业利润＝100-（80-5）＝25（万元）。

3.【答案】B

【解析】销售商品相关的已发生或将发生的成本不能合理估计的，说明不满足收入确认条件，收到的货款应计入预收账款。

4.【答案】D

【解析】供水车间的分配率＝36 000÷（5000-200）＝7. 5（元/吨）。

5.【答案】A

【解析】选项 B，自产产品与外购产品发放给职工属于职工薪酬——职工福利费；选项 C，因解除与职工的劳动关系给予的补偿属于应付职工薪酬——辞退福利；选项 D，给员工买的商业保险属于应付职工薪酬——保险费。

6.【答案】B

【解析】事业单位发现的现金短缺，报经批准后，属于应由责任人赔偿的部分，借记"其他应收款"科目，贷记"库存现金"科目；属于无法查明原因的部分，借记"其他支出"科目，贷记"库存现金"科目。

7.【答案】B

【解析】发行股票的手续费冲减股票发行的溢价收入；无溢价或溢价金额不足以抵扣的，应将不足抵扣的部分依次冲减盈余公积和未分配利润。

8.【答案】C

【解析】选项 ABD 应计入管理费用核算。

9.【答案】D

【解析】选项 A，计入财务费用；选项 B，计入营业外支出；选项 C，计入制造费用。

10.【答案】C

【解析】本题考核交互分配法。交互分配法进行两次分配，第一次分配的总费用为交互分配前实际发生的生产费用，即本题中供电车间的 100 000 元；而第二次分配的总费用为交互分配前实际发生的生产费用加上分配来的减去分配出去的金额。即：交互分配前供电车间实际发生的费用为 100 000 元；加上应负担供水车间的水费为 20 000 元；减去供水车间耗用电费 20 000 元（100 000/500 000×100 000），所以，供电车间对辅助生产车间以外的受益单位分配电费的总成本 = 100 000+20 000－20 000 = 100 000（元）。

11.【答案】A

【解析】选项 A 计入其他应付款核算；选项 B 计入应付账款核算；选项 C 计入应付职工薪酬核算；选项 D 计入应付账款核算。

12.【答案】C

【解析】为了销售商品而产生的费用属于销售费用。

13.【答案】C

【解析】选项 ABD 属于账实核对。

14.【答案】B

【解析】选项 A，应冲减财务费用；选项 C，应确认为营业外收入；选项 D，应确认为投资收益。

15.【答案】A

【解析】选项 B，贷记资产减值损失；选项 C，要借记其他业务成本；选项 D 计入税金及附加，所以选项 BCD 都会影响净利润。

16.【答案】A

【解析】该题为每年年末等额支付，属于普通年金。

17.【答案】B

【解析】财务部门使用的固定资产的折旧计入管理费用。

18.【答案】B

【解析】发出商品时满足收入确认条件的，发生销售退回时应当冲减退回当月的收入及成本等（非资产负债表日后事项）。

19.【答案】A

【解析】因为已经计提存货跌价准备 35 万元，所以应结转销售成本＝170－35＝135（万元）。

20.【答案】B

【解析】盈余公积年末余额＝50+（600－150）×10%－10＝85（万元）。

21.【答案】B

【解析】设备改良后的入账价值＝45－10+500－300＝235（万元），因为被替换旧部件的价值为 10 万元已经不包含折旧。

22.【答案】C

【解析】已收到货物未收到发票账单在月末应暂估入账，会增加存货的账面价值。

23.【答案】B

【解析】企业的无形资产应该按照成本进行初始计量，选项 C 正确；对于自行研究开发的无形资产应该区分研究阶段的支出和开发阶段的支出，只有开发阶段符合资本化条件的支出才能计入无形资产的成本，选项 B 错误；对于使用寿命不确定的无形资产不应摊销，选项 A 正确；出租无形资产的摊销额应该计入其他业务成本，选项 D 正确。

24.【答案】C

【解析】永发公司当年实现的净利润＝800－（800－500）×25%＝725（万元），年末未分配利润＝725－500＝225（万元）。

25.【答案】AC

【解析】采用托收承付方式销售商品，应在发出商品且在办妥托收手续时确认收入，选项 B 错误；采用预收款方式销售商品，应在发出商品时确认收入，选项 D 错误。

26.【答案】ABC

【解析】目前企业常用的成本计算方法有品种法、分批法和分步法三种。选项 D 属于迷惑选项。

27.【答案】ABD

【解析】废品损失是指在生产过程中发生的和入库后发现的不可修复废品的生产成本，以及可修复废品的修复费用，扣除回收的废品残料价值和应收赔款以后的损失。

28.【答案】AB

【解析】以银行存款取得长期投资时，借记"长期投资"科目，贷记"银行存款"科目；同时，按投资成本借记"事业基金"科目，贷记"非流动资产基金——长期投资"科目。

29.【答案】AD

【解析】企业交纳的印花税、耕地占用税等不需要预计应交数的税金，选项 BC 不通过"应交税费"科目核算。

30.【答案】ABCD

【解析】其他货币资金是指企业除现金、银行存款以外的其他各种货币资金，主要包括银行汇票存款、银行本票存款、信用卡存款、信用证保证金存款、存出投资款和外埠存款等，以上四个选项均正确。

31.【答案】ABCD

【解析】选项 ABC 都计入其他业务成本，选项 D 计入主营业务成本，营业成本包括主营业务成本和其他业务成本，因此选 ABCD 选项。

32.【答案】AC

【解析】实行"三包"企业在产品出售后发现的废品不包括在废品损失内，选项 B 错误；生产工人工资比例分配法适用于各种产品生产机械化程度相差不多的企业，只有当生产工人工资是按生产工时比例分配的，生产工人工资比例分配法才等同于生产工人工时比例法，选项 D 不准确。

33.【答案】BCD

【解析】可变现净值是指在日常活动中，存货的估计售价减去至完工时估计将要发生的成本、估计的销售费用以及估计的相关税费后的金额。

34.【答案】ACD

【解析】本题考核制造费用的分配方法。制造费用的分配，通常采用生产工人工时比例法、生产工人工资比例法、机器工时比例法和按年度计划分配率分配法等；选项 B，属于辅助生产费用的分配方法。

35.【答案】AB

【解析】本题考核管理费用的核算内容。对于企业盘点现金，发生的现金盘亏应计入管理费用，对于现金盘点的净收益应计入营业外收入；对于存货盘亏因管理不善导致的应计入管理费用；对于存货盘盈的净收益应冲减管理费用；对于固定资产盘点时，固定资产盘亏净损失应计入营业外支出。

36．【答案】BD

【解析】品种法下，一般定期（每月月末）计算产品成本，选项 A 错误。品种法下月末一般不存在在产品，如果有数量也很少，一般不需要将生产费用在完工产品与在产品之间进行划分，选项 C 错误。

37．【答案】B

【解析】企业向投资者宣告发放现金股利时，借记"利润分配"科目，贷记"应付股利"科目，不确认为费用。

38．【答案】A

【解析】资产负债表中"开发支出"项目应根据"研发支出"科目中所属的"资本化支出"明细科目期末余额填列。

39．【答案】B

【解析】明细分类账可依据记账凭证、原始凭证、汇总原始凭证逐笔或定期汇总登记，不可以根据汇总记账凭证登记。

40．【答案】B

【解析】企业根据会计准则的规定，计算确定的当期所得税和递延所得税之和，即为应从当期利润总额中扣除的所得税费用。

41．【答案】A

【解析】如果合同或协议规定一次性收取使用费，且不提供后续服务的，应当视同销售该项资产一次性确认收入；提供后续服务的，应在合同或协议规定的有效期内分期确认收入。

42．【答案】A

【解析】企业处置无形资产，应当将取得的价款扣除该无形资产账面价值，以及出售的相关税费后的差额计入营业外收入或营业外支出，即计入当期损益。

43．【答案】B

【解析】如果委托加工物资收回后用于连续生产应税消费品，缴纳的消费税应记入"应交税费——应交消费税"科目的借方；收回以后直接出售的，消费税应该计入委托加工物资成本。

44．【答案】A

【解析】品种法适用于单步骤、大量生产的企业，如发电、供水、采掘等企业。

45．【答案】A

【解析】企业采用计划成本对材料进行日常核算，应按月分摊发出材料应负担的成本差异，不应在季末或年末一次计算分摊。

46.【答案】A

【解析】某项无形资产包含的经济利益是通过所生产的产品或其他资产实现的，其摊销金额应当计入相关资产成本（制造费用），制造费用会结转到生产成本。

47.【答案】B

【解析】资料（1）相关会计分录如下：

借：材料采购 90 000

应交税费——应交增值税（进项税额） 15 300

贷：银行存款 105 300

因此选项 B 正确。

48.【答案】AD

【解析】资料（2）相关会计分录如下：

借：原材料 99 000（4950×20）

贷：材料采购 90 000

材料成本差异 9000

因此选项 AD 正确。

49.【答案】ACD

【解析】资料（3）相关会计分录如下：

借：材料采购 57 000

应交税费——应交增值税（进项税额） 9690

贷：银行存款 66 690

同时结转差异：

借：原材料 60 000（3000×20）

贷：材料采购 57 000

材料成本差异 3000

因此选项 ACD 正确。

50.【答案】BC

【解析】6 月份，"材料成本差异"科目的借方发生额＝8000（元）；"材料成本差异"科目的贷方发生额＝9000＋3000＝12 000（元）；6 月 30 日，甲公司"材料成本差异"科目借方余额＝6152－9000－3000＋8000＝2152（元）；6 月材料成本差异率＝2152÷269 000×100％＝0.8％，因此选项 BC 正确。

51.【答案】D

【解析】6 月 30 日，"银行存款"科目余额 = 300 000 - 105 300 - 66 690 = 128 010（元）；"原材料"科目余额 = 269 000 - 84 000 = 185 000（元）。

52. 【答案】BCD

【解析】接受投资时：

借：无形资产　　　　　　　　　　　　　　　　　　　　300

　　应交税费——应交增值税（进项税额）　　　　　　　　51

　　贷：实收资本　　　　　　　　　　　　　　　　　　250

　　　　资本公积——资本溢价　　　　　　　　　　　　　101

因此选项 BCD 正确。

53. 【答案】AC

【解析】由于 N 专利用于生产新产品，因此摊销金额计入产品成本，即计入"制造费用"，因此选项 A 正确。研发活动结束确认无形资产成本为 600 万元（满足资本化条件的支出），因此选项 C 正确。

54. 【答案】CD

【解析】广告宣传费计入销售费用，增加销售费用，减少营业利润 10.6 万元。

55. 【答案】CD

【解析】甲公司出售 M 非专利技术的账务处理为：

借：银行存款　　　　　　　　　　　　　　　　　　　275.6

　　累计摊销　　　　　　　　　　　　　　　　　　　　27.5

　　营业外支出　　　　　　　　　　　　　　　　　　　12.5

　　贷：无形资产　　　　　　　　　　　　　　　　　　300

　　　　应交税费——应交增值税（销项税额）　　　　　　15.6

出售无形资产导致营业外支出增加 12.5 万元，最终导致利润总额减少 12.5 万元。

56. 【答案】C

【解析】上述业务对该公司 2018 年度管理费用的影响金额 = 300÷10（资料 1 的摊销金额）+520（资料 2 不满足资本化条件的研发支出）= 550（万元）。

57. 【答案】BD

【解析】甲产品应分配的材料费用 = 200×6÷（200×6+200×4）×2400×40 = 57 600（元）。

乙产品应分配的材料费用 = 200×4÷（200×6+200×4）×2400×40 = 38 400（元）。

58. 【答案】BD

【解析】甲产品应分配的职工薪酬 = 150 000÷（4000 + 16 000）×4000 = 30 000（元）。乙产品应分配的职工薪酬 = 150 000÷（4000 + 16 000）×16 000 = 120 000（元）。

59.【答案】ABCD

【解析】基本生产车间生产工人薪酬 150 000 元计入生产成本；车间管理人员薪酬 30 000 元计入制造费用；供电车间工人薪酬 40 000 元计入辅助生产成本；总工资为 248 000 计入应付职工薪酬，因此选项 ABCD 正确。

60.【答案】D

【解析】制造费用 = 2000（材料）+ 30 000（人工）+ 32 000（折旧）+ 24 000（办公费）+60 300（辅助）= 148 300（元）。

61.【答案】C

【解析】（27 600+38 400）÷（180+40）×180 = 54 000（元）。

主要参考文献

1. 法律出版社数字出版中心：《中华人民共和国会计法》，法律出版社 1999 年版。

2. 中华人民共和国财政部：《企业会计准则——应用指南》，中国时代经济出版社 2007 年版。

3. 中华人民共和国财政部：《企业会计准则——基本准则》，中国财经经济出版社 2006 年版。

4. 郑丹、赵源：《基础会计与实务》，西南财经大学出版社 2016 年版。

5. 陈勇：《基础会计》，中国出版集团现代教育出版社 2012 年版。

6. 孙风琴、谢新安：《会计学基础》（第二版），中国人民大学出版社 2011 年版。

7. 鲁劲秋：《基础会计》，中国人民大学出版社 2011 年版。

8. 程准中：《会计基础与实务》，北京人民邮电出版社 2013 年版。

9. 兰丽丽、张建清：《会计基础与实务》（第二版），中国人民大学出版社 2014 年版。